Griffith / Franke

Internet

echt einfach

Thomas Griffith
Jochen Franke

Internet
echt einfach

Das kinderleichte Computerbuch

Mit 221 Abbildungen

Franzis'

Die Deutsche Bibliothek – CIP-Einheitsaufnahme

Ein Titeldatensatz für diese Publikation ist bei
Der Deutschen Bibliothek erhältlich

Wichtiger Hinweis

Alle Angaben in diesem Buch wurden vom Autor mit größter Sorgfalt erarbeitet bzw. zusammengestellt und unter Einschaltung wirksamer Kontrollmaßnahmen reproduziert. Trotzdem sind Fehler nicht ganz auszuschließen. Der Verlag und der Autor sehen sich deshalb gezwungen, darauf hinzuweisen, daß sie weder eine Garantie noch die juristische Verantwortung oder irgendeine Haftung für Folgen, die auf fehlerhafte Angaben zurückgehen, übernehmen können. Für die Mitteilung etwaiger Fehler sind Verlag und Autor jederzeit dankbar.
Internet-Adressen oder Versionsnummern stellen den bei Redaktionsschluss verfügbaren Informationsstand dar. Verlag und Autor übernehmen keinerlei Verantwortung oder Haftung für Veränderungen, die sich aus nicht von ihnen zu vertretenden Umständen ergeben.
Evtl. beigefügte oder zum Download angebotene Dateien und Informationen dienen ausschließlich der nichtgewerblichen Nutzung. Eine gewerbliche Nutzung ist nur mit Zustimmung des Lizenzinhabers möglich.

Herausgeber: Natascha Nicol / Ralf Albrecht

Satz: Nicol/Albrecht, Frankfurt
Druck: Offsetdruck Heinzelmann, München
Printed in Germany - Imprimé en Allemagne.

ISBN 3-7723-7984-2

Vorwort

Möchten Sie gerne schnell und ohne Frust das Internet kennen lernen? Dann ist dieses Buch genau das richtige für Sie. Sie werden hier Schritt für Schritt mit vielen anschaulichen Beispielen an das Arbeiten mit dem Internet Explorer bzw. Netscape herangeführt.

Wie in allen **echt-einfach**-Büchern gibt es eine Comicfigur als Führer, die Ihnen über die ersten Klippen beim Umgang mit dem Internet. Sie steht Ihnen mit Tipps und Tricks zur Seite und ermöglicht so einen problemlosen Einstieg.

Die **kinderleichten Computerbücher** der echt-einfach-Reihe sind keineswegs Kinderbücher. In allen Büchern werden Funktionen und Möglichkeiten der Programme kompetent erklärt. Dabei konzentrieren sich die Autorinnen und Autoren auf das, was Sie wirklich brauchen. Überflüssiger Ballast wird weggelassen.

Ohne PC-Chinesisch oder Technogeschwafel, dafür aber leicht verständlich, ermöglichen Ihnen die echt-einfach-Bücher sehr schnell den sicheren Umgang mit dem Computer.

Inhaltsverzeichnis

1 Einleitung

Alle reden vom Netz der Netze, dem globalen Dorf oder der weltweiten Datenautobahn. Doch was nutzen rund 300.000 Kilometer Glasfaserkabel unter den Meeren, wenn man keinen *Browser* hat. Ups!, da ist es auch schon passiert, ein Fachbegriff ist gefallen. Dabei wollte ich es doch anders machen als die anderen. Manche Ratgeber setzen nämlich stillschweigend Fachwissen voraus und schocken den Laien mit Fachchinesisch.

Warnung

Dieses Buch ist für Interneteinsteiger und setzt kein Fachwissen voraus. Es enthält kein „Techno-Geschwafel". Risiken und Nebenwirkungen sind bisher unbekannt!

Okay, dann rede ich zunächst nicht von einem „Browser", sondern von einer Benutzeroberfläche bzw. einem Steuerprogramm, mit dem man problemlos das Internet erforschen kann. Die Beispiele in diesem Buch wurden in der Regel mit dem „Steuerprogramm" *Internet Explorer 6.0* von Microsoft durchgeführt. Benutzer des *Netscape Navigators* kommen jedoch nicht zu kurz: Die Netscape-Version 6.2 wurde ebenfalls berücksichtigt.

Übrigens habe ich mich noch gar nicht vorgestellt: Gestatten, mein Name ist Mike.

Ich bin nicht nur ein begeisterter Internet-Surfer, sondern auch ein Amerika- und Westernfan. Dazu später mehr. Auf den kommenden Seiten möchte ich meine ganz persönliche Erfahrung mit dem Einstieg ins Internet erzählen. Sie erleben meine ersten Surfversuche und wie ich zusammen mit meiner Familie via Internet einen Urlaub in Amerika plane. Apropos Familie, meine Frau heißt Sonja und meine Kinder Claudia und Tobias. Zusammen sind wir gerade mal 85 Jahre alt. Dagegen ist das Internet mit seinen rund 30 Jahren noch ein „junger Spund“, wie meine Oma sagen würde.

Dieses Einsteigerbuch soll ab jetzt Ihr ständiger Begleiter sein, wenn Sie die ersten Schritte „online“ (ins Netz) gehen. Es enthält neben den Standardinformationen für Einsteiger auch spezielle Tipps und Tricks für den Umgang mit dem *Internet Explorer* und dem *Netscape Navigator*. Zudem erhalten Sie im laufenden Text Hintergrundinformationen über das Internet, mit denen Sie viele Vorgänge im Netz besser verstehen können.

In den folgenden Kapiteln gehe ich davon aus, dass Sie schon über einen bestehenden Internetzugang verfügen. Falls nicht, erfahren Sie dazu mehr im Anhang. Ebenso muss die passende Zugriffssoftware („Soft-Wer?“) – in unserem Fall ist das *Windows XP* und ein entsprechender Browser – auf Ihrem System laufen. Auf der beiliegenden CD-ROM zum Buch finden Sie die neuesten Versionen des *Internet Explorers* und des *Netscape Navigators*.

Internetzugang

Im Anhang erfahren Sie, wo und wie Sie einen Zugang zum Internet erhalten und welche Hard- und Software Sie benötigen.

Die Erklärungen zum Internet sind leicht verständlich geschrieben und können auch nach Feierabend ohne Fachwörterbuch gelesen werden. Die vorliegende Mischung aus Ratgeber und Tagebuch genießen Sie am besten ganz gemütlich mit einem Glas Wein. Dabei sollte Ihr Computer möglichst in Reichweite stehen.

An dieser Stelle (warum eigentlich an dieser?) möchte sich der Autor bei allen bedanken, die zur Entstehung dieses Buches beigetragen haben, insbesondere bei Jochen Franke und Dr. Natascha Nicol. Für Fragen und Anregungen erreichen Sie ihn per E-Mail unter `griffith@orange-pr.de`. Sie können natürlich auch gerne der Homepage `www.orange-pr.de` einen Besuch abstatten.

Meine Geschichte mit dem Internet beginnt in einem Arbeitszimmer in Deutschland und endet an einem Swimmingpool in Hawaii. An jenem Pool sitze ich gerade mit einem Cocktail in der Hand und verfasse die letzten Manuskriptseiten dieses Buches. Es ist wie in einem Traum, den man schlafend vor dem Computer träumt! Wenn bloß nicht diese unangenehmen Wachhunde nebenan wären ☺.

Eben fährt mit quietschenden Bremsen ein roter Ferrari vor. Dreimal dürfen Sie raten, wer aussteigt?

1.1 Was Sie erwartet

In Kapitel 2 beschäftigen wir uns mit der Entstehung des Internets und den erforderlichen „persönlichen und technischen Einstellungen“ dazu.

Kapitel 3 beinhaltet eine kurze Weltreise via Internet und die wichtige Frage: „Kennen Sie Frame“ ☺?

Nachdem diese Frage beantwortet wurde, wird anschließend in Kapitel 4 die Frage geklärt, ob wir nicht alle ein bisschen offline sind? Hier geht es unter anderem um das Öffnen, Speichern, Drucken und Anzeigen von Internetdateien sowie dem komfortablen gleichzeitigen Blick durch mehrere Browser-Fenster.

Kapitel 5 beinhaltet die brisanten Themen Datenschutz, Datenspionage und Datenklau im Internet. Hier erfahren Sie alles rund um Filter, Zertifikate und „Internet-Kekse“.

Aus dem alltäglichen Leben eines Surfers berichtet Ihnen Kapitel 6. Hier geht es um die Nutzung von E-Mails und Newsgroups mit den Mailprogrammen *Outlook Express* und *Netscape Mail*.

In Kapitel 7 beschreibe ich Ihnen den Umgang mit Suchmaschinen und die Planung unserer Urlaubsreise nach Amerika mittels Internet.

Und im Anhang erfahren Sie Schritt für Schritt, wie Sie Ihren Internetzugang einrichten.

1.2 Wie Sie sich zurecht finden

Um Ihnen den Einstieg ins Internet mit diesem Buch „echt einfach" zu machen, wurde folgendes System verwendet:

Namen und Bezeichnungen von Programmen, Dateinamen und Pfaden wurden *kursiv* in den Text aufgenommen. Alle Meldungen und Texte, die von Programmen in Menüs, Befehlen, Dialogfeldern u. Ä. verwendet werden, sind in der folgenden SCHRIFT formatiert.

Andere Texte, insbesondere jene, die eine Eingabe darstellen, werden in `Schreibmaschinenschrift` dargestellt.

Finden Sie die folgenden Häkchen im Text, sind Sie gefordert. Die Häkchen sind eine Aufforderung zur Mitarbeit. So zeige ich Ihnen wie Sie

☑ Schritt für

☑ Schritt zum Ziel kommen.

Hinweis oder Tipp

Überall, wo Sie mich gut gelaunt am Rand finden, lohnt es sich, den entsprechenden Text zu lesen. Sie finden an diesen Stellen Hinweise oder Tipps, wie Sie sich das Leben erleichtern können.

Warnung

Bin ich jedoch ganz aufgeregt, will ich Sie vor einer Falle warnen. Sie sollten besser nachschauen, um was dabei geht und sich so Schwierigkeiten ersparen.

2 Am Anfang ...

„Aller Anfang ist schwer", heißt es so schön im Volksmund. Meine Frau hat mir dringend davon abgeraten, dieses Zitat an den Anfang des Kapitels zu stellen. Sie meint, es sei für die Leser zu pessimistisch. Nun ja, ein Meister ist bekanntlich noch nie vom Himmel gefallen und alle großen Entdecker und Forscher fingen auch mal klein an. Aber keine Angst: Mit den beiden Browsern *Internet Explorer* und *Netscape Navigator* ist „aller Anfang gar nicht sooo schwer"!

2.1 Wissenswertes rund ums Internet

Als Kolumbus am 12. Oktober 1492 mit seinem Segelschiff „Santa Maria" zuerst die Bahama-Inseln vor Amerika entdeckte, machte er den Weg frei für weitere und noch größere Weltumsegelungen. Heutzutage sind solche Weltreisen wesentlich einfacher. Direkt von zu Hause aus können Sie via Internet den gesamten Globus entdecken. Reisen Sie zum Beispiel virtuell nach Amerika und betrachten Sie das aktuelle Wetter in New York. Besuchen Sie amerikanische Filmproduzenten in Hollywood und sehen Sie berühmte Filmausschnitte, wie zum Beispiel die Duschszene aus dem Hitchcock-Thriller „Psycho". Beobachten Sie, wie Roboter den Mars untersuchen und zocken Sie nebenbei in den Spielcasinos von Las Vegas. Anschließend schicken Sie Tante Margot in Australien eine E-Mail (elektronischer Brief via Internet). Ihre Nachricht geht nicht in 80 Tagen, sondern in wenigen Sekunden um die ganze Welt. Nehmen Sie an Diskussionen im Netz über die Bekämpfung der Blattläuse teil und holen Sie sich brandaktuelle Software direkt auf Ihren PC. Nicht nur bei einer bekannten Automarke, auch auf der Datenautobahn ist nichts unmöglich, ein Überholverbot gibt es nicht.

Die Informationsflut im Internet ist inzwischen gigantisch und nahezu uferlos. Das **W**orld **W**ide **W**eb (gesprochen: Wörld Weid Webb), übersetzt in etwa „Weltweites Netz", hält seine Informationen in Form von so genannten Webseiten (engl. „Websites")

bereit. Und zum Hin- und Herblättern im WWW braucht man ein Steuer- bzw. Zugriffsprogramm, den so genannten Browser, abgeleitet von engl. „to browse“ = blättern.

Die Internetgemeinde verwendet im Wesentlichen zwei Browser von konkurrierenden Herstellern: Da ist zum einen der *Internet Explorer* der Firma Microsoft und zum anderen der *Netscape Navigator* von Netscape. Beide erscheinen in regelmäßigen Abständen in immer neuen Versionen (Updates) und sind auf der beiliegenden CD-ROM enthalten (*Internet Explorer 6.0* und *Netscape 6.2*). Andere Browser, wie zum Beispiel *Opera*, sind zwar nicht so weit verbreitet, stellen aber aufgrund Ihres recht großen Leistungsumfangs bei geringer Speichergröße eine ernst zu nehmende Alternative für alle „individualistischen Surfer“ dar.

Bei weltweit rund 2 Mio. gemeldeten Internet-Domains und schätzungsweise über 250 Millionen Webseiten wird von den Netzteilnehmern gelegentlich viel Geduld verlangt, und das nicht nur beim grafischen Aufbau einer Bildschirmseite. Sechs Stunden musste mein Schwager auf seine Spaghetti Napoli warten, die er via Internet bei einem örtlichen Lieferservice bestellt hatte. Und kalt waren sie obendrein. Böse Zungen behaupten deshalb, WWW stehe nicht für World Wide Web, sondern für „WeltWeites Warten“.

Neulich fragte mich meine Tochter, seit wann es das Internet eigentlich gibt. Zum Glück hatte mir ein Arbeitskollege einen Tag vorher einiges dazu erklärt. Dadurch konnte ich meine Autorität als (all)wissender Vater um ein paar Tage verlängern ☺. Also, das Internet gibt es seit ungefähr 30 Jahren. Entwickelt wurde das Netz (damals ARPANET genannt, von „Advanced Research Projects Agency Net“) von amerikanischen Wissenschaftlern als Informationsnetz für die universelle Forschung. 1969 kam es zur ersten funktionierenden Rechnerverbindung zwischen der Universität Kalifornien in Los Angeles, dem Stanford Research Institute in Stanford, der Universität in Santa Barbara und der Universität in Utah.

Wie ist das Internet eigentlich entstanden?

Die Entstehungsgeschichte des Internets beschreiben Katie Hafner und Mathew Lyon anschaulich in ihrem Bestseller „ARPA Kadabra“ (http://www.dpunkt.de/arpa-kadabra).

1969 bestand das Internet also gerade mal aus vier Universitätsrechnern und einer Hand voll Nutzern. Inzwischen surft allein in Deutschland jeder Neunte regelmäßig auf den weltweiten Datenwellen.

In diesem Zusammenhang wollte meine Tochter wissen, was der Unterschied zwischen Internet und World Wide Web sei. Nun, Internet ist quasi die Bezeichnung für das gesamte internationale Netzwerk zur Datenkommunikation. Unter dieser „Mantelbezeichnung“ vereinigt es folgende Ebenen:

World Wide Web

WWW ist so etwas wie ein weltweiter Kiosk und ermöglicht Ihnen Entdeckungsreisen im Informationszeitalter. Per Mausklick öffnet sich Ihnen eine multimediale Welt aus Schrift, Sprache, Bild und Ton. Ob Informationen zu Star Trek oder Omas Kochrezepten, das WWW hat sie (fast) alle.

Newsgruppen

Wo sich viele Menschen treffen, kommt es in der Regel auch zu einem regen Austausch von Ideen und Informationen. Das war schon auf dem Areopag im alten Athen so und ist heute noch so im Internet, nur dass die Anzahl der Teilnehmer erheblich angestiegen ist. Die globalen Newsgruppen und Diskussionsforen (auch engl. „Chatrooms“ genannt) haben deshalb mit einer gewöhnlichen Stammtischrunde in der Kneipe nebenan nicht mehr viel zu tun. Um die Wartezeit auf Fragen und Antworten möglichst gering zu halten, werden häufig nur kurze Sätze formuliert. Das erschwert jedoch manchmal tiefer gehende Gespräche. Auf jeden Fall können Sie in den Diskussionsforen alles besprechen; aktuelle politische Entwicklungen genauso wie die Tatsache, dass Ihr Waschlappen heute Morgen vom Haken fiel.

Elektronische Post

Vorbei sind die Zeiten, in denen sich zahlreiche Leidtragende über die Verspätungen der Post geärgert haben. Jetzt wird die Geschwindigkeit des Briefverkehrs nicht mehr in Tagen, sondern in Sekunden gemessen. Der Empfänger kann die Antwort genauso schnell zurückschicken und anschließend in seiner Textverarbeitung (z. B. *Word*) bearbeiten und ausdrucken. Zusammen mit der geschriebenen Briefpost können auch multimediale Nachrichten wie Bilder, Sprache, Musik, Filme oder ganze Programme verschickt werden.

Softwarepool

Natürlich bekommen Sie im Internet auch neues „Futter“ für Ihren Computer. Von Hilfsprogrammen über Anwendungen bis hin zu spannenden Spielen – im Netz der Netze können Sie aus dem Softwarepool der ganzen Welt schöpfen. Dazu benötigen Sie beispielsweise FTP. Das ist keine neue Partei, sondern ein elektronisches Paketsystem. Mehr dazu in Kapitel 4.

Nachdem meine Familie jetzt einen Internetanschluss besitzt und demnächst fleißig surft (vor allem ich ☺), werden wir unsere Telefonrechung auf eine Einzelverbindungsübersicht umstellen lassen, nach dem Motto: „Vertrauen ist gut, Kontrolle ist besser“. Sonja befürchtet nämlich, dass wir (oder ich?) unser ganzes Vermögen „versurfen“. Das ist natürlich ein bisschen übertrieben, gleichwohl muss die Kostenfrage unbedingt beantwortet werden. Deshalb ist es sinnvoll, einen typischen, durchschnittlichen Monat der geplanten Internetnutzung mit den entsprechenden Online-Gebühren durchzurechnen. Dies ist auch die entscheidende Voraussetzung für die richtige Wahl Ihres Online-Tarifes und Online-Dienstes bzw. Providers. Was die privaten Online-Gebühren betrifft, gibt es keine pauschalen Lösungen. Am besten Sie benutzen einen Netzzugang, der auf Ihre persönlichen Bedürfnisse zugeschnitten ist und suchen einen Provider, der günstige Tarife anbietet. Manche Provider werden ausschließlich pro Minute bezahlt, große Provider wie z. B. T-Online oder AOL verlangen in bestimmten Tarifgruppen zusätzlich Grundgebühren. Sie können sich jedoch auch für einen so genannten Flatrate-Tarif entscheiden; das ist ein festgelegter monatlicher Betrag, unabhängig davon, ob Sie viel oder wenig surfen. Sie können dann an 365 Tagen 24 Stunden im Jahr online sein und zahlen immer nur die vereinbarte Flatrate-Gebühr.

Wie Sie Ihre Kosten niedrig halten!

Folgende Fragen sollten Sie auf jeden Fall vor der Wahl Ihres Providers klären: Wollen Sie den Zugang nur privat (eher günstig) oder auch beruflich (eher teuer) nutzen? Nehmen Sie nur an Diskussionsforen teil und verschicken E-Mails (eher günstig) oder wollen Sie stundenlang surfen (eher teuer)? Gehen Sie nur ab und zu online oder wollen Sie jederzeit Zugriff ins Netz haben? Wenn Sie nur selten surfen, genügt Ihnen wahrscheinlich ein Zugang mit Modem (Übertragungsrate mindestens 56.600 Bits/s bzw. 56K). Wenn Sie häufiger online gehen, lohnt sich eventuell ein ISDN-Zugang. Und wenn Sie regelmäßig sehr große Datenmengen durchs Netz schicken, empfiehlt sich wahrscheinlich ein DSL-Anschluss. Hierzu schließen Sie an einen vorhandenen ISDN-Anschluss ein zusätzliches DSL-Modem an und verbinden dies mit Ihrem PC.

Ich bin zwar kein Rechtswissenschaftler geworden (sondern Pferdeflüsterer ☺), aber jene drei Semester Jura an der Uni machen sich zum Glück ab und zu bemerkbar. Manchmal sehr zum Leidwesen meiner Frau, die mich in bestimmten Situationen für „recht“haberisch hält ☹. Jedenfalls habe ich mir überlegt, ob das Internet eine rechtsfreie Zone ist, sozusagen Anarchie pur? Millionen von Bytes, gefüllt mit wertvollen und belanglosen Informationen werden um den Globus geschickt. Wie verhält es sich da eigentlich mit Persönlichkeits- und Urheberrechten?

Nun, aufgrund meiner Recherche in alten Uniordnern und einer Nachfrage bei meinem persönlichen Haus- und Hofjuristen Roland S. kam ich zu folgendem Ergebnis:

Die Frage, wer im Internet Gesetze geltend machen und Recht sprechen kann, lässt sich nicht endgültig klären. Was für einen Internetteilnehmer in den USA ganz legal ist, kann für einen Teilnehmer in Sri Lanka ein grobes Vergehen darstellen (sagte nicht schon der griechische Philosoph Sokrates: „Ich weiß, dass ich nichts weiß" ☺). Aber Vorsicht: Ganz so ungeregelt ist es nun auch wieder nicht.

Das Internet ist kein rechtsfreier Raum!

Für Sie als Internetteilnehmer gilt zumindest das Recht des Landes, von dem aus Sie durch die Welt surfen. Wenn Sie zum Beispiel die Kopie eines Programms von einem Rechner laden, der in einem Land steht, welches das Kopieren geschützter Software nicht verbietet, ist Ihre Kopie nach dem Abspeichern auf Ihrem Rechner möglicherweise dennoch illegal, weil die gesetzlichen Bestimmungen in dem Land, wo Ihr Rechner steht, eventuell andere Richtlinien vorgeben. Gleiches gilt für geschützte Texte, Bilder oder Musik. Sie sollten daher das Internet nicht als rechtsfreien Raum betrachten, sondern mit den jeweiligen Daten vorsichtig und stets unter Angabe der Quelle umgehen.

Paragrafen sind bekanntlich dehnbar und Auslegungssache, Browser wie der *Internet Explorer* oder der *Netscape Navigator* sind dagegen vielmehr Einstellungssache. Und genau das ist unser nächstes Thema ...

2.2 Alles nur eine Frage der Einstellung

Das Betriebssystem *Windows 95/98/2000/Me und XP* ermöglicht einen einfachen Zugriff auf das Internet und wird meist zusammen mit dem *Internet Explorer* ausgeliefert. Updates (Verbesserungen) für Ihren Browser und Zusatzsoftware müssen Sie jedoch selbst auf Ihrem Rechner einrichten. Auf der beiliegenden CD-ROM erhalten Sie je nach Wunsch die aktuellen Browser-Versionen des *Internet Explorers* und des *Netscape Navigators* inkl. E-Mail-Programmen.

2.2.1 Bremsen auf der Datenautobahn

Persönliches Logbuch: Wir schreiben das Jahr 2002, Sternzeit 2610. Unendliche Datenmengen warten sehnsüchtig darauf, in meinen Rechner zu beamen.

Seit einigen Minuten gehöre ich tatsächlich zur globalen Gemeinschaft von Surfern. Und während ich meine ersten Versuche im Wellenreiten starte, läuft im Hintergrund (wie könnte es auch anders sein) Musik von den Beach Boys („Good Vibrations“).

So oder ähnlich fühlte ich mich bei meinem ersten Surf-Versuch. Ich musste jedoch sehr bald feststellen, dass ich etwas sehr Wichtiges vergessen hatte: Für das Surfen im Internet braucht man nicht nur gute Software, sondern auch im wahrsten Sinne des Wortes die richtige Einstellung. Also trat ich wieder auf die Bremse und fuhr auf der Datenautobahn rechts ran. Da ich gerne das Internet „erforsche“ ist mein Browser ganz klar der *Internet „Explorer“*. Meine Frau Sonja „navigiert“ lieber mit dem *Netscape Navigator*. Zunächst werden wir uns mit den Einstellungen des *Explorers* beschäftigen. Vieles davon gilt auch für *Netscape*; die Unterschiede wird Ihnen Sonja im nächsten Kapitel selbst erklären.

Bevor ich also an dem erwähnten denkwürdigen Tag X die Erforschung des Internets fortsetzte, nahm ich mir zunächst ein paar Minuten Zeit, um die Benutzeroberfläche des *Explorers* und dessen Einstellungen kennen zu lernen. Motto: „Schaun ‘mer mal“!

Lange Rede, kurzer Sinn – jetzt starten Sie am besten Ihren *Internet Explorer*:

☑ Suchen Sie dazu auf Ihrem Desktop das entsprechende Symbol für den Internetzugang.

☑ Klicken Sie mit der linken Maustaste doppelt auf dieses Symbol, um die Internetverbindung zu starten.

Je nachdem, wie Sie Ihre Verbindung eingerichtet haben (siehe Anhang), erscheint zunächst ein Dialogfeld, das Ihren Benutzernamen und Ihr Passwort abfragt. Benutzername, Rufnummer und Standort sollten bereits über die Internetoptionen von *Windows* automatisch eingetragen sein. Je nachdem, welche *Windows*- oder Browser-Version Sie verwenden, kann dieses Dialogfeld etwas anders aussehen, die Funktionen bleiben aber die gleichen. Sollte Ihr Verbindungsfenster so aussehen wie in der folgenden Abbildung, können Sie über VERBINDEN direkt wählen, welche DFÜ-Verbindung Sie nutzen möchten.

Bild 2.1: Dialogfeld VERBINDUNG MIT ...

Nachdem Sie auf VERBINDEN geklickt haben, wird die Verbindung aufgebaut und nach einer gewissen Wartezeit erscheint die Benutzeroberfläche des Browsers mit der Startseite. Falls die Bildschirmseite nicht vollständig zu sehen ist, können Sie diese mithilfe der Bildlaufleiste am rechten Rand nach oben oder unten rollen. In der Statuszeile am unteren Ende informiert Sie der *Explorer* stets über seine Aktivitäten, z. B. welche Seite und Elemente er gerade lädt und wie viel Prozent bisher geladen wurden. Generell gilt: Solange sich das kleine **e**, der Globus oder andere Symbole rechts oben auf dem Bildschirm drehen, ist das Auffinden und Laden der Seite noch nicht abgeschlossen. Also nicht ungeduldig werden, das Internet ist zwar groß, aber nicht immer schnell.

In der Standardeinstellung verbindet Sie der *Explorer* nach dem Start zunächst mit der Homepage (Begrüßungsseite) des Microsoft Netzwerkes, die regelmäßig aktualisiert wird.

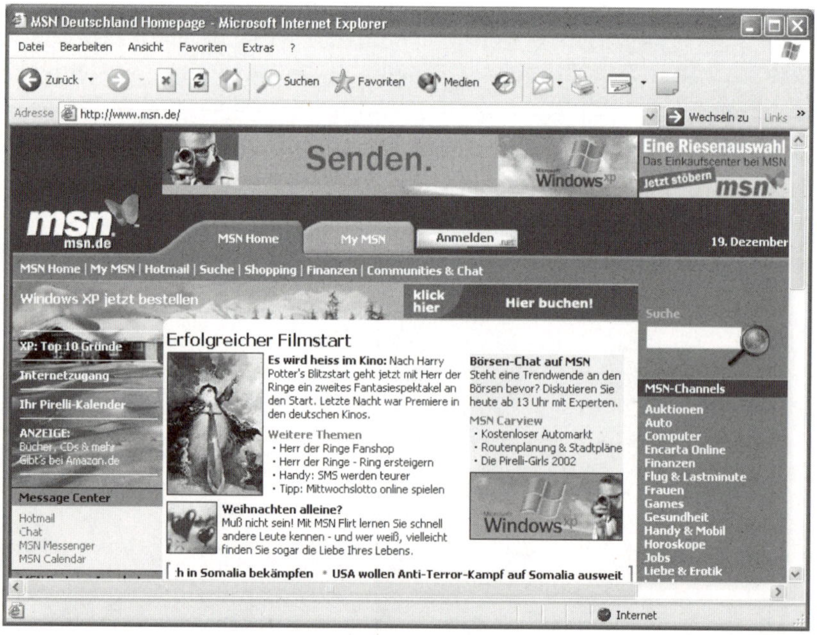

Bild 2.2:
Internet Explorer 6.0
mit Startseite der
Standardeinstellung

Die Adresse der angezeigten Homepage finden Sie oben in der Adresszeile.

Bild 2.3:
Symbolleiste mit
Adresszeile

Standardseite

Je nachdem, woher Sie Ihren *Internet Explorer* bezogen haben, kann es auch sein, dass er Sie nicht standardmäßig mit Microsoft verbindet. Der *Internet Explorer* für AOL-Mitglieder verbindet Sie beispielsweise mit AOL statt mit Microsoft, der *Netscape Navigator* verbindet Sie in der Grundeinstellung zunächst mit *Netscape* usw. Später erfahren Sie noch, wie Sie eine Startseite Ihrer Wahl einstellen.

Was die geheimnisvollen Abkürzungen wie `http` oder `ftp` in Internetadressen bedeuten, soll natürlich kein Geheimnis bleiben. `http` ist die Abkürzung für „Hypertext Transfer Protocol". Dieses Unwort ist der Name für ein technisches Verfahren, mit dem Seiten im WWW an Ihren Rechner übermittelt werden. `ftp` heißt „File Transfer Protocol" (übersetzt in etwa „Übertragungsprotokoll für Dateien") und ist neben `http` eines der üblichen Übertragungsprotokolle für Informationen aus dem Internet (in Kapitel 4.10 finden Sie weitere Hinweise zu `ftp`). Auf diese Abkürzungen folgen in der Regel ein Doppelpunkt und zwei Schrägstriche. Daran schließt sich der durch Punkte getrennte Name des *Servers* (Rechner des Anbieters, der Ihnen den Internetzugang ermöglicht) an. Der letzte Teil der Adresse ist ein Verzeichnispfad zu einer bestimmten Webseite. Ohne Pfadangabe erscheint in der Regel die Startseite des jeweiligen Webangebots.

Internetadressen

Bei der Eingabe einer Adresse können Sie auf das `http://` oder `ftp://` getrost verzichten. Jeder Browser erkennt automatisch, welches Übertragungsprotokoll der angewählte Server benutzt und fügt es ebenso automatisch der Adresse bei.

Einige Inhalte im Bildschirmfenster sind so genannte Hyperlinks, (gesprochen „haiperlincks"); manchmal erscheinen sie unterstrichen. Wenn Sie mit der Maus darauf zeigen, verwandelt sich der Mauszeiger in eine Hand und in der Statuszeile am unteren Bildschirmrand erscheint ein kleiner Infotext. Die Registerkarte MyMSN in der Mitte erzeugt beispielsweise links unten im Bild folgenden Infotext:

```
http://msn.de/my.asp
```

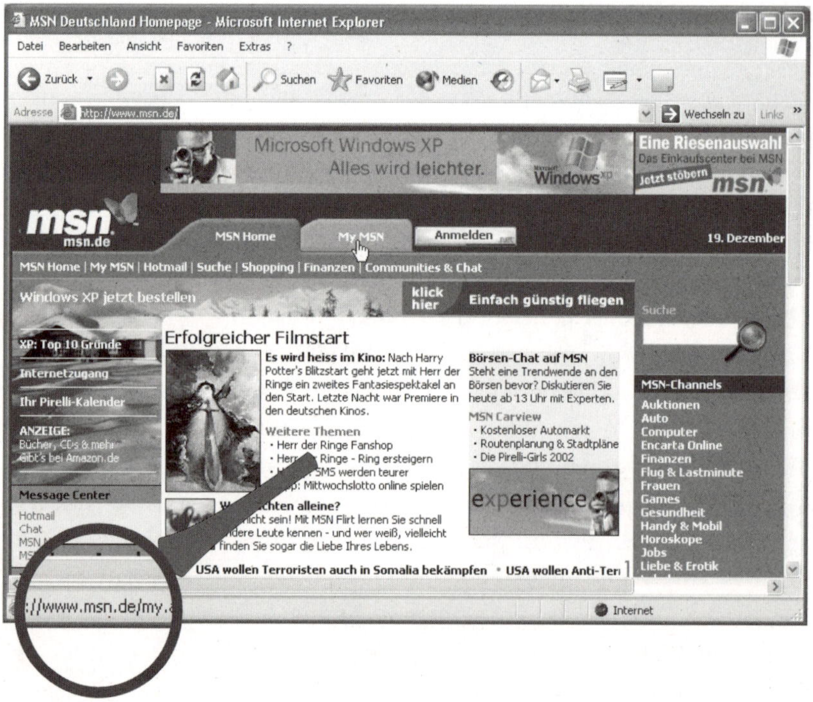

Bild 2.4: Querverweis mit Infozeile links unten

Es handelt sich hierbei um den Querverweis zu einer anderen Webseite. In der Regel werden Bilder und Grafiken bevorzugt als Hyperlinks verwendet. Wenn Sie diese Links anklicken, nimmt der Browser sofort Verbindung mit der verknüpften Seite auf und zeigt Ihnen deren Inhalt. Wenn man z. B. mit der Maus auf das Bild zum Start des Films „Herr der Ringe" zeigt, verwandelt sich der Mauszeiger ebenfalls in eine Hand.

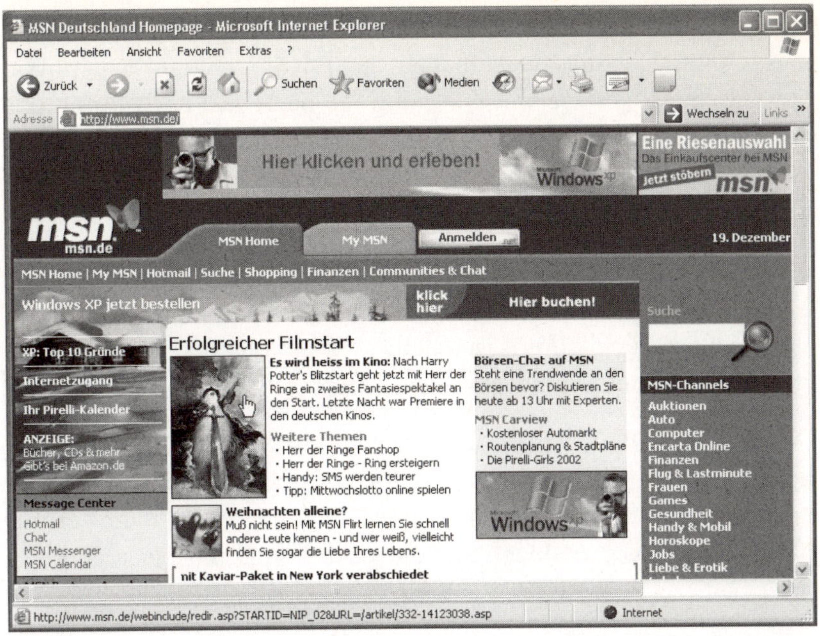

Bild 2.5:
Hyperlink zum Filmstart von „Herr der Ringe“

Da die Startseite von MSN ständig aktualisiert wird, ist es natürlich in Ihrem Fall schon längst ein anderer Querverweis. Und ... klick!

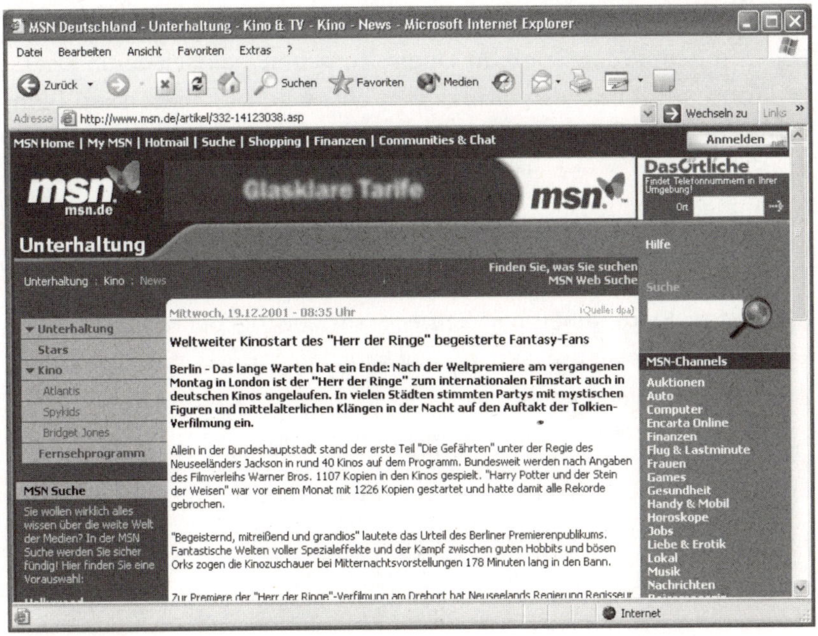

Bild 2.6:
Kinostart des Films „Herr der Ringe“

Wenn Sie mit der Bildlaufleiste am rechten Fensterrand den sichtbaren Bildausschnitt verschieben, sehen Sie weitere Hyperlinks. Mithilfe dieser Querverweise können Sie nach und nach durch das ganze Webangebot blättern. Manche Hyperlinks führen lediglich zu einer anderen Seite desselben WWW-Servers, andere landen auf einem Server am Ende der Welt mit neuen Seiten.

Wenn Sie eine Weile im Web gestöbert haben, möchten Sie vielleicht wieder an den Ausgangspunkt oder zur ersten Seite der Homepage zurückkehren. Das geht sehr schnell mit der Schaltfläche Zurück in der Symbolleiste des *Explorers*.

Dadurch wird die jeweils vorherige Seite angezeigt. Durch wiederholtes Klicken können Sie Schritt für Schritt alle bisher besuchten Seiten wieder anzeigen lassen. Die Schaltfläche Vorwärts erfüllt natürlich die gegenteilige Aufgabe und bringt Sie bis ans Ende Ihrer bisherigen Reise durchs Web.

Mit der Schaltfläche Abbrechen können Sie das Laden einer Seite unterbrechen, wenn es Ihnen zu lange dauert. Dies kann vor allem bei langsamen Modemverbindungen von Nutzen sein.

Die Schaltfläche Aktualisieren ist wichtig, wenn Sie zum Beispiel das unterbrochene Laden einer Webseite neu starten wollen. Der *Internet Explorer* speichert wie alle Browser die einmal geladenen Seiten mitsamt der Grafik in einem Zwischenspeicher, auch Cache genannt, auf Ihrer Festplatte. Diese Webseiten müssen dann nicht mehr oder nur teilweise neu geladen werden (mehr dazu in Kapitel 4). Sobald auf einer Seite neue Elemente auftauchen, wird die Originalseite vom Browser automatisch von neuem geladen. Dies funktioniert allerdings nur, wenn der Verwalter bzw. Anbieter einer Webseite diese Funktion unterstützt. Falls Sie auf einer häufig besuchten Seite scheinbar keine Veränderung bemerken, sollten Sie versuchsweise auf Aktualisieren klicken, um eventuelle Veränderungen anzeigen zu lassen.

Die Schaltfläche Suchen öffnet ein voreingestelltes Fenster bzw. einen so genannten „Frame“ mit Zugriff auf Suchsysteme im WWW.

Dieses Fenster erscheint in der Regel auf der linken Seite. Entfernen können Sie dieses Suchfenster wieder, indem Sie auf das kleine SCHLIEßEN-Symbol (kleines x rechts oben im Suchfenster) klicken.

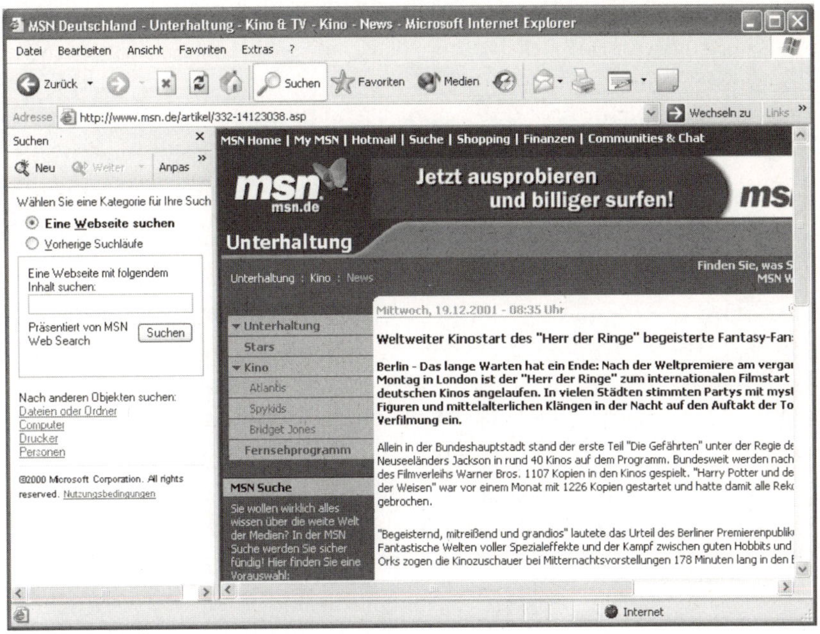

Bild 2.7: Neues Suchfenster links

Die Schaltfläche STARTSEITE bringt Sie, wie der Name schon vermuten lässt, wieder dahin zurück, wo Sie hergekommen sind; und zwar zur voreingestellten Seite, die bei jedem Neustart des Browsers automatisch geöffnet wird.

2.2.2 Lieblinge im Netz

Mit dem Menübefehl FAVORITEN öffnen Sie eine Liste mit speziellen Webseiten und Ordnern für Webseiten, die man selbst anlegen und jederzeit ergänzen kann.

Bild 2.8: Liste der Favoriten

Andere Browser, andere Sitten

Die Ausführungen zu den Favoriten beziehen sich auf den *Internet Explorer 6.0.* Die abgebildeten Fenster können in den unterschiedlichen Versionen des *Internet Explorers* ein wenig anders aussehen, das Bedienungsprinzip bleibt allerdings gleich. In *Netscape* nennt man die Favoriten „Lesezeichen" (eine kurze Einführung hierzu finden Sie im folgenden Abschnitt 2.2.6).

Mit der Favoritenverwaltung können Sie Ihre Lieblingsangebote im WWW zusammenstellen und vermeiden dadurch das Schreiben der kompletten Adresse. Außerdem sparen Sie Zeit, und Zeit ist ja bekanntlich Geld. Anfangs ist die Liste Ihrer Lieblingsadressen natürlich leer, aber das wird sich schnell ändern. Und so wird's gemacht:

☑ Zunächst rufen Sie die Webseite auf, die Sie als Favoriten festlegen wollen, z. B. `http://www.coca-cola.de`.

Bild 2.9: (Weihnachts-)Homepage von Coca-Cola

☑ Anschließend klicken Sie im Menü auf FAVORITEN und dann auf den Befehl ZU FAVORITEN HINZUFÜGEN. Im *Netscape Navigator* klicken Sie auf LESEZEICHEN und den Befehl LESEZEICHEN HINZUFÜGEN.

Im angezeigten Dialogfeld können Sie entweder den Namen der angegebenen Seite übernehmen oder einen neuen eintragen. Achten Sie darauf, möglichst nur die Startseite des jeweiligen Webangebotes anzugeben. Bei vielen Seiten im WWW ändern sich einzelne Seiten häufig oder sie werden gelöscht. Mit der Startseite kommen Sie jedoch immer ans gewünschte Ziel.

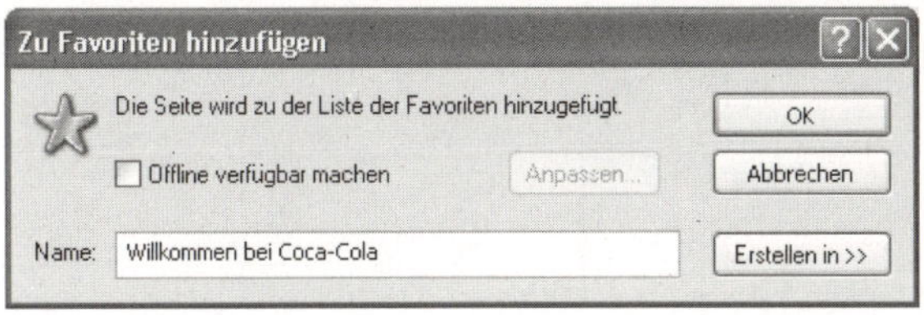

Bild 2.10:
Dialogfeld
ZU FAVORITEN HINZUFUGEN

☑ Wenn Sie auf die Schaltfläche ERSTELLEN IN klicken, erscheint eine Liste, mit der man neue Ordner bzw. Untergruppen innerhalb des Ordners FAVORITEN erstellen kann.

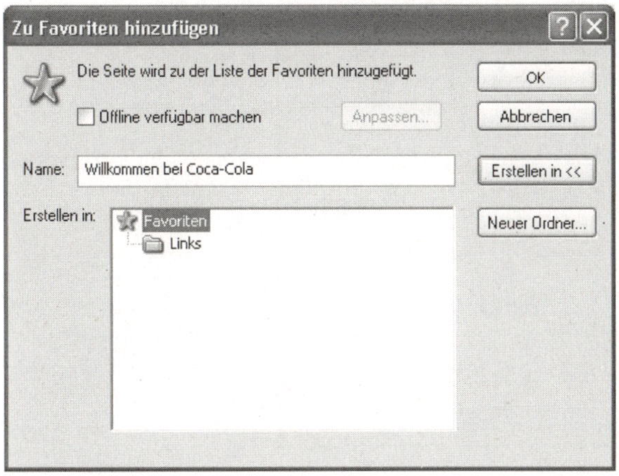

Bild 2.11:
Favoriten ERSTELLEN IN

☑ Klicken Sie jetzt auf den Ordner, in dem Ihr Favorit gespeichert werden soll, und anschließend auf OK. Wenn Sie als Ordner FAVORITEN angeklickt lassen, so erscheint die Verknüpfung später nicht in einem Untermenü, sondern direkt im aufgeklappten Menü (siehe oben).

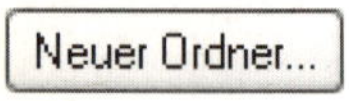

Mit der Schaltfläche Neuer Ordner lassen sich Untermenüs erzeugen und Ihre Lieblingsangebote gruppieren, z. B. in Ordner mit den Bezeichnungen `Sport`, `Musik` etc. Erstellen Sie am besten wie folgt auch einen Ordner mit der Bezeichnung `Unsortiert`. Dort speichern Sie während des Surfens alle Adressen, die Sie nicht sofort einsortieren können.

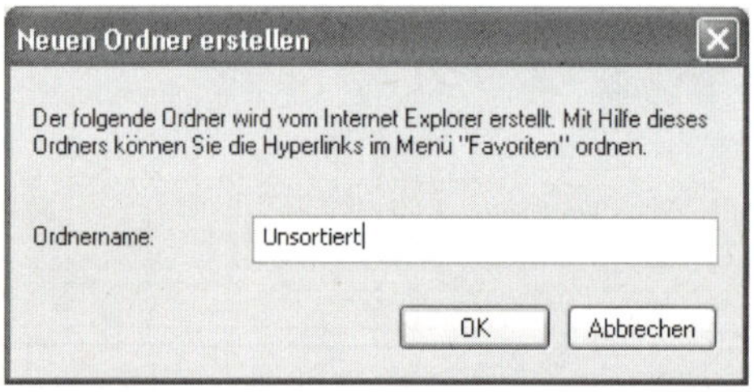

Bild 2.12: Dialogfeld Neuen Ordner erstellen

Nachdem Sie den Namen eingegeben und auf OK geklickt haben, sollte ein neuer Ordner namens *Unsortiert* angezeigt werden.

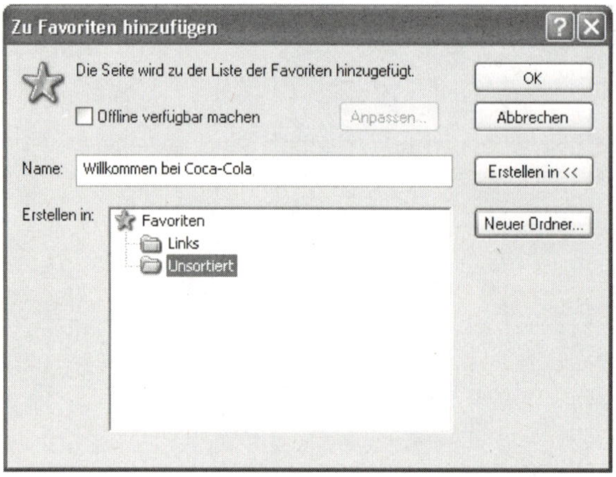

Bild 2.13: Neuer Ordner *Unsortiert*

Alternative Favoritenverwaltung

Klicken Sie in der Symbolleiste auf die Schaltfläche FAVORITEN, aktivieren Sie damit links einen so genannten Frame, in dem Sie ebenfalls die favorisierten Webseiten bzw. Ordner sehen können. Mit den beiden Schaltflächen HINZUFÜGEN und VERWALTEN links oben im Frame können Sie ebenfalls die Verwaltung Ihrer Favoriten vornehmen.

Sie können die Einträge in der Favoritenliste jederzeit löschen, umbenennen, verschieben oder entfernen. Dazu klicken Sie in der Menüleiste auf FAVORITEN und anschließend auf FAVORITEN VERWALTEN.

Im Dialogfeld FAVORITEN VERWALTEN finden Sie Schaltflächen für die verschiedenen Aktionen.

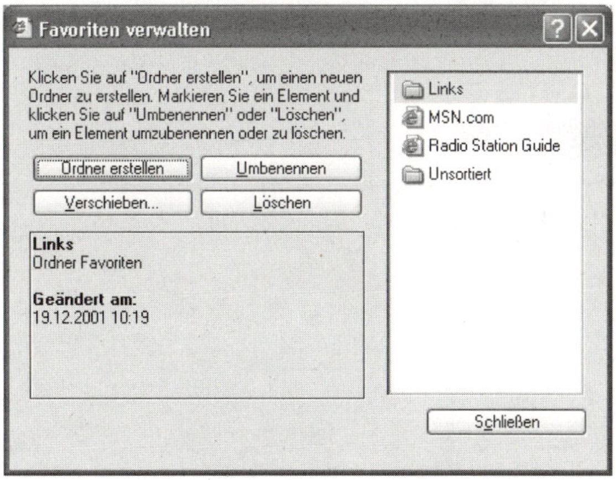

Bild 2.14: Dialogfeld FAVORITEN VERWALTEN

Im Folgenden soll beispielsweise die Homepage von Coca-Cola, die im Ordner *Unsortiert* gespeichert wurde, in den Ordner *Links* verschoben werden.

☑ Öffnen Sie dazu mit einem Klick den Ordner *Unsortiert* und markieren Sie den entsprechenden Eintrag; in unserem Fall ist das WILLKOMMEN BEI COCA-COLA.

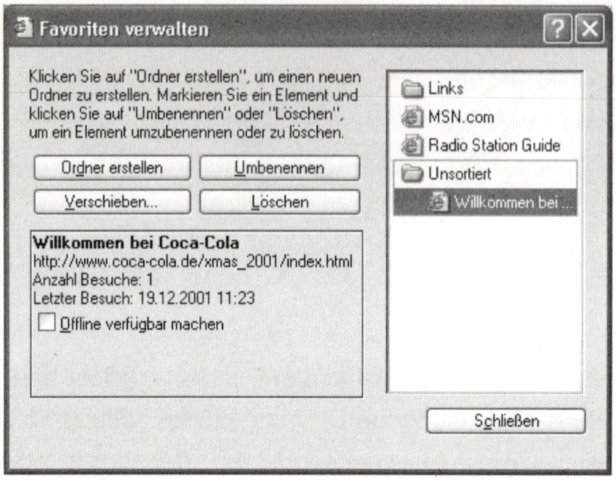

Bild 2.15: Geöffneter Ordner *Unsortiert*

☑ Danach klicken Sie auf VERSCHIEBEN.

☑ Markieren Sie anschließend im Dialogfeld ORDNER SUCHEN den Ordner, der Ihren Eintrag aufnehmen soll (in unserem Fall der Ordner *Links*).

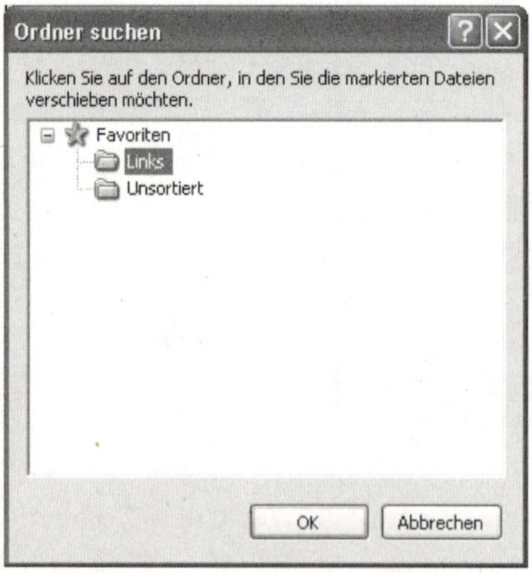

Bild 2.16: Dialogfeld ORDNER SUCHEN

☑ Klicken Sie auf OK.

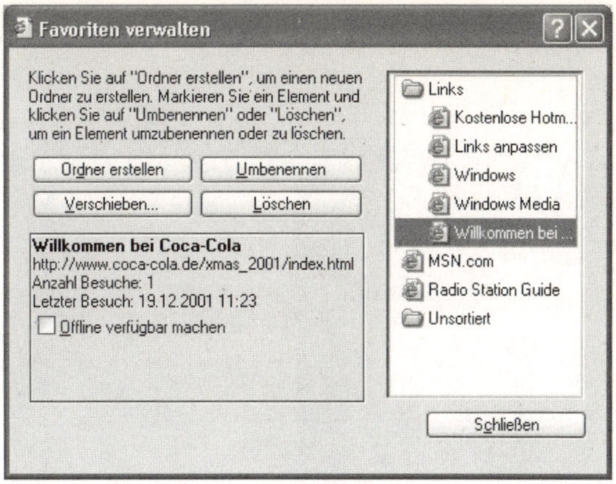

Bild 2.17: Link in den Ordner *Links* verschoben

Jede Datei in der Favoritenliste wird als eine Internetverknüpfung gespeichert. Sie können also die Dateien im Ordner FAVORITEN wie eine so genannte URL behandeln. Ups! – was bitte schön ist eine URL? Tja, diese Frage habe ich mir auch schon oft und lange gestellt und dabei folgende ...

Okay, um ganz ehrlich zu sein, Claudia hat eine Antwort gefunden, und zwar im Internetkurs in ihrer Schule. URL ist die Abkürzung für „Uniform Resource Locator". Auf Deutsch übersetzt heißt es in etwa „Einheitliche Beschreibung für das Auffinden von Ressourcen". Eine URL zeigt also die genaue Position einer Webseite im Internet an. Noch einfacher ausgedrückt: Es handelt sich bei der URL um irgendeine vollständig ausgeschriebene Internetadresse, z. B. `http://www.bacardi.com`. Eine solche URL können Sie in die Adresszeile direkt unter der Symbolleiste eingeben.

Übrigens habe ich (noch) keinen Werbevertrag mit Coke oder Bacardi ☺.

Bild 2.18: Adresszeile mit URL von Bacardi

Nach der Eingabe drücken Sie auf die ↵-Taste. Wenn die Adresse korrekt geschrieben wurde und die Seite tatsächlich existiert, sollte sie vom Rechner gefunden werden.

Bild 2.19:
Homepage von Bacardi

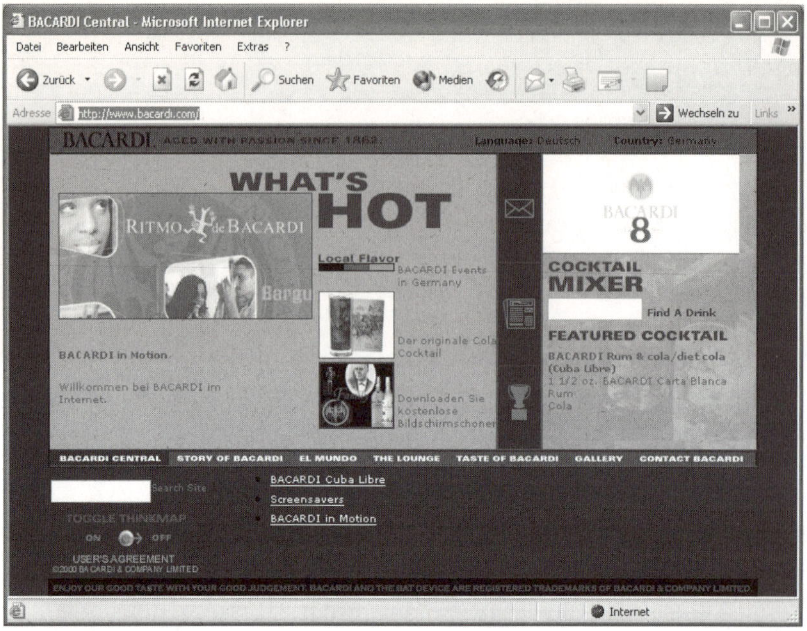

Hyperlinks auf dem Desktop

Mithilfe des *Explorers* können Sie jeden Hyperlink (z. B. aus dem Ordner FAVORITEN) auf den *Windows*-Desktop (*Windows*-Oberfläche) ziehen, indem Sie beispielsweise einen Favoriten mit linker Maustaste anklicken, die Maus dabei gedrückt halten, den Link aus dem (verkleinerten) *Explorer*-Fenster auf den Desktop ziehen und anschließend loslassen. Wenn Sie nun darauf doppelklicken, startet der Browser und öffnet dabei automatisch das jeweilige Webangebot. Auf diese Weise können Sie wichtige Internetadressen, die Sie häufig besuchen, direkt auf Ihrem Desktop ablegen.

Nach all diesen Erklärungen zu Symbolleisten, Favoriten und Eingabezeilen gehen wir jetzt der Sache „auf den Grund“. Eine Frage habe ich allerdings noch: Geht es Ihnen auch so, dass Sie manchmal etwas im Ohr haben? Ja, Sie haben richtig gehört bzw. gelesen – im Ohr! Ich, zum Beispiel, habe manchmal den Satz eines Revolverhelden aus Laredo im Ohr: „Alles hat seinen Grund, Baby, manches auch seinen Abgrund“! Wouh! Solche Sprüche müssten die mal in irgendwelchen Büchern über Philosophie abdrucken ...

(Pause)

Sonja kommt gerade ins Zimmer, um zu gucken, was ich so schreibe ... ☹

2.2.3 Optionen des Internet Explorers

Kommen wir nun zu den grundsätzlichen Einstellungen des *Internet Explorers*.

☑ Klicken Sie hierzu auf dem Desktop mit der rechten Maustaste auf das Internetsymbol und wählen im Kontextmenü den Befehl EIGENSCHAFTEN.

Sie können auch einfach im *Internet Explorer* den Menübefehl EXTRAS ➧ INTERNETOPTIONEN anklicken. Je nachdem, wie Sie vorgehen, wird das erscheinende Dialogfeld EIGENSCHAFTEN oder INTERNETOPTIONEN genannt. Die Dialogfelder sind mitsamt der sieben Registerkarten identisch.

Bild 2.20:
Menü EXTRAS ♦ INTERNETOPTIONEN

Bild 2.21:
Registerkarte ALLGEMEIN

Auf der ersten Registerkarte ALLGEMEIN verändern Sie generelle Einstellungen des *Explorers*. Hier können Sie zum Beispiel die Startseite festlegen, die standardmäßig angezeigt werden soll. Geben Sie einfach eine Internetadresse Ihrer Wahl ein. Ein Klick auf AKTUELLE SEITE verwandelt die aktuelle Seite in die Standardseite. Mit der Schaltfläche STANDARDSEITE stellen Sie die Anfangseinstellung wieder her (meist die Homepage von Microsoft) und nach dem Klick auf LEERE SEITE startet der *Explorer* mit einer weißen, leeren Seite.

Mit den Schaltflächen unter der Rubrik TEMPORÄRE INTERNETDATEIEN können Sie gespeicherte Cookies löschen (weitere Infos hierzu siehe Kapitel 5) und das Verhalten der temporären Internetdateien im so genannten Cache (sprich „Käitsch") einstellen. Cache bedeutet so viel wie Zwischenspeicher. Wenn der *Explorer* Seiten aus dem Internet lädt, speichert er eine Kopie in diesem Cache (auf der Festplatte) in Form von temporären Dateien (Temporary Internet Files). Warum das Ganze? Nun, wenn Sie später nochmals auf diese Seite zugreifen, dann kann der Explorer diese Seite aus dem Cache laden, was ungleich schneller geht, als die Seite aus dem Internet neu zu laden. Selbst wenn Sie nicht mit dem Internet verbunden sind und „offline" arbeiten, können Sie jederzeit auf die Seiten im Cache zugreifen. Doch dazu später mehr (Kapitel 4).

Ein Nachteil des Cache ist natürlich, dass er Speicherplatz auf Ihrer Festplatte belegt (für Besitzer kleiner Festplatten natürlich ein größeres Problem als für Besitzer von Platten jenseits der 10 Gigabyte-Grenze). Mit einem Klick auf DATEIEN LÖSCHEN wird der Inhalt des Cache (nach einer weiteren Bestätigung) gelöscht und der Speicherplatz auf der Festplatte wieder freigegeben.

Unter EINSTELLUNGEN finden Sie weitere Möglichkeiten, den Cache zu beeinflussen.

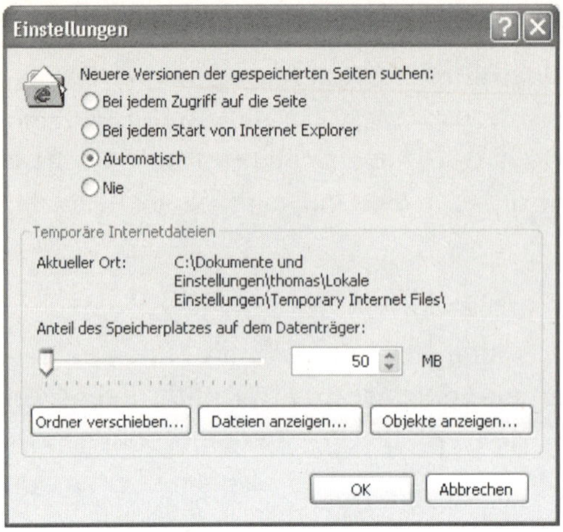

Bild 2.22: Einstellungen des Cache

Im Cache befinden sich naturgemäß nur jene Dateien, die Sie zuletzt im Internet besucht haben. Ändert sich jedoch die Originalseite im Internet und Ihnen wird nur die im Cache gespeicherte Version angezeigt, können die Informationen dieser Seite möglicherweise veraltet sein.

Mit den ersten vier Auswahlmöglichkeiten unter EINSTELLUNGEN beeinflussen Sie das Cache-Verhalten des *Internet Explorers*. Wählen Sie hier die Option NIE, so werden immer nur die (möglicherweise veralteten) Seiten aus dem Cache angezeigt, wählen Sie eine der anderen Optionen, überprüft der *Explorer*, ob sich die Seite im Internet und die Seite aus dem Cache unterscheiden und lädt gegebenenfalls die aktuelle Version. Sie sollten hier die Option AUTOMATISCH wählen.

Aktuelle Seitenansicht

Sollten Sie einmal nicht sicher sein, ob die angezeigte Internetseite aktuell ist, klicken Sie einfach im *Internet Explorer* auf die Schaltfläche AKTUALISIEREN.

Mit dem Schieberegler in der Mitte legen Sie fest, wie viel Speicherplatz Sie für den Cache auf Ihrer Festplatte reservieren möchten. Sie können auch direkt eine Größe in Megabytes im Feld rechts daneben angeben. Wählen Sie den Cache weder zu groß noch zu klein (meist bewähren sich Einstellungen von 30 bis 50 Megabytes).

Mit ORDNER VERSCHIEBEN legen Sie fest, wo der *Explorer* den Cache anlegen soll. Standard ist das Verzeichnis `C:\Windows\Temporary Internet Files`. Sollten Sie auf dieser Festplatte nicht genügend freien Speicher haben, können Sie auch einen anderen Speicherort für den Cache wählen.

Die Schaltfläche DATEIEN ANZEIGEN zeigt Ihnen den gegenwärtigen Inhalt des Cache, OBJEKTE ANZEIGEN liefert Informationen über bisher heruntergeladene Objekte. Mit OK bestätigen Sie Änderungen, bei ABBRECHEN bleibt alles beim Alten.

Der dritte Unterpunkt auf der Registerkarte ALLGEMEIN, der Bereich VERLAUF, verhält sich ähnlich wie der Cache. Hier speichert der *Explorer* die zuletzt besuchten Internetadressen. Auch hier können Sie den Zwischenspeicher mit VERLAUF LEEREN löschen. Außerdem legen Sie fest, wie lange der *Explorer* die Links zu den besuchten Webseiten speichern soll.

Die letzten vier Schaltflächen dieser Registerkarte enthalten weniger wichtige Einstellungsmöglichkeiten. Im Allgemeinen sollte man hier die Standardeinstellungen beibehalten.

Die Registerkarte ERWEITERT enthält neben vielen Einstellungen für Profis auch einige Optionen, die allgemein sehr sinnvoll sind. Sie können hier zum Beispiel festlegen, ob Bilder geladen oder stattdessen nur Platzhalter angezeigt werden sollen. Viele Optionen benötigt man eigentlich nicht, so dass ich hier nur die wichtigsten vorstellen möchte. Eine detaillierte Beschreibung aller Möglichkeiten und ihrer Bedeutung würde den Rahmen dieses Buches sprengen.

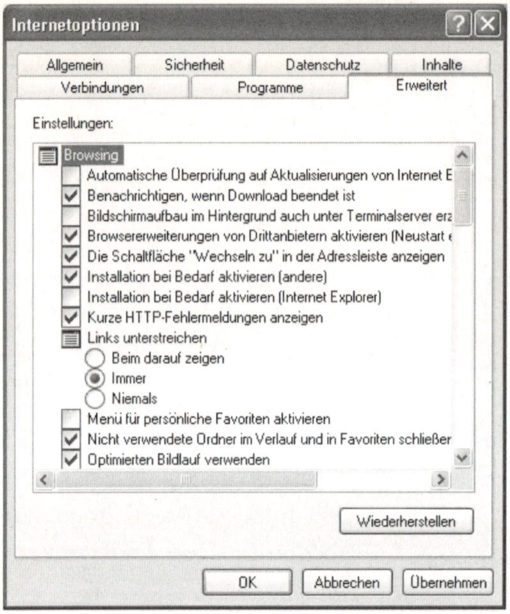

Bild 2.23:
Registerkarte ERWEITERT

Benutzen Sie die Bildlaufleisten, um auf dieser Registerkarte alle Optionen einzusehen. Aktivierte Optionen werden mit Häkchen markiert, Optionen hinter nicht aktivierten Kästchen sind sozusagen deaktiviert.

Die Optionen sind in Kategorien unterteilt. Die Registerkarte enthält unter anderem die Kategorien BROWSING, EINGABEHILFEN, MULTIMEDIA und DRUCKEN.

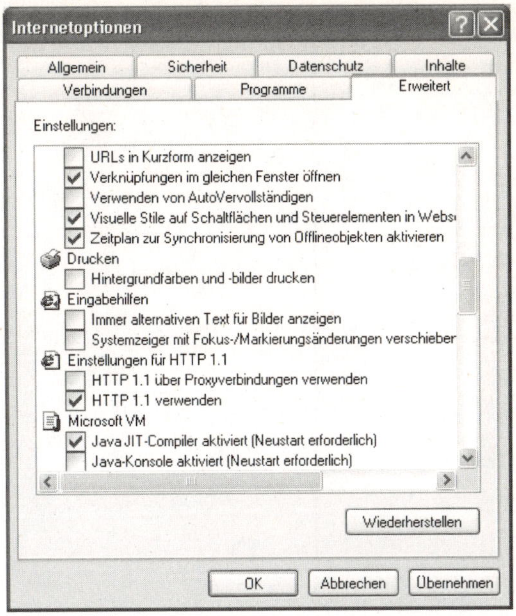

Bild 2.24:
Registerkarte
ERWEITERT ♦ DRUCKEN

Unter der Kategorie DRUCKEN finden Sie die Option HINTERGRUNDFARBEN UND -BILDER DRUCKEN. Sollten Sie einmal eine Internetseite ausdrucken wollen, so wird der Hintergrund normalerweise nicht mit ausgedruckt. Wenn Sie diese Option aktivieren, wird auch der Hintergrund gedruckt (ist allerdings in der Regel überflüssig und verbraucht unnötig Tinte oder Toner).

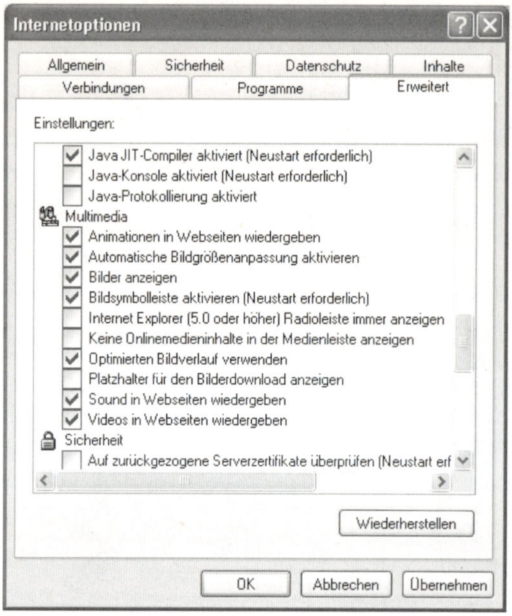

Bild 2.25: Registerkarte ERWEITERT ♦ MULTIMEDIA

In der Kategorie MULTIMEDIA können Sie festlegen, wie der *Explorer* mit Bildern, Filmen und Sounds umgeht, die in Internetseiten eingebettet sind. Wenn Sie beispielsweise die Option BILDER ANZEIGEN deaktivieren, so zeigt der *Explorer* statt der Bilder einen Platzhalter und alternativen Text (meist eine kurze Beschreibung des Bildinhaltes) an. Der Vorteil ist, dass die Seiten wesentlich schneller geladen werden, dafür sehen die Seiten auch nicht mehr so schön aus.

Grafiken laden

Einzelne Grafiken können auch manuell geladen werden. Klicken Sie einfach mit der rechten Maustaste die gewünschte Grafik an. Im angezeigten Kontextmenü wählen Sie anschließend den Befehl BILD ANZEIGEN.

Mit der Registerkarte PROGRAMME können Sie spezielle Zusatzprogramme zum Öffnen von Mails, News oder Dateien einstellen. Bei den Optionen NACHRICHTEN und NEWS sollten Sie in beiden Fällen `Outlook Express` eintragen.

Bild 2.26: Registerkarte PROGRAMME

Die Registerkarten SICHERHEIT und DATENSCHUTZ enthalten Optionen, mit denen Sie die Datensicherheit und den geschützten Zugriff auf Webseiten einstellen können. Diese Optionen sind besonders wichtig, um Ihre Daten vor einem fremden Zugriff und Missbrauch zu schützen. Deshalb werde ich die Sicherheitseinstellungen gesondert in Kapitel 5 beschreiben. In diesem Kapitel finden Sie auch weitere Informationen zur Registerkarte INHALTE und den Funktionen FILTER und ZERTIFIKATE. Die Registerkarte VERBINDUNGEN betrifft Ihre Internet- bzw. DFÜ-Verbindung, weitere Informationen hierzu erhalten Sie im Anhang.

Verlassen wir nun die Einstellungen, damit ich Ihnen noch eine äußerst sinnvolle Funktion zeigen kann, die ich bei meinem letzten „Surftrip“ um die Welt entdeckt habe:

Ich habe mich immer gefragt, wie die Webseiten, die ich besuchen will, direkt geladen werden können, also ohne Umweg über Favoriten oder die Eingabe in die Adresszeile meines Browsers, sondern direkt vom Desktop aus:

Desktop-Surfen

Starten Sie den *Explorer* und surfen Sie (ein letztes Mal „von Hand") zu der Seite, die Sie direkt vom *Windows*-Desktop aus aufrufen möchten. Verkleinern Sie das *Explorer*-Fenster so, dass Sie den Desktop darunter sehen können. Klicken Sie nun mit der linken Maustaste auf der Befehlszeile auf das kleine weiße Symbol mit dem *Explorer*-**e** (links neben der Internetadresse) und ziehen Sie es mit gedrückter Maustaste auf eine freie Stelle Ihres Desktops.

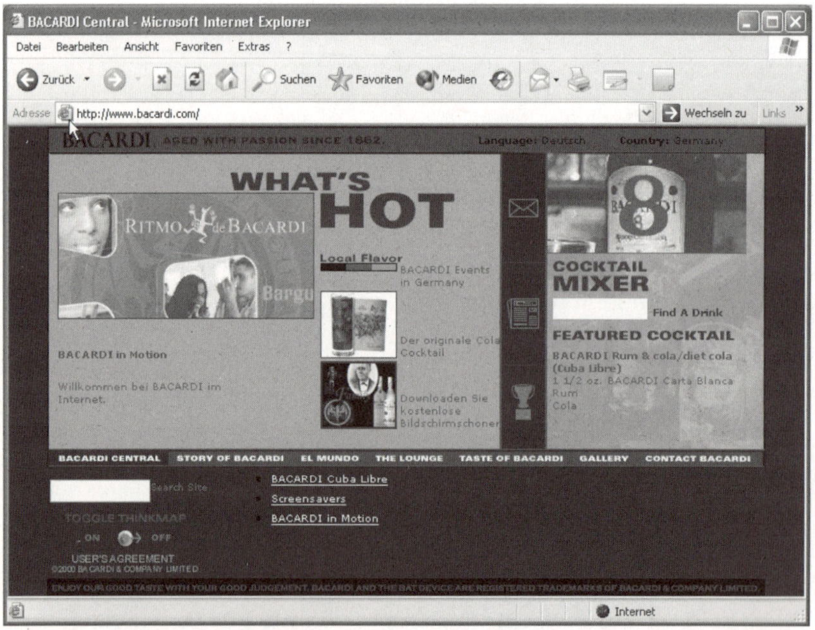

Bild 2.27: *Internet Explorer* mit Maus vor dem Kopieren der Adresse

Sobald Sie die Maustaste loslassen, wird an dieser Stelle eine direkte Verknüpfung mit der entsprechenden Seite auf Ihrem Desktop erzeugt. Von nun an können Sie mit einem einfachen Doppelklick auf dieses Symbol direkt zu dieser Seite gelangen.

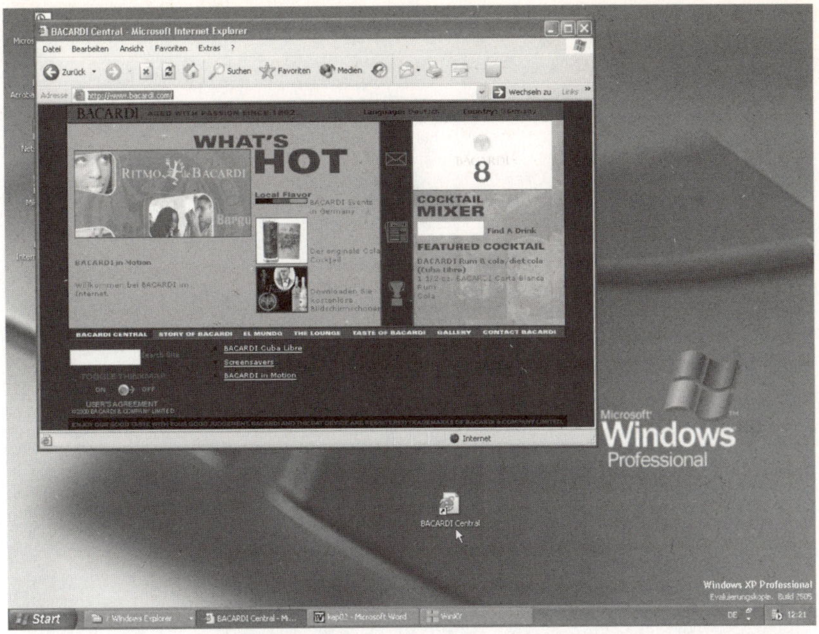

Bild 2.28: Desktop mit Link zu Bacardi

2.2.4 Das Auge surft mit

Ein Motto aus der gehobenen Klasse der Kochkunst lautet: Das Auge isst mit. Und genau dieses internationale Küchenmotto nahm ich mir zu Herzen, als ich anfing, die Optik des *Explorers* zu verändern. Und was soll ich sagen? – aus dem hässlichen Entlein wurde ein wunderschöner, weißer ... Schon gut, meine romantische Ader gehört nicht hierher. Kommen wir also zur Sache. Für das Optikmenü benötigen Sie folgende Zutaten: eine Maus, einen gehäuften Esslöffel Kontextmenüs und eine Prise Grafik ☺.

Fenstergröße ändern

Sie können mit der rechten Maustaste die Titelleiste oben anklicken, um mit den Optionen MAXIMIEREN, MINIMIEREN etc. die gesamte Fenstergröße Ihren Wünschen anzupassen.

Wer mehr Platz und einen schöneren Bildschirm haben will, „muss leiden" ☺; zum Beispiel, indem Sie das Menü ANSICHT öffnen und die jeweiligen Optionen anklicken.

Bild 2.29: Menü ANSICHT

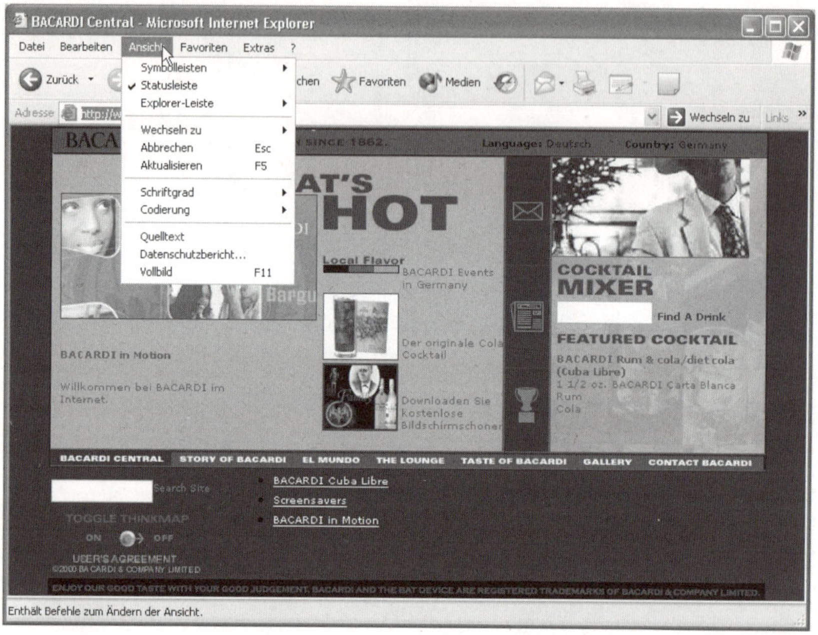

Erscheint ein Häkchen, ist die jeweilige Option der Anzeige aktiviert, ohne Häkchen deaktiviert. Darüber, welche Einstellung am besten ist, kann man natürlich „verschiedener Ansicht sein".

Mit der Funktion SYMBOLLEISTEN können Sie im angezeigten Untermenü wählen, welche Symbolleisten in Ihrem Browserfenster einbzw. ausgeblendet werden. Hier sollten mindestens die Standardschaltflächen und die Adressleiste aktiviert sein.

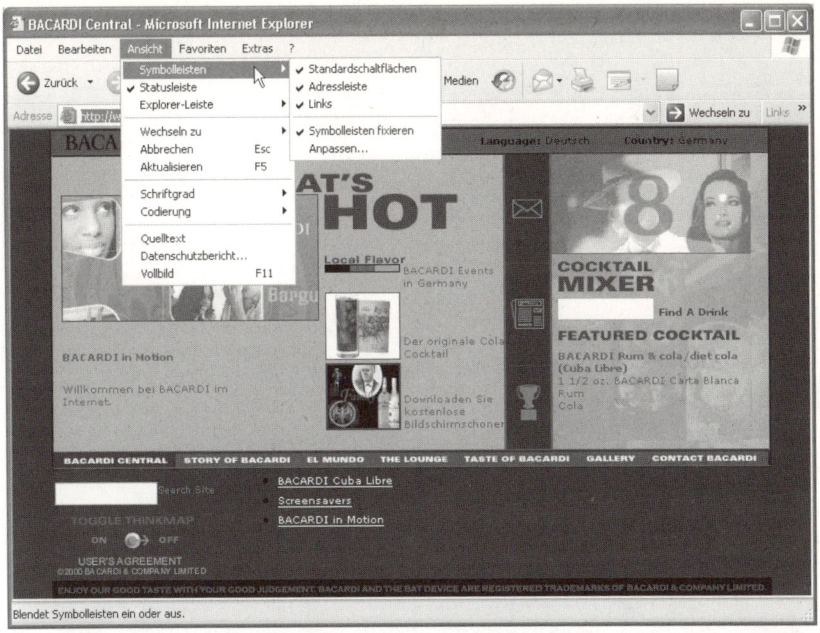

Bild 2.30:
Menü ANSICHT ◆ SYMBOLLEISTEN

Beim Thema Optik darf die Schriftgröße nicht übersehen werden. Im Menü ANSICHT können Sie die Option SCHRIFTGRAD markieren und im angezeigten Untermenü die Schriftgröße verändern.

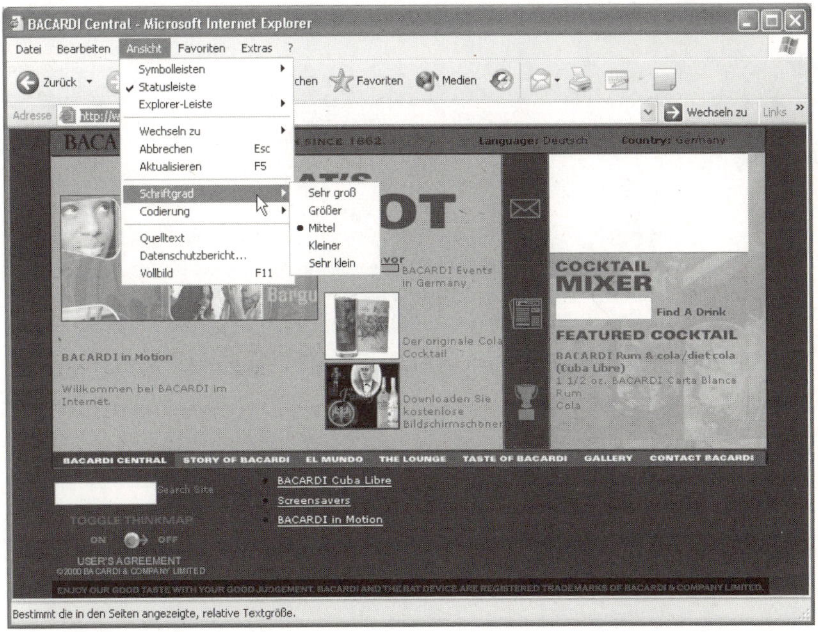

Bild 2.31:
Menü ANSICHT – Option SCHRIFTGRAD

2.2.5 Achtung, die Links kommen!

Am rechten Ende der Adressleiste des *Explorers* befindet sich die Schaltfläche LINKS. Wenn Sie hier klicken, öffnet sich eine Leiste mit unterschiedlichen Hyperlinks (Favoriten und weitere Info-Links) direkt ins Web.

Bild 2.32: Leiste mit Links

Klicken Sie nun im Browserfenster mit der rechten Maustaste auf eine der angezeigten Symbolleisten, um sie bei Bedarf dauerhaft auszuschalten.

Bild 2.33: Kontextmenü SYMBOLLEISTEN

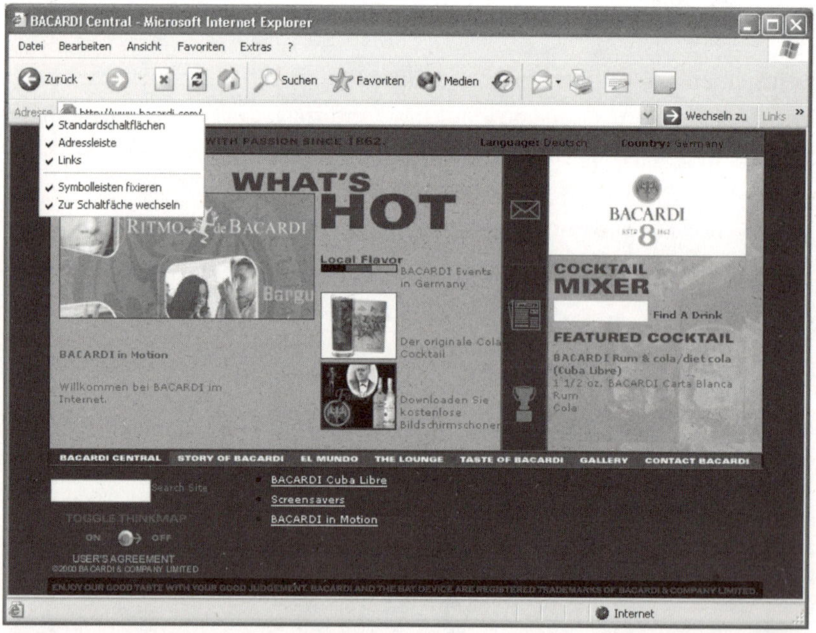

Deaktivieren Sie im angezeigten Kontextmenü einfach jene Leisten, die nicht benötigt werden und optisch stören. Vergessen Sie nicht: Es gibt nicht <u>die</u> beste Einstellung, sondern nur die beste Einstellung für Ihre Bedürfnisse.

Die Schaltfläche E-Mail

Mit der Schaltfläche E-MAIL (die mit dem Briefumschlag) starten Sie übrigens das Mail-Programm. Mehr dazu erfahren Sie in Kapitel 6.

Uff!, jetzt haben wir es geschafft, pardon, Sie haben es geschafft! Bis hierhin und nicht weiter. Schließlich soll dieses Kapitel keine Doktorarbeit über Einstellungen werden. Zu Risiken und Nebenwirkungen fragen Sie am besten Ihren EDV-Arzt oder die Hilfefunktion Ihres Browsers.

Hilfe!

Im Notfall verfügen die Browser *Internet Explorer* und *Netscape Navigator* über eine hervorragende Hilfefunktion. Im *Explorer* müssen Sie beispielsweise nur das Fragezeichen neben dem Menü EXTRAS anklicken und anschließend die angezeigten HILFETHEMEN aufrufen.

Die beschriebenen Hinweise und Einstellungen sollten ausreichen, um den *Internet Explorer* fit zu machen für Ihre ganz persönliche „Weltumsegelung“. Anders ausgedrückt: „Sie haben ihn frisiert und tiefer gelegt“ ☺.

Sonja kommt gerade rein und will Ihnen nun die Erlebnisse mit „ihrem“ Browser erzählen. Ich kann zwar nicht verstehen, warum man bzw. frau einen anderen Browser verwenden will, wenn es doch den *Internet Explorer* gibt, aber wer weiß, wozu es gut ist. Sonja surft jedenfalls ausschließlich mit dem *Netscape Navigator.* Im nächsten Kapitel melde ich mich wieder zurück ☺.

2.2.6 Netscape

Nachdem Sie jetzt schon alles Mögliche über den *Internet Explorer* wissen, sollten Sie auch etwas über den zweiten großen Browser namens *Netscape Navigator* erfahren. Aber vielleicht sollte ich mich erst einmal vorstellen, ich heiße Sonja und bin mit einem der größten Technikfreaks ☺ verheiratet, die ich kenne. Seit wir einen Computer mit Internetanschluss haben, surft Mike von früh bis spät auf den Datenwellen. Der „Forscher" (*Explorer*), wie Mike seinen Browser hochtrabend nennt, gefällt mir nicht so gut. Ich kann gar nicht sagen, woran das eigentlich liegt, es ist einfach so, dass einem manche Dinge auf Anhieb gefallen und andere nicht, c'est la vie, wie der Franzose sagt.

Mike behauptet ja, meine weibliche Kommunikation schlage sich vor allem in unserer Telefonrechnung nieder, was natürlich reichlich übertrieben ist. Seit mein Göttergatte so „inter-nett" ist und alles mit seinem *Explorer* erforscht, erreicht unsere Telefonrechnung tatsächlich astronomische Höhen (wir warten noch auf die goldene Kundenkarte der Telekom ☺).

Ich möchte Ihnen nun etwas über den *Netscape*-Browser erzählen. Eine der ersten Firmen, die einen Browser zur Betrachtung von Internetseiten entwickelt hat, war nicht etwa Microsoft, sondern die Firma Netscape. Microsoft brachte seinen *Explorer* erst auf den Markt, als schon fast alle Rechner mit dem *Netscape*-Browser ausgestattet waren (inzwischen ist es leider umgekehrt und auf fast jedem Rechner befindet sich nur der *Internet Explorer* ☹).

Da inzwischen um die Nutzung der beiden Browser ein regelrechter Glaubenskrieg zwischen den Anhängern von Netscape und Microsoft entbrannt ist, möchte ich mich hier mit Bewertungen der Programme lieber zurückhalten. Meiner Ansicht nach sind beide Browser sehr ähnlich, so dass eher der persönliche Geschmack als die technischen Funktionen entscheidend sind. Die neue Generation des *Netscape 6.x* hat beispielsweise ein völlig neues Design verpasst bekommen.

Alle in diesem Buch beschriebenen Möglichkeiten können Sie sowohl mit dem *Navigator* als auch mit dem *Explorer* nutzen. Meine

Empfehlung: Schauen Sie sich beide Programme an und entscheiden Sie selbst.

Aber genug der langen Rede, lassen Sie uns den *Netscape Navigator* einmal näher betrachten. Ich gehe davon aus, dass Sie das Programm wie im Anhang beschrieben bereits installiert haben. Wählen Sie nun aus dem Startmenü unter PROGRAMME ➧ NETSCAPE 6 den NETSCAPE 6.X.

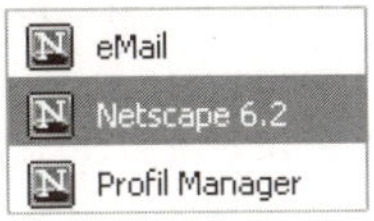

Bild 2.34: Startmenü *Netscape*

In diesem Kapitel werde ich Ihnen kurz und knapp die wichtigsten Browser-Funktionen und Einstellungen des *Netscape Navigators* vorstellen; in Kapitel 6 erfahren Sie, wie man mit *Netscape* E-Mails sendet und empfängt.

Und jetzt starten Sie einfach Ihren *Netscape*-Browser ...

Bild 2.35: Netscape.de

Sieht doch eigentlich fast so aus wie im *Explorer*. Wie ich schon sagte, die Unterschiede in der Bedienung sind wirklich sehr gering. Auch im *Netscape Navigator* finden Sie im oberen Teil eine Zeile, wo Sie die Internetadresse eingeben. Im linken Fensterbereich werden in der Grundeinstellung Registerkarten angezeigt, in denen Sie u. a. Links und Lesezeichen ablegen können. Sie können diese Karten bei Bedarf durch einen Klick auf einen der Pfeile am Registerkarten-Fensterrand leicht aus- und wieder einblenden.

Geben Sie nun in der Adresszeile oben eine Internetadresse ein (z. B. `www.netscape.com`) und drücken Sie anschließend . Der Computer baut nun die Verbindung auf und verbindet Sie mit dem entsprechenden Server (ggf. müssen Sie auch zuerst das DFÜ-Netzwerk manuell aufrufen; Sie finden das DFÜ-Netzwerk im STARTMENÜ unter PROGRAMME ♦ ZUBEHÖR ♦ DFÜ-NETZWERK; doppelklicken Sie dort einfach auf Ihre bevorzugte Verbindung). Falls Sie jedoch bereits online sind, wird die Verbindung automatisch aufgebaut. Wenn Sie übrigens zwischen online und offline wechseln wollen, müssen Sie einfach im Menü DATEI auf ONLINE ARBEITEN bzw. OFFLINE ARBEITEN klicken, je nach dem, was gerade aktuell angezeigt wird und aktiviert ist.

Bild 2.36: Online oder offline arbeiten

Jetzt wollen wir uns noch ein wenig mit den Einstellungen des *Netscape Navigators* befassen.

☑ Wählen Sie hierzu aus dem Menü BEARBEITEN die Option EINSTELLUNGEN.

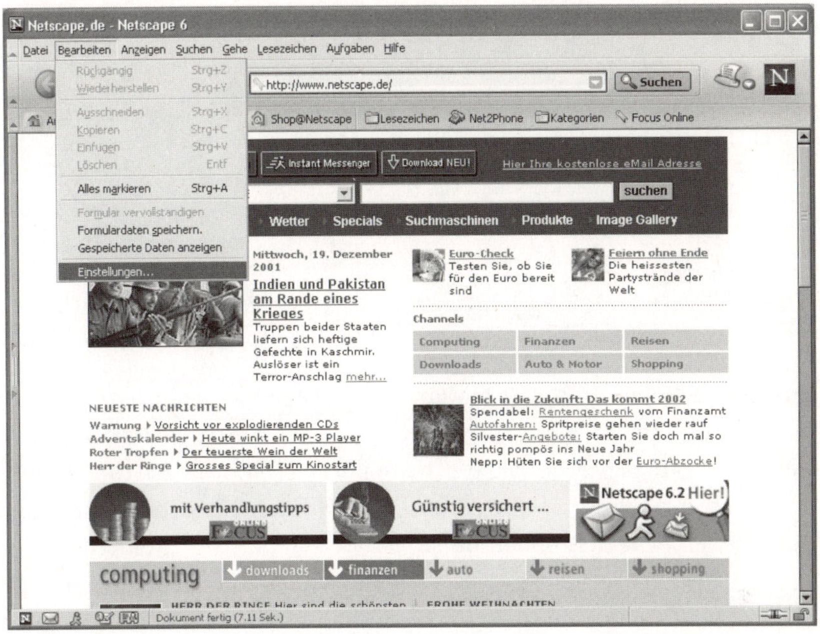

Bild 2.37: Einstellungen bei *Netscape*

Im linken Teil finden Sie eine Übersicht über verschiedene Bereiche des *Navigators*, deren Einstellungen Sie verändern können. Diese Übersicht im linken Teil entspricht im Wesentlichen dem, was bei Microsoft die Registerkarten sind (daher werde ich diese Optionen auch als Registerkarten bezeichnen). Ich werde Ihnen im Folgenden die wichtigsten Einstellungen kurz beschreiben.

Beginnen wir zunächst mit einem Klick auf NAVIGATOR. Um die Unterkategorien anzeigen zu lassen, klicken Sie einfach auf das kleine Dreieck links neben den Hauptkategorien.

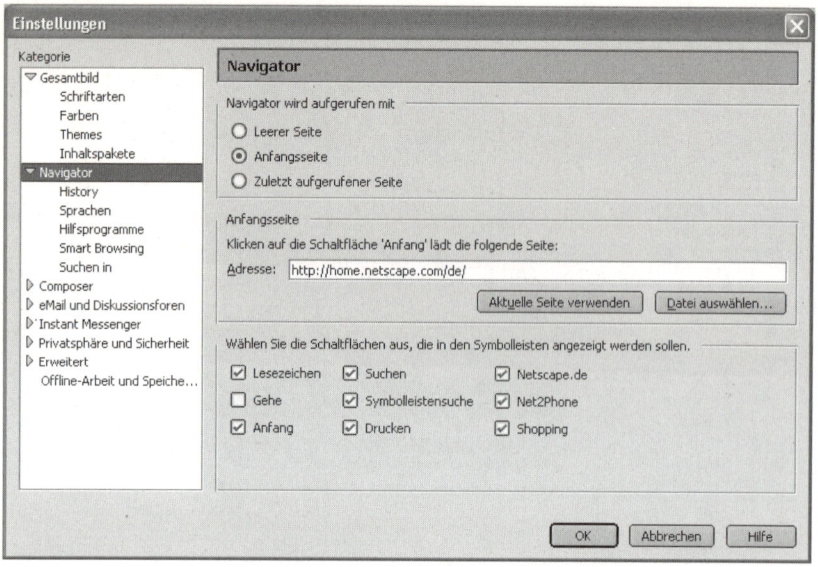

Bild 2.38: Einstellungen NAVIGATOR

Auf dieser Registerkarte können Sie grundsätzliche Einstellungen vornehmen. Im mittleren Feld ANFANGSSEITE können Sie beispielsweise die Startseite eintragen; in der Regel ist hier ist die Homepage von Netscape voreingestellt. Sie können natürlich auch die Adresse einer Suchmaschine (z. B. `www.yahoo.de`), eines Nachrichten-Portals (z. B. `www.spiegel.de`) oder die Homepage von Microsoft ☺ (`www.microsoft.de`) eintragen.

Die nächste Registerkarte, die wir betrachten wollen, heißt ERWEITERT.

Erscheint im rechten Funktionsfeld ein kleines Häkchen neben der entsprechenden Option, so ist sie aktiviert. Die ersten drei Optionen sind besonders wichtig und befassen sich mit Java. Bei Java handelt es sich um eine Programmiersprache, die auf Internetseiten eingesetzt wird, um verschiedene „Special-Effects" auszulösen. Wenn Sie fliegenden Menüs, blinkenden Hyperlinks oder Farbwechseln etwas abgewinnen können, sollten Sie diese Optionen aktivieren. Immer mehr Webseiten, z. B. von Banken (Internet-Banking), werden inzwischen leider ohne Java nicht korrekt angezeigt.

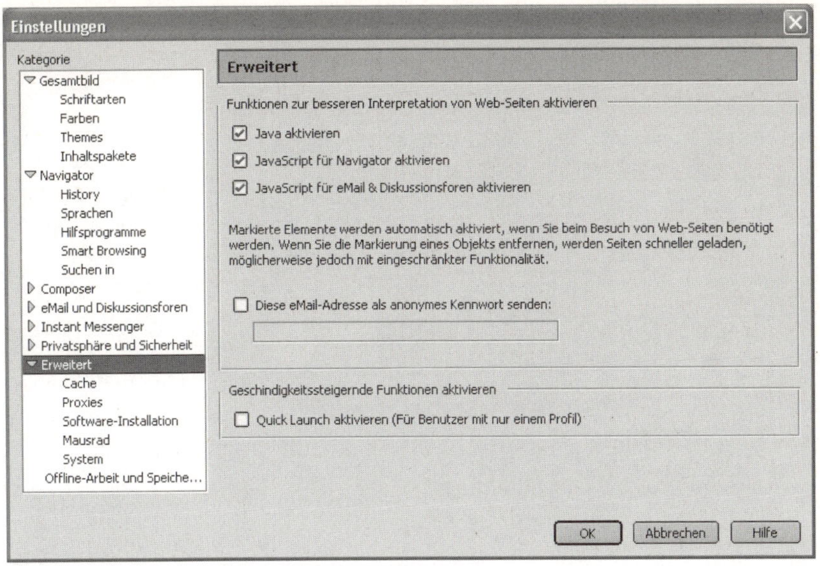

Bild 2.39:
Registerkarte ERWEITERT

Und wo ist der Haken? Nun, alle Programme, die quasi von „außen“ (also aus dem Internet) kommen und auf bzw. in Ihrem Computer zu Hause irgendwelche Aktionen auslösen, stellen prinzipiell ein Sicherheitsrisiko dar. Wenn Sie allerdings nur „renommierte“ Seiten besuchen, d. h. Seiten von Firmen, die Sie kennen und einschätzen können, dann werden dort mit Sicherheit keine aggressiven Java-Programme transportiert (wie auf 90% aller Internetseiten). Die Eigentümer einer Internetseite haben schließlich auch einen Ruf zu verlieren (mehr zu Java in Kapitel 4).

Interessant ist auch die nächste Option DIESE EMAIL-ADRESSE ALS ANONYMES KENNWORT SENDEN (das klingt wie in einem Agentenfilm – mit Kennwörtern und so). Im Internet gibt es spezielle Fileserver (auch FTP-Server genannt), auf denen massenweise Programme und andere Daten gelagert werden. Bei diesen muss man sich üblicherweise mit Namen und Kennwort anmelden. Öffentliche FTP-Server verwenden dazu als Namen „Anonymous“ und die E-Mail-Adresse als Kennwort. Sollten Sie sich bei einem öffentlichen Server nicht anmelden können, dann aktivieren Sie diese Option einfach und starten einen neuen Versuch. Ich will Mike jetzt nicht vorgreifen, da er noch etwas mehr zum Thema FTP im vierten Kapitel erzählen wird.

So, jetzt kommen wir zur Registerkarte PRIVATSPHÄRE UND SICHERHEIT und dem Untermenü COOKIES.

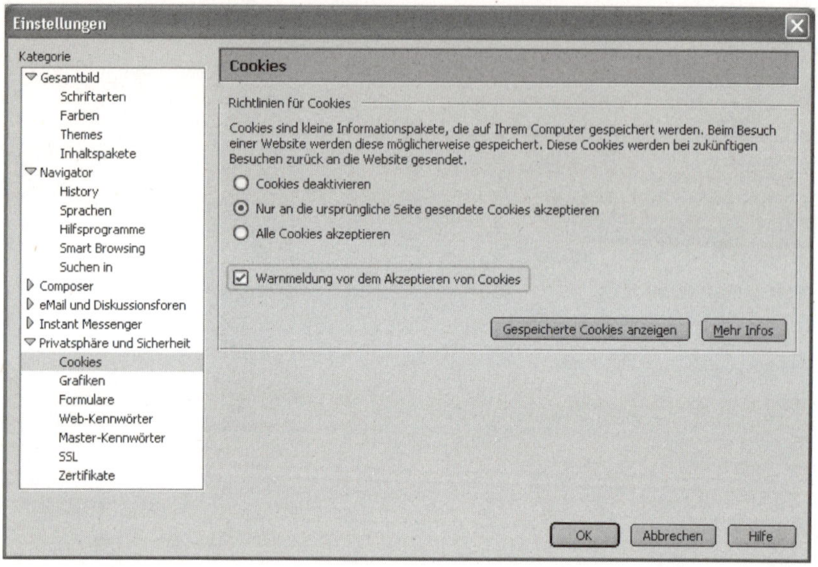

Bild 2.40: Registerkarte PRIVATSPHÄRE UND SICHERHEIT ◆ COOKIES

Hier können Sie den Umgang mit „Cookies“ einstellen. Bei Cookies handelt es sich nicht etwa um leckere Kekse, sondern um kleine Datenpakete, die ein Internet-Server auf Ihrem Computer ablegt, um bestimmte Informationen über Sie zu sammeln. Cookies sind in der Regel harmlos, Sie sollten aber trotzdem die Optionen NUR AN URSPRÜNGLICHE SEITE GESENDETE COOKIES AKZEPTIEREN sowie WARNMELDUNG VOR DEM AKZEPTIEREN VON COOKIES (dann können Sie ein Cookie ablehnen, bevor es bei Ihnen abgelegt wird) aktivieren. Mehr zum Thema Cookies und Sicherheit finden Sie in Kapitel 5.

Im Untermenü WEB-KENNWÖRTER sollten Sie unbedingt den KENNWORT-MANAGER deaktivieren. Das Speichern von Kennwörtern für Ihr Internet-Banking, Ihren Intranetzugang und ähnliche Internetbereiche mit Kennwortschutz erleichtert zwar Ihr Gedächtnis (Sie müssen sich nicht alle PIN-Nummern und Kennwörter merken), stellt jedoch ein sehr hohes Sicherheitsrisiko dar, weil somit jeder, der auf Ihren PC Zugriff hat und online geht, die gespeicherten Kennwörter missbrauchen kann. Außerdem sind solche gespeicherten Kenwörter ein beliebtes „Fressen“ für alle Computerviren.

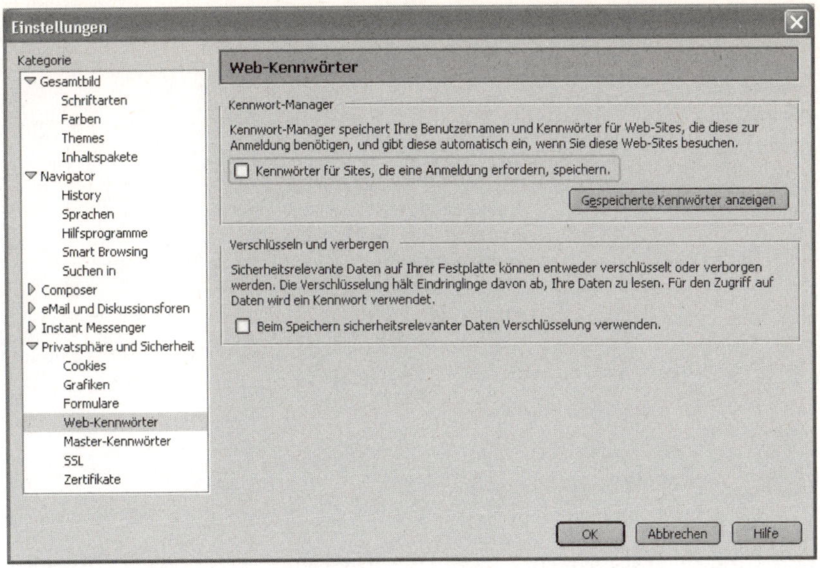

Bild 2.41: Einstellungen im Untermenü WEB-KENNWORTER

Damit will ich es auch schon in Sachen Einstellungen in *Netscape* bewenden lassen. Die anderen Registerkarten sind größtenteils sehr gut dokumentiert bzw. in der Standardeinstellung ausreichend konfiguriert. Ich empfehle Ihnen, sich einfach ein wenig durch die verschiedenen Registerkarten zu klicken. Solange Sie sich merken, was Sie verstellt haben, können Sie den alten Zustand jederzeit wieder herstellen.

Die Einstellmöglichkeiten für das Mailprogramm in *Netscape* (siehe Registerkarte EMAIL UND DISKUSSIONSFOREN), stelle ich Ihnen in Kapitel 5 vor.

Und jetzt kommt wieder Mike ...

3 Jetzt geht's los

Im folgenden Kapitel erfahren Sie endlich, wie es gemacht wird. Genauer gesagt, wie Sie mit dem *Internet Explorer* und dem *Netscape Navigator* nicht nur unsere gute alte Erde, sondern auch den Weltraum erobern. Und weil meine Familie so gerne verreist, werden wir einfach „virtuell“ im Netz alle wichtigen Sehenswürdigkeiten dieser Erde „ersurfen“.

3.1 Reise um die Welt

Seit digitale Kameras für jeden erschwinglich geworden sind, gibt es rund um die Welt immer mehr Webcams (gesprochen „Wäbkäm“). Was sich anhört wie eine Alternative zum obligatorischen „Cheese“ bei Fotos (Sie sollten einmal probieren, vor dem Spiegel „Wäääbkäääm“ zu sagen – einmalig! ☺) ist in Wirklichkeit eine weitere technische Spielerei im Internet. An mehr oder weniger wichtigen Orten der Welt (von der Westmauer in Jerusalem bis zu einem Bild des Parkhauses der Bethmannstraße in Frankfurt/Main) sind solche digitalen Kameras installiert, die regelmäßig ein aktuelles Live-Bild in das weltweite Datennetz einspeisen.

Auf diese Weise ist es möglich, auch mit einem kleinen Urlaubsbudget zu den schönsten und interessantesten Orten dieser Erde zu reisen, und sich im wahrsten Sinne des Wortes „ein Bild davon zu machen“. Folgen Sie mir also auf einer Reise rund um den Globus (inklusive eines kleinen Abstechers zum Mars – der wird sowieso irgendwann von den Menschen besiedelt ☺).

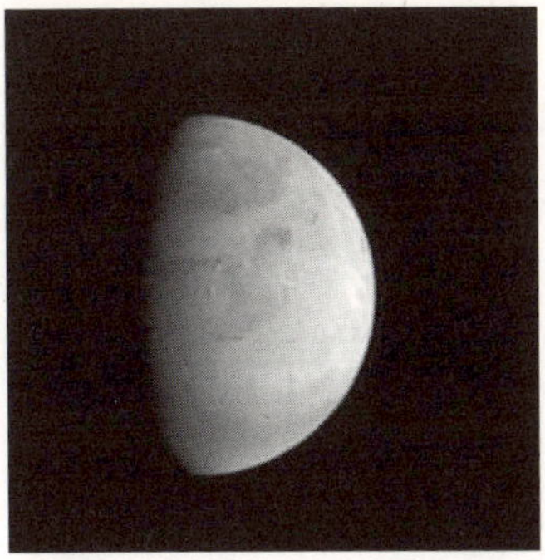

Bild 3.1:
Auf zum Mars ...

„Papa!“ (Tobias steht gerade hinter mir) „bevor du mit den Lesern um die Welt surfst, solltest du ihnen noch ein paar Erklärungen zu den Internetadressen geben.“ „Aber mein Sohn“, antworte ich, „das hätte ich bestimmt nicht vergessen, du kennst mich doch!“ „Genau“, sagt er und verlässt grinsend den Raum. Zugegeben, manchmal muss man mich vom Mars wieder runter auf den irdischen Boden der Tatsachen holen. Meine Familie kann ein Lied mit zehn Strophen davon singen. Wie dem auch sei, es folgen zunächst ein paar kurze Erklärungen zu `com`, `de` und anderen „raffitückischen“ Abkürzungen im Internet-Jargon. Keine Angst, die Erklärungen sind wirklich kurz.

Als Beispiel nehmen wir die bekannte URL bzw. Internetadresse von Microsoft: `http://www.microsoft.com`. Die Bedeutung von Abkürzungen wie `http` am Anfang einer Adresse kennen wir bereits. Der mittlere Teil einer Adresse beinhaltet den Namen des Anbieters, in unserem Beispiel die Firma Microsoft. Der letzte Teil der Adresse, in unserem Beispiel ist es `com`, gibt an, in welchem Land sich die Seite befindet oder – bei den meisten Adressen in den USA (wo das Internet ja entstanden ist) – um welchen Bereich es sich handelt. `Com` steht für „commercial“, also eine Firmenadresse, `de` für Deutschland. `http://www.microsoft.de` steht also für den deutschen Ableger von Microsoft International. Die Adresse einer japanischen Firma endet mit `.jp`. Französische oder italienische Adressen enden mit `.fr` und `.it` und so weiter. Diese Kürzel nennt man auch „Top Level Domains“.

Bei Endungen wie zum Beispiel `.com` handelt es sich nicht immer um amerikanische Anbieter. Um alle Klarheiten zu beseitigen, kann nämlich inzwischen jeder und jede eine Domain mit der Endung `.com` beantragen, egal ob sich die Homepage in den USA oder in Deutschland befindet.

In den USA ist die Sache sogar noch komplizierter. Dort existieren bis heute Top Level Domains, mit denen Anbieter in unterschiedliche Gruppen eingeteilt werden. Man unterscheidet dort u. a. gemeinnützige Organisationen (`.org`), Bildungseinrichtungen (`.edu`, engl. educational), Militäradressen (`.mil`) und Regierungsstellen (`.gov`, engl. governmental).

Wenn Sie in Zukunft im Internet surfen, wird Ihr Weg Sie anfänglich wahrscheinlich zu einer der großen Suchmaschinen führen (vor allem, wenn Sie nicht genau wissen, wo Sie nach Ihrem Begriff suchen sollen).

Suchmaschinen verhalten sich wie riesige Kataloge, die Stichworte zu vielen Seiten im Netz gespeichert haben. Bekannte Vertreter solcher Suchmaschinen sind beispielsweise *Yahoo!* oder *AltaVista*. Und genau dahin wollen wir jetzt surfen.

Verbindung trennen

Falls Sie z. B. während des folgenden Surfversuchs vorzeitig abbrechen müssen und dabei keine unnötigen Gebühren zahlen wollen, sollten Sie jetzt schon wissen, wie man aus dem Netz möglichst schnell wieder raus kommt. Klicken Sie dazu in der Titelleiste des *Internet Explorers* auf die Schaltfläche SCHLIEßEN (das Icon mit dem Kreuz rechts oben). Anschließend klicken Sie auf die Schaltfläche TRENNEN in der unteren Taskleiste von *Windows*. Der *Explorer* fragt jetzt, ob er die bestehende Internetverbindung beenden soll. Bestätigen Sie dies, indem Sie auf TRENNEN klicken (je nach Konfiguration Ihrer Internetverbindung kann das Dialogfeld zum Beenden der Verbindung auch automatisch erscheinen).

Und jetzt geht's endlich los: Geben Sie in die Adresszeile Ihres Browsers folgende Adresse ein: `www.netcamera.de/`. Nachdem Sie gedrückt haben, sollte die Homepage von WEBCAM-NAVIGATOR erscheinen. Der WebCam-Navigator ist eine Suchmaschine für Webcams im Internet. Sie können sich die installierten Kameras ganz einfach nach Regionen oder Themen sortiert anzeigen lassen.

Bild 3.2: Homepage des WebCam-Navigators

Am linken Rand finden Sie eine Übersicht, in der die Webcams nach Regionen aufgeteilt sind. Wenn Sie auf eines der Wörter (beispielsweise NORDAMERIKA) mit der Maus zeigen, dann verwandelt sich der Mauszeiger in eine kleine Hand mit Zeigefinger um anzudeuten, dass hier noch weitere Informationen zu finden sind.

☑ Klicken wir also auf den Hyperlink NORDAMERIKA.

Mit der Bildlaufleiste am rechten Bildrand können Sie den sichtbaren Bildausschnitt nach oben und unten verschieben, um alle Informationen einsehen zu können (manchmal kann es sein, dass der Balken zum Verschieben nicht direkt funktioniert, verwenden Sie in diesem Fall stattdessen die Pfeile, um den Bildausschnitt zu verschieben). Besonders schöne Webcam-Aussichten sind übrigens im rechten Hauptfenster mit einer oder mehreren symbolischen Kameras gekennzeichnet.

Hyperlink oder nicht?

Wenn Sie nicht sicher sind, ob es sich bei einem Wort um einen Hyperlink handelt oder nicht, dann zeigen Sie mit der Maus (ohne zu klicken) auf das „verdächtige“ Wort – verwandelt sich der Mauszeiger in die kleine Hand mit Zeigefinger, dann handelt es sich um einen Hyperlink, bleibt der Mauszeiger „normal“, dann kann man hier nicht weiterklicken.

Wir werden jetzt einmal versuchen, eine interessante Webcam in einem der US-Bundesstaaten in Nordamerika zu finden. Wie wäre es beispielsweise mit einem Blick auf die Skyline der legendären „Gangsterstadt“ Chicago im Bundesstaat Illinois, wo Al Capone sein Unwesen trieb?!

Benutzen Sie also die Bildlaufleiste am rechten Rand, um die Liste nach unten zu bewegen. Machen Sie dies solange, bis Sie einen Hinweis auf Chicago finden.

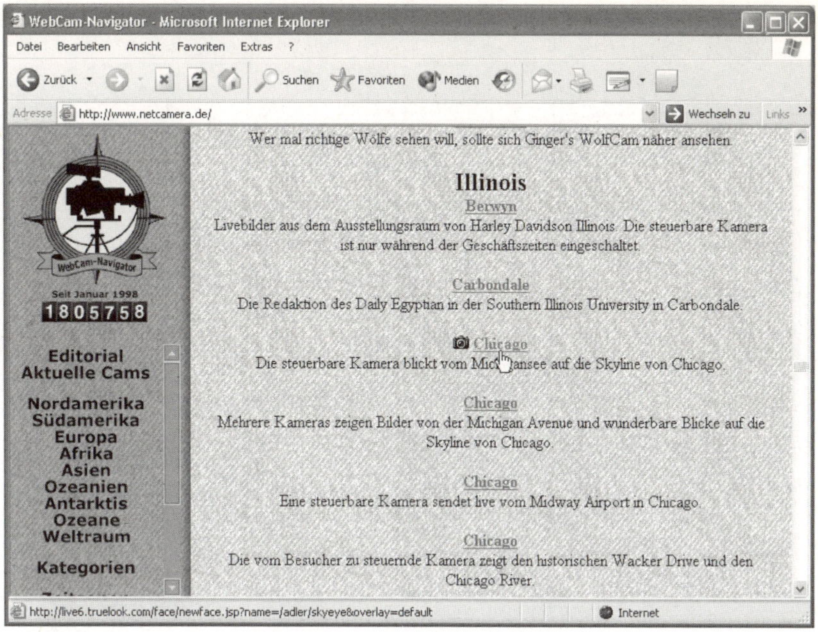

Bild 3.3: Link zur Webcam in Chicago

Nur noch ein bis zwei Klicks und schon sind wir am Ziel und können sehen, ob das Wetter dort genauso „schön“ ist wie hier. Der Browser öffnet automatisch ein neues Fenster mit einer neuen Webseite, was sehr praktisch ist, da Sie über die *Windows*-Taskleiste nun jederzeit wieder parallel zu der Liste der Webcams zurückgehen können, um eine andere zu wählen.

Aber zurück nach Chicago und dem abendlichen Anblick einiger Silhouetten von Wolkenkratzern bei Nacht.

Bild 3.4: Chicago-WebCam bei Nacht

Witzigerweise können Sie die Webcams an manchen Orten individuell ausrichten, indem Sie z. B. in das Bild klicken. Mit den entsprechend angezeigten Auswahlfeldern rechts neben dem Bild können Sie manchmal noch andere Faktoren wie Bildqualität oder Zoomstufe einstellen. Probieren Sie hierzu ruhig noch andere Webcams aus – vielleicht finden Sie ja einen Prominenten auf seiner Yacht vor der Linse. Auf jeden Fall bekommen Sie dabei ein Gefühl für den Umgang mit Ihrem Browser im Web und diversen Funktionen.

Gehen wir jetzt nochmal zurück zu unserem WebCam-Navigator (entweder, indem Sie das noch geöffnete Fenster über die Taskleiste wieder aktivieren oder durch Eingabe von `www.netcamera.de` in Ihrem aktuellen Browser-Fenster).

Wir wollen doch mal sehen, was wir in der nach Themen geordneten Rubrik noch so finden können. Klicken Sie dafür in der linken Übersicht auf die Rubrik KATEGORIEN.

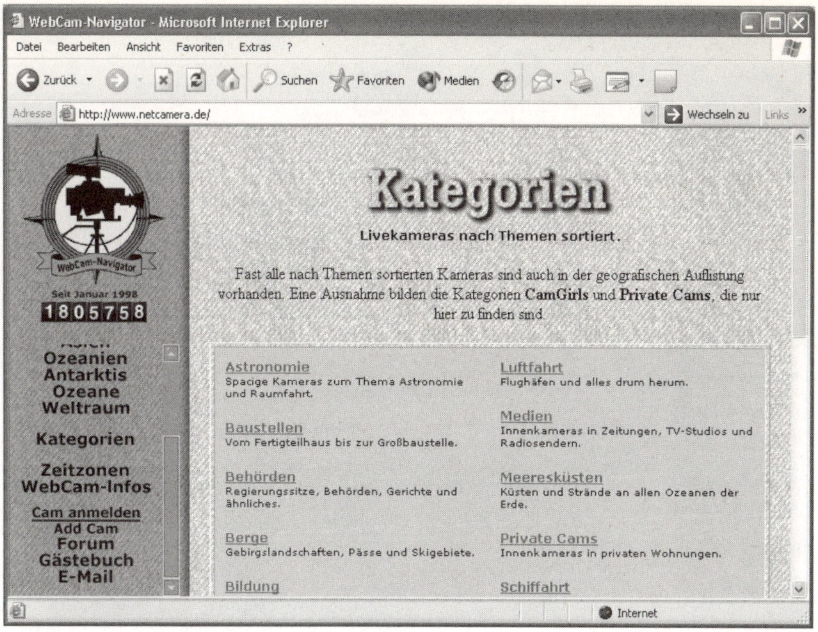

Bild 3.5:
WebCam nach
Kategorien geordnet

Das rechte Menü hat sich verändert und zeigt nun eine Themenübersicht (Astronomie, Baustellen etc.). Lassen Sie sich einfach von den Links „führen", so können Sie noch weitere interessante Kameras finden.

Aber ich hatte Ihnen ja außerdem versprochen, einen kleinen Abstecher zum Mars zu unternehmen, und genau das will ich jetzt mit Ihnen gemeinsam tun. Geben Sie in die Adresszeile Ihres Browsers folgende URL ein:

Bild 3.6:
Adresszeile
Mars Pathfinder

Ich gebe zu, dass ich schon ein wenig „vorgesurft" bin (diese URL fällt sicherlich nicht vom „Daten-Himmel"), aber Sie können selbstverständlich (als Übung ☺) selbst versuchen, bis zu dieser Seite zu kommen, wenn Sie wie ich bei `www.nasa.gov` starten. Um Ihnen die Klickerei etwas abzunehmen, habe ich Ihnen die URL von folgender Webseite direkt angegeben.

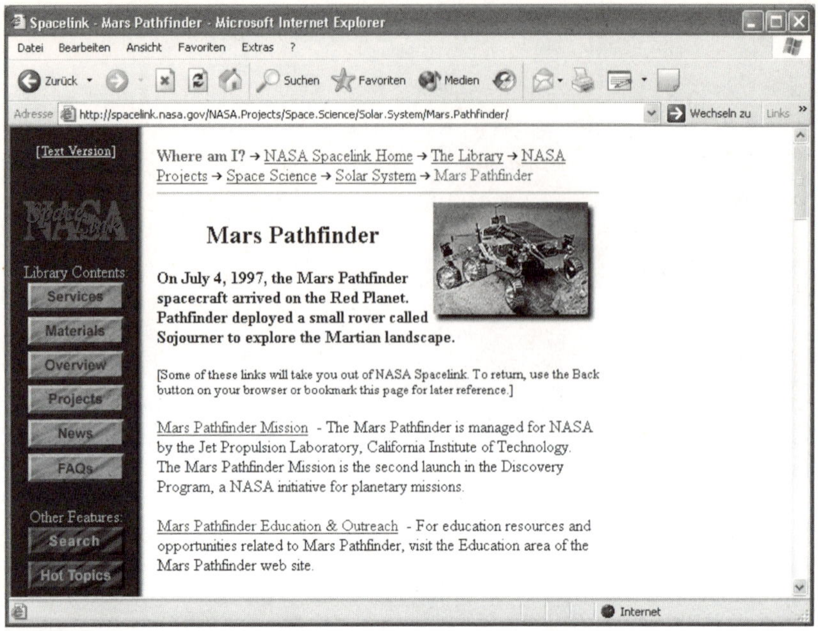

Bild 3.7: Mars Pathfinder-Webseite

Man könnte allerdings an dieser Stelle auch ein lustiges Web-Rennen veranstalten: Stoppen Sie einmal die Zeit, die Sie brauchen, um von der NASA-Startseite zu der genannten URL zu gelangen; ich habe etwa 10 Minuten gebraucht ☺.

Vielleicht erinnern Sie sich noch an das kleine Marsauto namens Pathfinder, das uns 1997 Bilder vom Mars zur Erde funkte. Die Pathfinder-Mission ist zwar inzwischen beendet, aber die Informationen und Bilder vom Roten Planeten sind noch alle im Netz.

Bild 3.8:
Startseite der NASA:
`www.nasa.gov`

Unser Weg um die Welt führte uns von Deutschland über die USA auf den Mars – wer hätte das gedacht. An dieser Stelle möchte ich meine Webführung beenden und Ihnen das weitere Surfen überlassen. Mit ein bisschen Glück entdecken Sie auch ein paar grüne Marsmännchen ☺.

Server-Standort

Egal, welchen Link Sie anklicken, ob in Amerika oder Ostfriesland, Sie zahlen immer nur dieselben Telefongebühren bis zu Ihrem Internet-Provider. Unterschiede können allerdings in den Geschwindigkeiten der einzelnen Server auftreten. Obwohl das Internet weltumspannend ist und Entfernungen eigentlich keine Rolle spielen, ist jedoch zu beobachten, dass auf geographisch nahe liegende Server (z. B. URLs mit den Endungen `.de`, `.it`, `.ch`) meist schneller zugegriffen werden kann. Wenn Sie es sich aussuchen können, sollten Sie Ihre Seiten immer von solchen Servern runterladen.

3.2 Kennen Sie Frame?

Es klingt so ähnlich wie Shame („schäim"), schmeckt nach gar nichts und erscheint neuerdings auf manchen Webseiten – die Rede ist vom Frame (dt. „Rahmen"). Entweder Sie fügen sich diesen Frame selbst bei, indem Sie zum Beispiel die Schaltfläche SUCHEN anklicken, oder der Anbieter einer Webseite hat bereits einen Frame automatisch in sein Webangebot integriert. Wenn Sie einen Frame durch Klicken auf SUCHEN erzeugt haben, können Sie ihn durch erneutes Klicken auf diese Schaltfläche wieder entfernen.

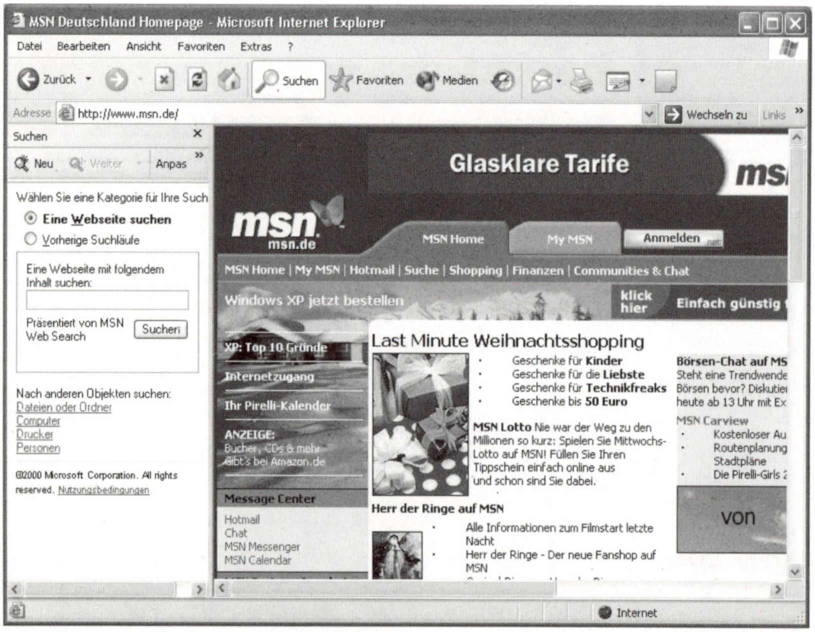

Bild 3.9: Selbst erzeugter Frame durch Klicken auf SUCHEN

Frames sind quasi zusätzliche Rahmenfenster, die zumeist in der linken oder rechten Bildhälfte einer Seite auftauchen und das Auffinden von Informationen erleichtern sollen. Dafür nehmen sie allerdings dem Anzeigebereich verhältnismäßig viel Platz weg – aber man kann ja nicht alles haben. Manche Frames lassen sich mit dem Mauszeiger verschieben.

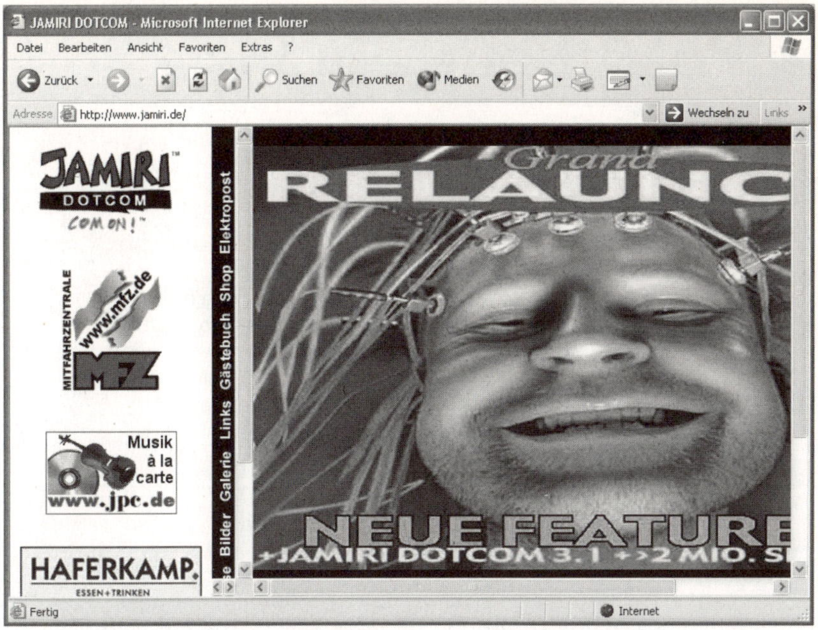

Bild 3.10: Webseite mit Frame

Im links angezeigten Frame finden Sie eine Auflistung verfügbarer Themen und Inhalte. Diese Liste besteht aus Hyperlinks, die den rechten großen Anzeigebereich steuern. Klicken Sie dazu mit linker Maustaste auf die gewünschten Links im linken Frame ☺.

In der Regel enthält der kleinere Frame (meist links oder oben) die Kapitelgliederung bzw. Inhaltsangabe und der andere die entsprechenden Inhalte. Über die Rollbalken am rechten und unteren Rand können Sie die sichtbaren Bildausschnitte der Frames verschieben. Das Kontextmenü, das Sie mit der rechten Maustaste aufrufen können, gilt immer für den aktiven Frame, links oder rechts. Um den letzten Inhalt eines Frames wieder zurückzuholen, klicken Sie einfach in der Symbolleiste auf die Schaltfläche ZURÜCK.

4 Sind wir nicht alle ein bisschen offline?

Heute Abend war ich mal wieder während eines Westerns der Fernsehwerbung ausgesetzt. Manchmal kann ich diese Reklame nur mit mindestens drei Glas Bier ertragen. Vor allem die verrückte Werbung für eine bestimmte Limonade. Dabei kam mir folgender Gedanke: Ob Bluna oder offline, sind wir es nicht alle ein bisschen???

4.1 Online und offline

(Persönliches Logbuch: Bin heute Morgen ins Arbeitszimmer gekommen und fand vorherige Einleitung. Keine Ahnung, wer es geschrieben hat. Ich war's nicht – zumindest kann ich mich nicht erinnern!)

Offline ist übrigens das Gegenteil von online ☺ und bedeutet, nicht mehr im Netz zu sein. Man hat sich sozusagen ausgeklinkt. Ihr Browser möchte das – wenigstens ab und zu, und Sie sollten ihm diesen Gefallen tun, schließlich sparen Sie dadurch Zeit und Geld.

Nach dem Start des *Internet Explorers* erscheint das Dialogfeld DFÜ-VERBINDUNG bzw. VERBINDUNG MIT XY-SERVER HERSTELLEN. Klicken Sie hier – je nach Betriebssystem und Internetkonfiguration – auf die Schaltfläche OFFLINEBETRIEB bzw. ABBRECHEN.

Netscape fragt vor dem Start (wenn Sie – wie in Kapitel 2.2 beschrieben – die entsprechende Option aktiviert haben), ebenfalls, ob er im Online- oder Offline-Betrieb starten soll. Klicken Sie auch hier auf OFFLINEBETRIEB bzw. ABBRECHEN.

Bild 4.1: Internetverbindung – Offline-Betrieb

Sie befinden sich nun im Offline-Betrieb, Ihr Browser hat keine direkte Online-Verbindung zum Internet. Trotzdem kann er natürlich alle Seiten anzeigen, die sich noch im temporären Zwischenspeicher bzw. Cache befinden, so dass Sie Ihre gewohnte Startseite sehen, ohne wirklich online zu sein. Auch einige der zuletzt besuchten Links werden wahrscheinlich noch funktionieren, versuchen Sie einfach, sich ein wenig durchzuklicken.

Beim Aufrufen bereits besuchter Seiten werden Sie feststellen, dass nicht nur Menschen vergesslich sind, sondern manchmal auch Browser, zumindest was den Cache betrifft. In so einem Fall reagiert der Browser nach dem Aufrufen einer Seite mit dem Versuch, eine Verbindung zum Internet herzustellen. Damit will er verschleiern, dass sich nicht mehr alle notwendigen Informationen zum Aufbau der Seite in seinem Cache befinden, weil er sie quasi „vergessen" hat. Durch Klicken auf OFFLINE BLEIBEN bzw. ABBRECHEN beenden Sie diesen Versuch.

Wenn Sie auf VERBINDEN klicken, stellt der *Internet Explorer* eine Internetverbindung her. Auch der *Netscape Navigator* meldet sich, wenn er eine Seite im Cache nicht mehr finden kann. Sie müssen dann – wie beim *Explorer* – eine Verbindung herstellen. Das vor allem privat genutzte DFÜ-Netzwerk zur Erstellung der Verbindung finden Sie im STARTMENÜ unter PROGRAMME ♦ ZUBEHÖR ♦ DFÜ-NETZWERK.

Sind Sie wirklich offline?

Manchmal ist es sinnvoll und „geldsparend", den Browser ohne Internetverbindung, also offline einzusetzen. Zum Beispiel, um sich mit Browser-Funktionen vertraut zu machen, oder bereits geladene Dokumente aus dem Zwischenspeicher zu lesen. Eine Möglichkeit, in den Offline-Modus zu wechseln, ist im *Internet Explorer* die Option OFFLINEBETRIEB im Menü DATEI. Auch der *Netscape Navigator* ist über das Menü DATEI und die Option OFFLINE in den Offline-Betrieb zu versetzen. Sollten Sie jedoch zuvor online gewesen sein, vergessen Sie nicht, die Verbindung Ihres Internet-Providers zu trennen, weil Sie zwar sonst im Browser scheinbar offline arbeiten, Ihr Zugangsgerät (z. B. Modem) aber weiterhin fröhlich eine (ungenutzte!) Verbindung ins Internet aufrechterhält.

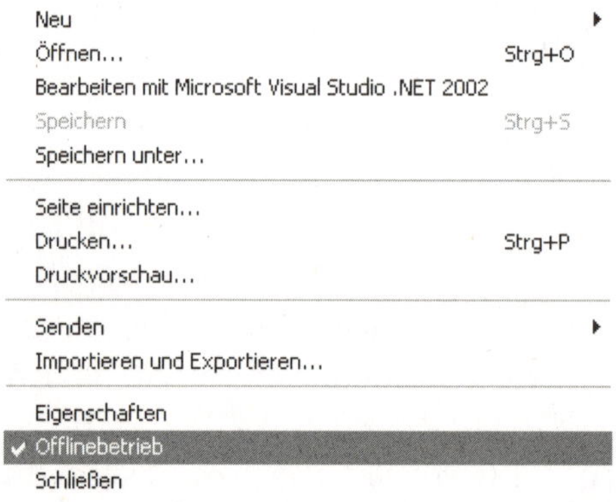

Bild 4.2: Menü DATEI ◆ OFFLINEBETRIEB (*Explorer*)

Durch Klicken auf OFFLINEBETRIEB (siehe Bild 4.2) wird ein Häkchen erzeugt, das die Aktivierung der Funktion bestätigt.

Keine Aktualisierung?

Der Grund für das Nichtladen von Seiten aus dem Zwischenspeicher könnte auch die Anzahl der Tage sein, die Sie im Menü EXTRAS ♦ INTERNETOPTIONEN (*Explorer*) im Bereich VERLAUF eingetragen haben.

Manchmal erscheint eine Fehlermeldung mit dem Hinweis, dass der Browser die Seite nicht anzeigen kann, weil keine Server-Verbindung hergestellt wurde. Dies ist in der Regel ein sicheres Indiz dafür, dass entweder die Adresse falsch eingegeben wurde (Tippfehler?) oder aber der entsprechende Server nicht (mehr) existiert.

Bild 4.3: Fehlermeldung

Nach dem Bestätigen einer Offline-Verbindung startet der Browser trotzdem und zeigt Ihnen offline entweder eine Seite mit dem Hinweis, dass er diese Seite nicht offline verfügbar machen kann oder einfach eine leere Seite. In diesem Fall erhalten Sie zwar keine

Internetinformationen, aber Sie können sich zum Beispiel in diesem Modus kostenlos mit den Funktionen des Browsers vertraut machen.

Wenn Sie aus dem erwähnten Zwischenspeicher (Sie finden den Cache des *Explorers* üblicherweise im Verzeichnis `\Windows\Temporary Internet Files`, der Cache des *Netscape Navigators* befindet sich in der Regel im *Netscape*-Verzeichnis unter `\Netscape\Users\(Ihr Name)\Cache`) ein HTML-Dokument doppelt anklicken und laden, kann es sein, dass der Browser nur einen Teil des ursprünglichen Dokuments lädt. Der Grund: Eine Webseite besteht aus verschiedenen Elementen, die in einzelnen Dateien gespeichert werden, zum Beispiel Texte und Grafiken. Deshalb finden Sie im Zwischenspeicher (Cache) neben Textdateien auch viele Grafikdateien, häufig mit der Endung *.gif* oder *.jpg*. Wenn Sie nun eine HTML-Datei laden, kann der *Explorer* unter Umständen die dazugehörigen Grafikdateien nicht finden, weil die jetzigen Verzeichnispfade nicht mehr mit den ursprünglichen Angaben übereinstimmen.

Tipps zum Offline-Surfen

- Erstellen Sie eine Surf-Liste der Webseiten, die Sie in einer Internetsitzung aufsuchen wollen. Anschließend machen Sie online einen Schnelldurchlauf. Durch Speichern der URLs bzw. Webseiten (siehe auch Abschnitt 4.2) können Sie diese später jederzeit erneut aufrufen.
- Wenn Sie im Offline-Modus eine interessante Adresse als Hyperlink finden, kopieren Sie diese durch Klicken mit der rechten Maustaste über das Kontextmenü in die Zwischenablage, und anschließend eventuell in Ihre persönlich angelegte Surfliste. Diese Links können Sie dann später gezielt offline oder online aufrufen.
- Beenden Sie nach dem Online-Surfen nur die Internetverbindung, nicht den Browser. Dadurch können Sie nach der getrennten Verbindung mit den Webseiten aus dem Zwischenspeicher weitersurfen.

4.2 Grafiken und Texte speichern

Um Grafiken auf einer Webseite zu speichern, müssen Sie die jeweilige Grafik mit der rechten Maustaste anklicken und im angezeigten Kontextmenü den Befehl Bild speichern unter wählen. Wenn Sie die Option Als Hintergrund anklicken, wird die Grafik sofort als neues *Windows*-Hintergrundbild eingerichtet. Aber Vorsicht: Grafikanimationen werden nur als statisches Bild gespeichert, bewegliche Animationen werden nicht übernommen.

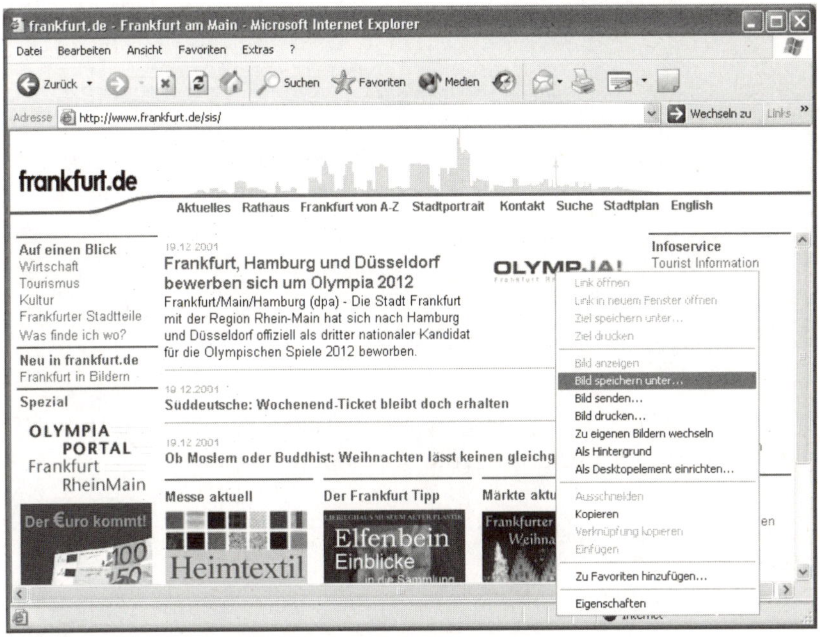

Bild 4.4: Kontextmenü für Grafiken und Links

Texte speichern Sie mit dem Befehl Speichern unter im Menü Datei. Dabei sollten Sie den vorgegebenen Dateityp mit der Dateiendung *.html* in der Regel beibehalten.

Bild 4.5:
DATEI ♦ SPEICHERN UNTER

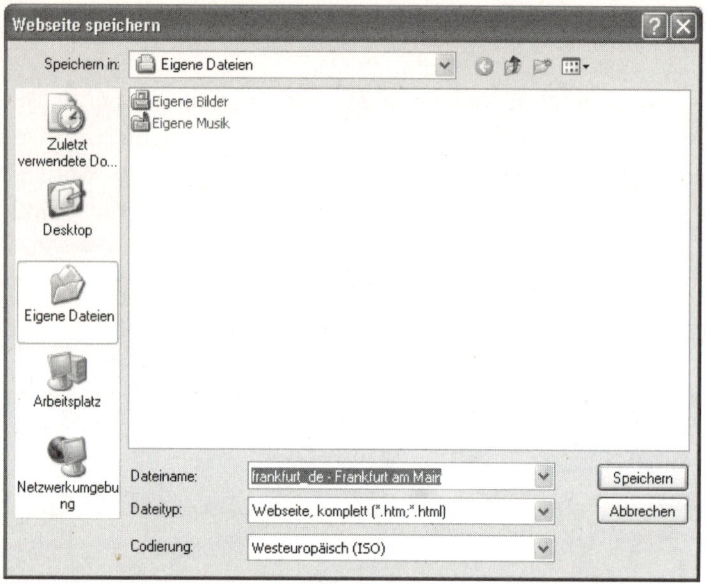

4.3 Öffnen von Dateien

Wenn Sie ein bereits gespeichertes Dokument erneut laden möchten, rufen Sie im Menü DATEI die Funktion ÖFFNEN auf.

Bild 4.6:
Dialogfeld
DATEI ♦ ÖFFNEN

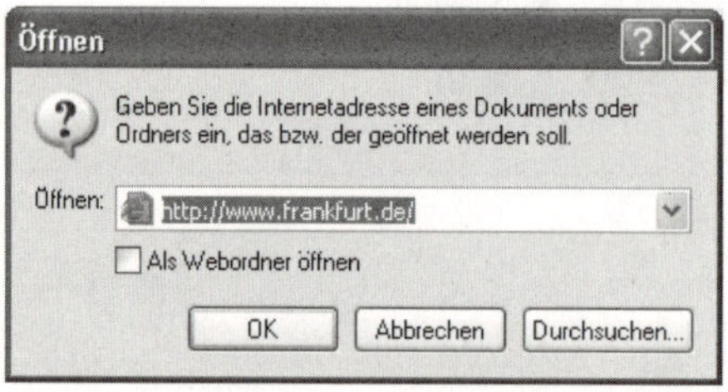

Nun geben Sie entweder den vollständigen Dateinamen ein oder suchen die Datei mit einem Klick auf DURCHSUCHEN. Auf diese Weise können Sie natürlich auch andere Dokumente laden. Falls diese Dokumente Bilder enthalten, zeigt Ihnen der Browser nach dem Laden statt der Bilder leider nur Platzhalter (abhängig davon, ob sich das Bild im Zwischenspeicher befindet oder nicht). In der dazugehörigen Adresszeile sehen Sie Ihre lokale Adresse (global surfen, lokal abspeichern ☺) mit dem Dateipfad auf Ihrer Festplatte. Nicht vergessen: Um Grafiken zu sehen, muss man sie wie bereits in Abschnitt 4.2 beschrieben extra abspeichern.

4.4 Drucken

Falls Sie eine Webseite direkt ausdrucken wollen, genügt ein Klick auf die Schaltfläche DRUCKEN. Wenn Sie zuvor die Druckeinstellungen verändern wollen, wählen Sie im Menü DATEI ➧ DRUCKEN und konfigurieren die Einstellungen im angezeigten Dialogfeld DRUCKEN.

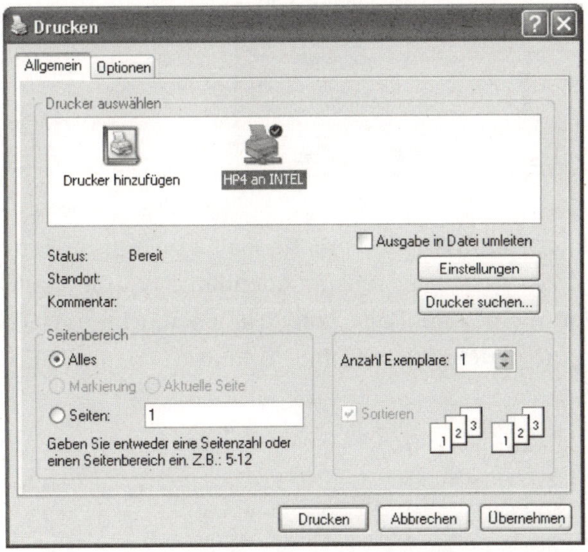

Bild 4.7: Druckoptionen

Auf der Registerkarte OPTIONEN können Sie im Bereich DRUCKEN VON FRAMES festlegen, ob nur einzelne Frames oder die gesamte Webseite gedruckt werden sollen. Dies kann insbesondere dann nützlich sein, wenn im rechten Frame die Informationen stehen, die man ausdrucken möchte, und im linken Frame nur der Index zu sehen ist. Wenn Sie die Option JEDEN FRAME INDIVIDUELL wählen, so wird jeder Frame einzeln gedruckt. Möchten Sie auch das vermeiden, dann markieren Sie vor dem Drucken den gewünschten Frame (einfach in den zu druckenden Bereich klicken) und wählen anschließend im Drucken-Dialogfeld die Option Nur den markierten Frame.

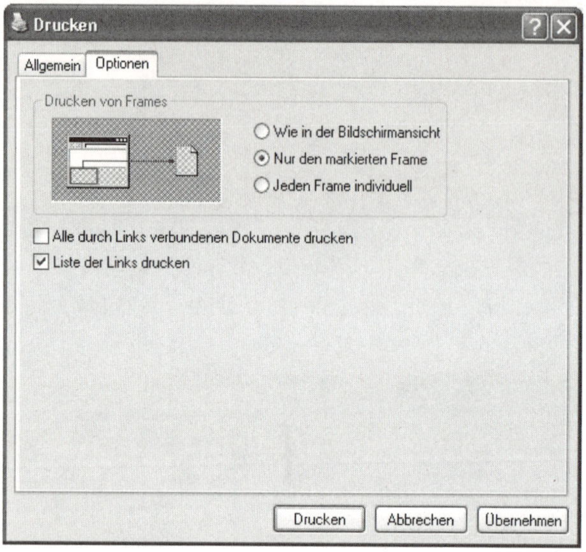

Bild 4.8: Nur einen Frame drucken

Im *Netscape Navigator* heißt die entsprechende Druckoption entweder Drucken oder Rahmen drucken (je nachdem, ob die Seite Frames enthält oder nicht). Im Falle von Frames markieren Sie auch hier erst den zu druckenden Frame und wählen anschließend Rahmen drucken.

Verknüpfung mit ausdrucken

Mit der Option Liste der Links drucken auf der Registerkarte Optionen können Sie festlegen, ob alle Internetverknüpfungen einer Seite als Tabelle am unteren Ende des Dokuments ausgedruckt werden. Auf diese Weise haben Sie die jeweilige URL jederzeit parat.

Im Menü Datei können Sie außerdem mit der Funktion Seite einrichten und der Schaltfläche Kopf- und Fußzeilen festlegen, ob zum Beispiel das aktuelle Datum oder die URL Ihres Dokuments mit ausgedruckt werden soll. Das erleichtert Ihnen die Archivierung der Internetadressen.

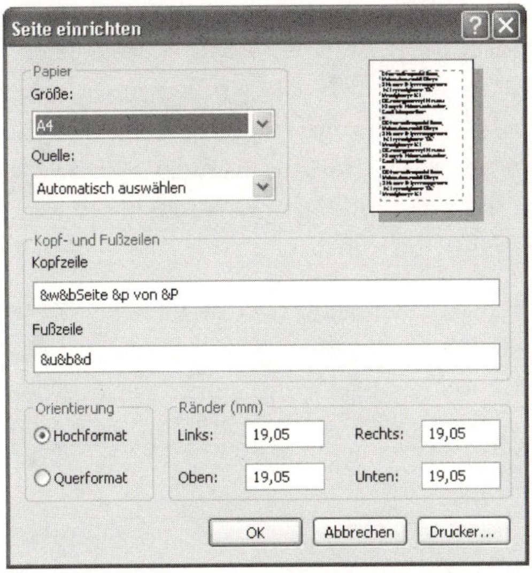

Bild 4.9: Dialogfeld im Menü Datei ♦ Seite einrichten (*Explorer*)

Die gewünschten Optionen für die Kopf- und Fußzeilen werden über Platzhalter markiert, die Variablen enthalten. Letztere beginnen immer mit &. Hier nun eine Liste dieser Variablen, mit denen Sie die gewünschten Druckoptionen festlegen können:

Tabelle 4.1: Platzhalter für Kopf- und Fußzeilen in den Druckoptionen

Platzhalter	**steht für:**
&w	Titel des Fensters
&u	Internetadresse (URL)
&d	aktuelles Datum im Kurzformat
&D	aktuelles Datum im Langformat
&t	Uhrzeit wie in der Systemsteuerung von *Windows* festgelegt
&T	Uhrzeit im 24-Stunden-Format
&p	aktuelle Seitenzahl
&P	Gesamtzahl der Seiten
&&	einzelnes &-Zeichen

4.5 Beschleunigen der Bildschirmanzeige

Das Laden von Webseiten kann mitunter zur harten Geduldsprobe werden. Manchmal liegt es an überlasteten Leitungen, besonders dann, wenn die gewünschte Seite sehr beliebt ist. Und beliebte Seiten beinhalten in der Regel auch jede Menge Multimediaelemente, zum Beispiel Bilder, Grafiken und Animationen. Obwohl der Trend wieder abnimmt, nach dem Motto „weniger ist mehr", gibt es immer wieder Webseiten mit umfangreichen Informationen, die leider sehr lange Ladezeiten benötigen.

Wenn Sie auf Multimediaelemente verzichten, beschleunigen Sie damit das Laden der Webseite. Die Einstellungen hierzu finden Sie im Menü EXTRAS unter INTERNETOPTIONEN. Deaktivieren Sie auf der Registerkarte ERWEITERT je nach Bedarf einen Teil oder alle im Feld MULTIMEDIA angezeigten Optionen.

Bild 4.10: Menü EXTRAS ♦ INTERNETOPTIONEN – Registerkarte ERWEITERT

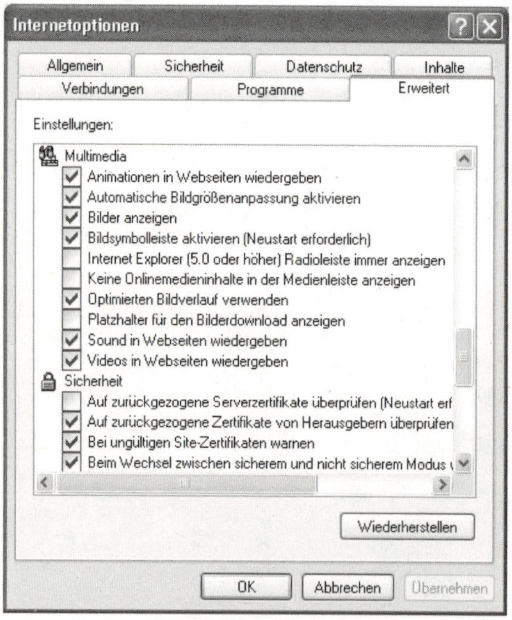

Im *Netscape Navigator* finden Sie die entsprechenden Einstellungen mit dem Menübefehl BEARBEITEN ♦ EINSTELLUNGEN. Im Untermenü ERWEITERT können Sie wählen, ob die Grafiken automatisch geladen werden oder nicht.

Ohne Multimedia geht es schneller!

Wenn Sie eine neue Webseite geladen haben, deren Angebot Sie noch nicht kennen, schalten Sie einfach die Anzeige der Multimediaelemente zunächst aus. Wenn Sie nach dem ersten Reinschnuppern feststellen, dass Ihnen ohne die Multimediaelemente etwas Wichtiges entgeht, schalten Sie die entsprechenden Funktionen wieder ein und laden die Seite mittels der Schaltfläche AKTUALISIEREN erneut.

Leider denken viele Gestalter von Webangeboten nicht an die Probleme für Surfer beim Laden der Seite und packen ihre Homepages mit visuellem Schnickschnack voll. Deshalb sollten Sie bei Ihrem Provider-Vertrag Folgendes beachten:

Volumenabrechnung

Internet-Provider, die nach Volumen abrechnen (meist kleinere Anbieter), sollten Sie unbedingt vermeiden. Das bedeutet nämlich, dass Ihre Rechnung abhängig ist von der Anzahl der Bits und Bytes, die Sie während des Surfens empfangen oder verschicken. Besonders die mit Multimediaelementen voll gepackten Webseiten werden Ihre Rechnung in ungeahnte Höhen treiben.

4.6 Der Blick durch mehrere Fenster

Bisher habe ich so getan, als ob Sie nur mit einem Fenster, allerhöchstens zwei Fenstern (inkl. Frame) surfen können. Das war hoffentlich pädagogisch wertvoll, um Sie Schritt für Schritt in die

Geheimnisse Ihres Browsers einzuführen. Doch jetzt ist die Zeit gekommen, in der ich Ihnen ein weiteres Geheimnis offenbare. Die Ureinwohner im Internetdschungel nennen es „Browsel-du-Mirakel-du“ ☺.

Kurzum, ich zeige Ihnen jetzt, wie Sie mit mehreren Fenstern gleichzeitig browsen, um somit noch schneller an Informationen im Netz heranzukommen, und diese zu vergleichen. Wählen Sie dazu den Befehl Datei ♦ Neu und im angezeigten Untermenü die Funktion Fenster bzw. in *Netscape* Navigator-Fenster.

Wählen Sie nun im neuen Fenster Ihre Hyperlinks aus. Sie können natürlich auch die Suchfunktion starten oder eine URL in die Adresszeile eingeben, um eine neue Webseite aufzusuchen (zum Thema Suchfunktionen finden Sie weitere Hinweise in Kapitel 7).

Neues Browser-Fenster

Die Funktion Neues Fenster können Sie auch dann nutzen, wenn eine Webseite nur sehr langsam geladen wird. Starten Sie einfach ein neues Fenster und surfen Sie dort in der Zwischenzeit zu einer anderen Seite. Währenddessen trudeln im ersten Fenster nach und nach die gewünschten Informationen ein.

4.7 Verknüpfungen

Eine Lieblingsfunktion von *Windows* ist die Verknüpfung. *Windows* kann gar nicht genug davon bekommen, also geben wir's ihm.

Stop! Warum eigentlich? Nun, mit nur zwei Mausklicks können Sie die aktuelle Webseite mit Ihrem Desktop verknüpfen und so ein bisschen Kuppler spielen. Möchten Sie diese Seite später erneut besuchen, genügt ein Doppelklick auf das Verknüpfungssymbol. Daraufhin startet der Standard-Browser, stellt bei Bedarf eine Internetverbindung her und nimmt mit der entsprechenden Seite Kontakt auf. Na, haben Sie Lust auf eine Verknüpfung bekommen? Okay, und so wird's gemacht:

☑ Laden Sie eine Webseite in den Browser.

☑ Klicken Sie mit der rechten Maustaste in einen freien Bereich der Bildschirmseite und wählen Sie im angezeigten Kontextmenü die Funktion VERKNÜPFUNG ERSTELLEN (*Explorer*) oder DIREKTZUGRIFF ERSTELLEN (*Navigator*).

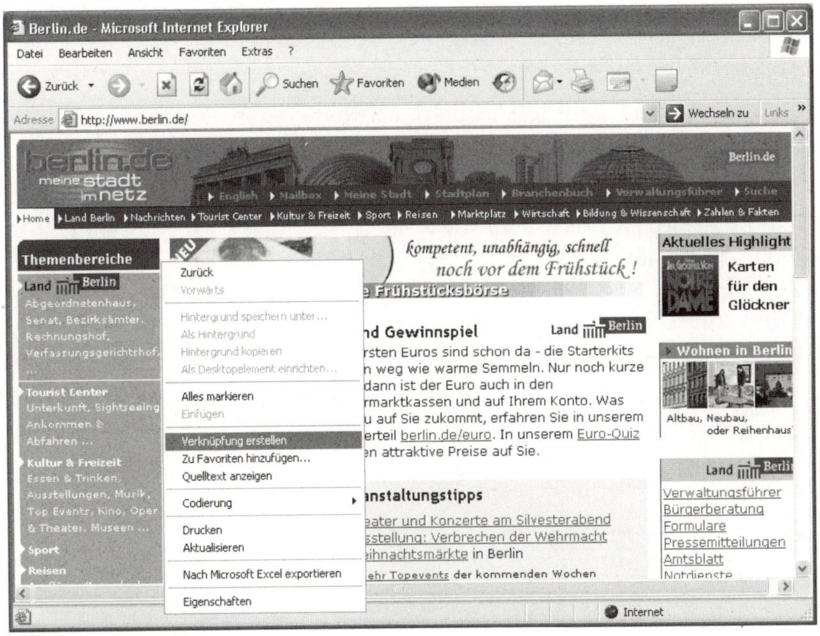

Bild 4.11: Kontextmenü VERKNÜPFUNG ERSTELLEN (*Explorer*)

☑ Bestätigen Sie nun die Sicherheitsabfrage durch Klicken auf OK.

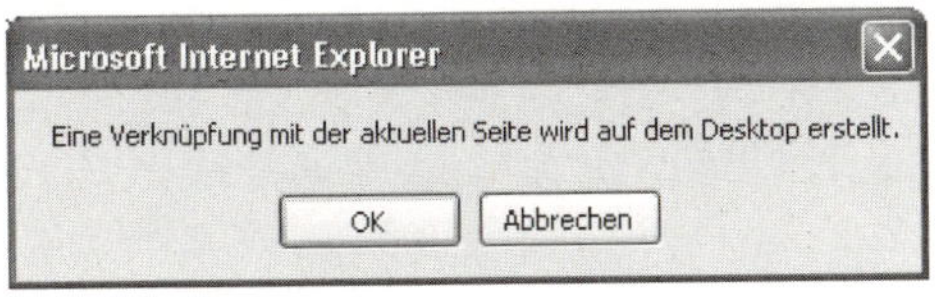

Bild 4.12: Sicherheitsabfrage im *Explorer*

☑ In *Netscape* können Sie der Verknüpfung zuvor einen individuellen Namen geben.

Haben Sie mit dem *Explorer* eine Verknüpfung erstellt, können Sie deren Namen direkt auf dem Desktop ändern, indem Sie mit der rechten Taste auf das Verknüpfungssymbol klicken und im Kontextmenü UMBENENNEN wählen. Jetzt haben Sie eine Verknüpfung auf dem Desktop, die Ihnen den direkten „Sprung" zur gewünschten Seite ermöglicht.

4.8 Tippfrust und Quicklinks

Wir leben ja bekanntlich in sehr schnelllebigen Zeiten. Und „time is money" ist nicht nur ein Spruch, sondern (leider) Realität. Um dieses Denken zu unterstützen, haben sich die Programmierer des *Explorers* eine weitere „Abkürzung" ausgedacht, mit der man Zeit und Geld spart.

Hinter den Schaltflächen STARTSEITE (siehe auch Kapitel 2) und SUCHEN befinden sich Webadressen. Wenn Sie zum Beispiel auf SUCHEN klicken, erscheint ein weiteres Fenster, das Ihnen die Möglichkeit anbietet, einen Suchbegriff einzugeben.

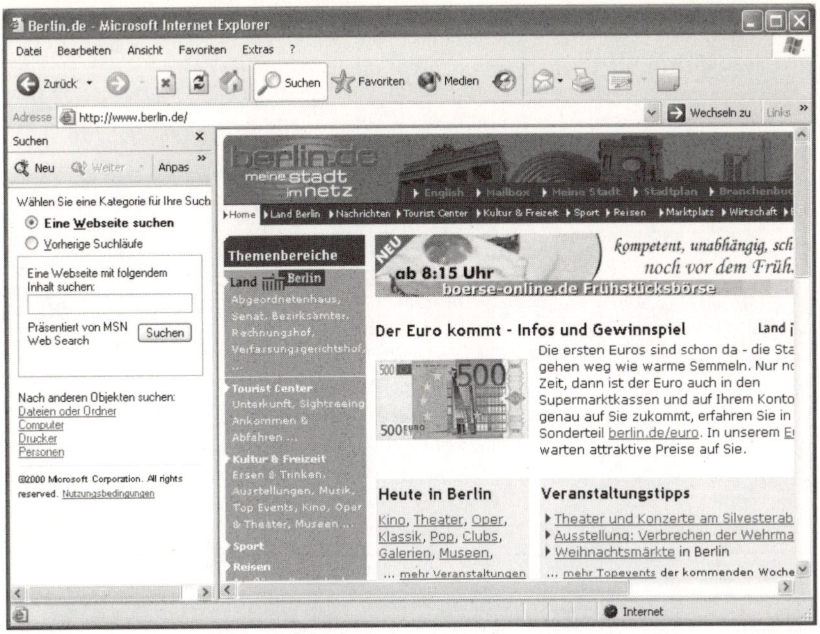

Bild 4.13: Suchfenster

Wenn Sie mit dem Mauszeiger rechts oben unter dem *Windows*-Symbol auf die Pfeile neben der Schaltfläche LINKS klicken, erscheint eine Auswahl an speziellen Quicklinks, die Ihnen beim Surfen helfen sollen.

Bild 4.14: *Explorer*-Leiste mit Links rechts oben

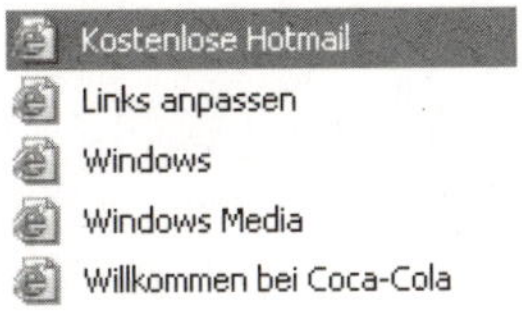

Bild 4.15: Quicklinks

Die angegebenen Seiten und Adressen der Quicklinks können von Ihnen beliebig verändert werden. Die Links werden hierzu in den Favoriten im Ordner LINKS gespeichert. Surfen Sie also zu der Seite, die Sie zu den Links hinzufügen wollen, und gehen Sie genauso vor, als würden Sie einen neuen Favoriten hinzufügen.

☑ Klicken Sie auf das Menü Favoriten und dort auf Zu Favoriten hinzufügen.

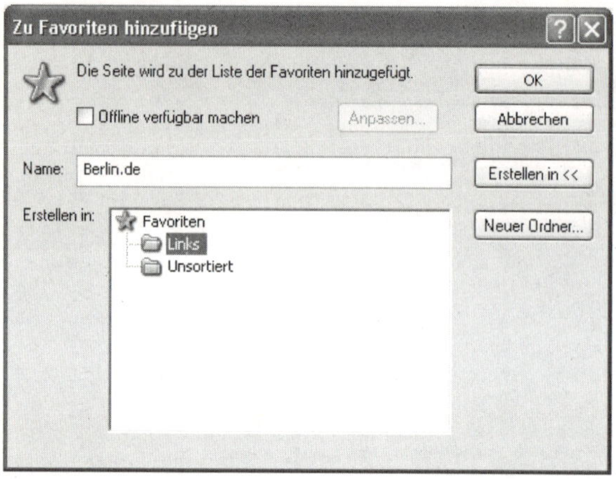

Bild 4.16: Dialogfeld Zu Favoriten hinzufugen

☑ Geben Sie Ihrem zukünftigen Quicklink unter Name einen aussagekräftigen Namen und fügen Sie ihn im Ordner Links ein.

☑ Nun sollte der neue Quicklink in der Leiste der Links auftauchen.

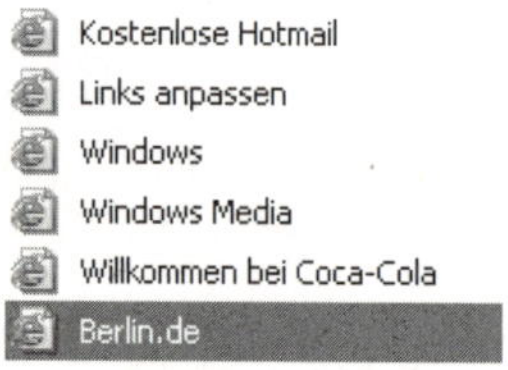

Bild 4.17: Hinzugefügter Quicklink `Berlin.de`

☑ Wenn er nicht angezeigt wird, überprüfen Sie am besten, ob die Linkleiste auch tatsächlich aktiviert ist, und evtl. der Link quasi unsichtbar ist. Die Linkleiste können Sie aktivieren, indem Sie mit der rechten Maustaste auf eine freie Stelle in den Symbolleisten klicken und im folgenden Untermenü Links wählen (auf dieselbe Weise können Sie die Leisten übrigens auch wieder verschwinden lassen).

Im *Netscape Navigator* benutzen Sie die Option Lesezeichen, um Quicklinks in der Symbolleiste einzufügen. Hierzu erstellen Sie mit einem rechten Mausklick auf der gewünschten Webseite und der Funktion LESEZEICHEN AUF DIESE SEITE SETZEN ein Lesezeichen. Anschließend fügen Sie es im Ordner PERSÖNLICHE SYMBOLLEISTE ein.

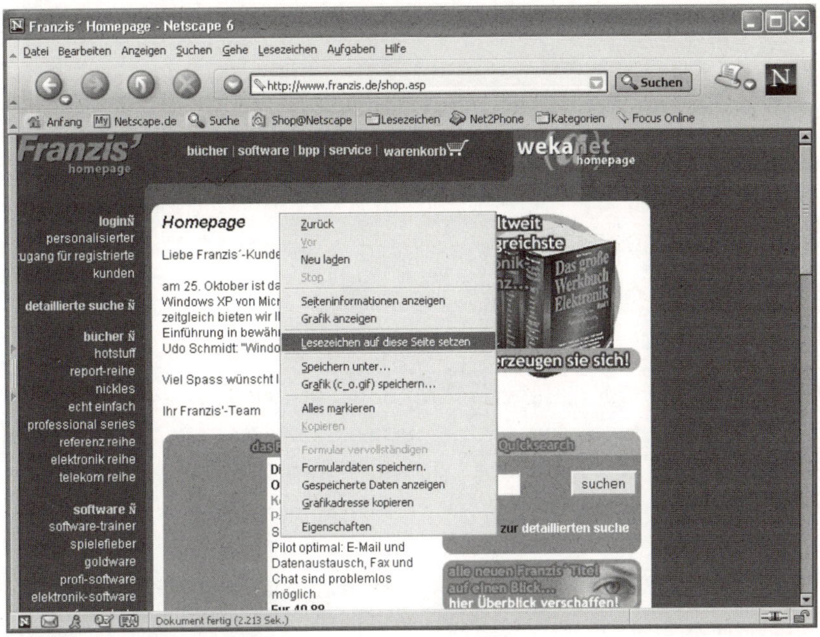

Bild 4.18: Lesezeichen erstellen

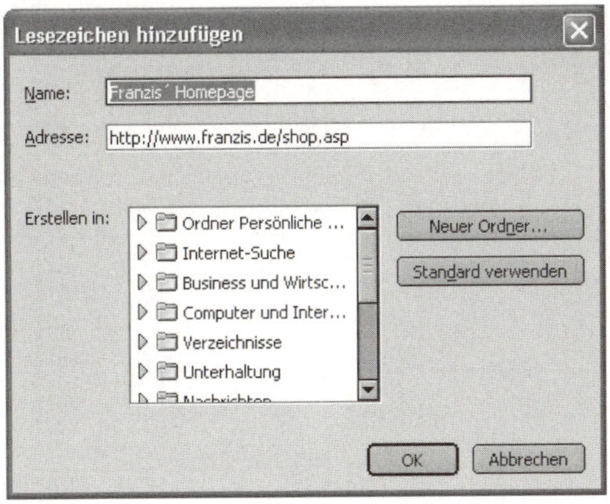

Bild 4.19: Lesezeichen hinzufügen

Wenn Ihnen der Name des gewählten Quicklinks nicht gefällt, dann ändern Sie ihn einfach. Dazu klicken Sie mit der rechten Maustaste direkt auf den entsprechenden Quicklink in der Symbolleiste. Im nun aufgeklappten Kontextmenü wählen Sie UM-

BENENNEN und geben den neuen Namen ein. Auf diese Weise können Sie die Links übrigens auch wieder löschen.

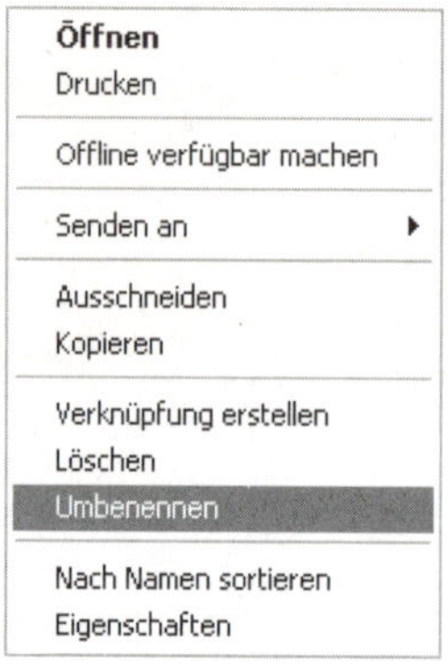

Bild 4.20: Quicklink umbenennen (*Explorer*)

In *Netscape* wählen Sie die Funktion LESEZEICHEN BEARBEITEN, suchen anschließend den Ordner PERSÖNLICHE SYMBOLLEISTE, klicken auf den zu ändernden Link, drücken dort die rechte Maustaste und wählen LESEZEICHEN ♦ EIGENSCHAFTEN.

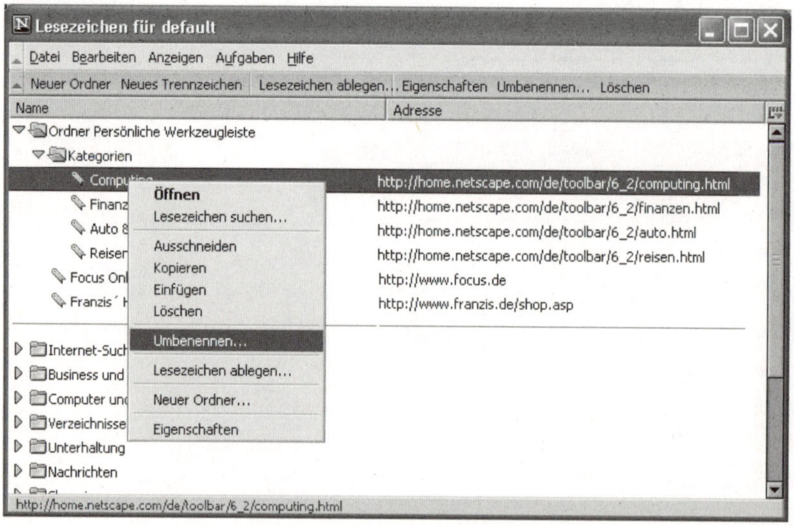

Bild 4.21: Lesezeichen bearbeiten

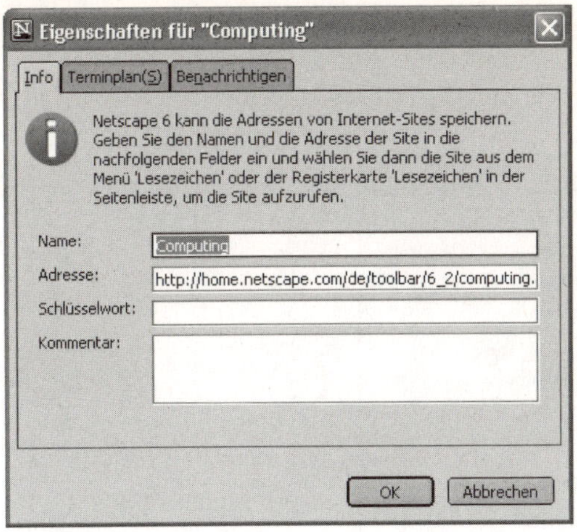

Bild 4.22: Lesezeichen-Eigenschaften (*Netscape*)

Im oben angezeigten Fenster können Sie nun ganz bequem u. a. den Namen des Links verändern. Sie müssen dies natürlich nicht tun – wenn Sie lieber auf konventionelle Art surfen und die URL direkt in die Adresszeile eingeben wollen, ist das auch in Ordnung.

4.9 Java, ActiveX und Plug-Ins

Mit Java können Sie Ihren Browser „stylen". Java ist eine Programmiersprache, die sich steigender Beliebtheit vor allem im Internet erfreut. Mithilfe dieser Sprache gelingt es den Programmierern, Webseiten mit Funktionen auszustatten, die ohne Java nicht denkbar wären. Deshalb verwenden viele Internetangebote Java. Eine weitere Möglichkeit, die Gestalt von Internetseiten zu beeinflussen, ist ActiveX-Control. Solche Zusatzprogramme können Sie auf Ihrem PC installieren, wo sie dann von entsprechenden Anwendungen aus dem Internet heraus genutzt werden. Wenn Ihnen zum Beispiel auf einer Webseite das Anschauen eines Videos angeboten wird, benötigen Sie dazu ActiveX-Control. In diesem Fall fragt Sie der Browser, ob das benötigte ActiveX-Control installiert werden soll (falls noch nicht geschehen). ActiveX-Controls gibt es für viele unterschiedliche Anwendungszwecke und täglich werden es mehr. Um die entsprechenden Internetanwendungen auf Ihrem PC laufen zu lassen, muss auf der Registerkarte SICHERHEIT im Bereich SICHERHEITSSTUFE

FÜR DIESE ZONE der Schieberegler im Untermenü STUFE ANPASSEN auf MITTEL eingestellt sein.

Bild 4.23: Registerkarte SICHERHEIT

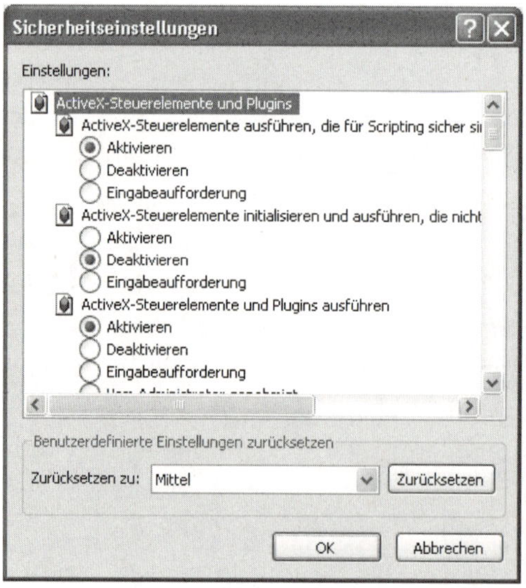

Bild 4.24: Sicherheitseinstellungen

Im *Navigator* finden Sie die entsprechenden Optionen in den EINSTELLUNGEN unter ERWEITERT. Sie können allerdings (anders als im *Explorer*) nur das Verhalten des Browsers bezüglich Java beeinflussen, eine Steuerung von ActiveX-Controls gibt es bislang nicht, ist aber angeblich für kommende Versionen geplant.

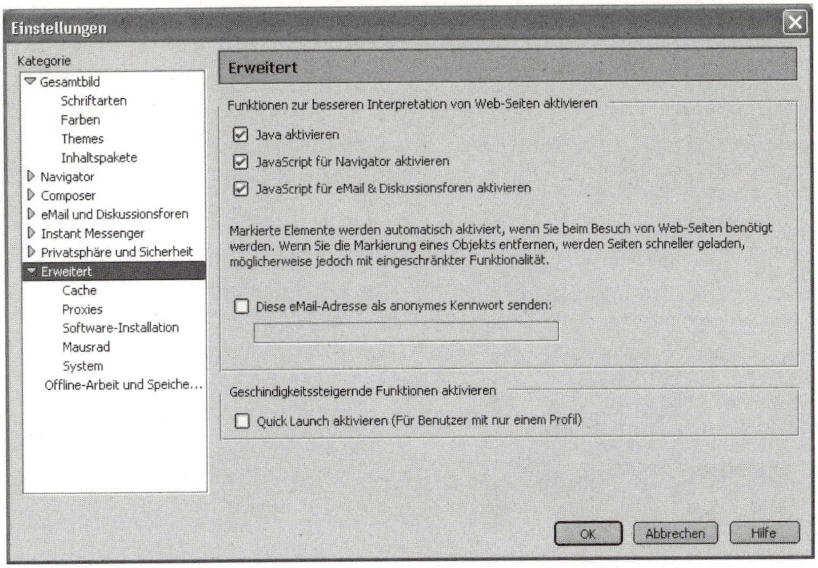

Bild 4.25: Einstellungen ERWEITERT (*Netscape*)

Neben den Zusatzprogrammen ActiveX-Controls gibt es auch noch die so genannten Plug-Ins (dt. etwa „Einsteck- bzw. Zusatzmodule"). Letztere ermöglichen beispielsweise das Betrachten von speziellen Formaten bei Videos und Animationen. Ein solches Plug-In mit dem Namen *Shockwave* können Sie beispielsweise von der Firma MacroMedia unter

`http://www.macromedia.com/shockwave`

anschauen und bei Bedarf auf Ihren PC „downloaden".

4.10 FTP und Virenkiller

In Kapitel 7 werden Sie erfahren, auf welche Weise man das Internet am besten durchwühlt, um an wertvolle Informationen heranzukommen. Egal, ob es sich um Spiele, den neuesten Treiber für Ihre Hardware, schöne Bilder oder Reisebuchungen handelt – im weltweiten Softwarepool des Internets wird in der Regel jeder fündig. Wenn Sie nach hoffentlich kurzer Suche in diesem Pool etwas gefunden haben, ist es nicht ganz unwichtig zu wissen, wie man das Gefundene aus dem Netz auf den PC lädt. Damit Sie also nachher fit sind für die Suche, lernen Sie jetzt FTP kennen.

FTP ist keine neue Partei, sondern die Abkürzung für „File Transfer Protocol", einem Verfahren zur Datenübertragung im Internet (während HTTP eine Methode zur Datenübertragung im WWW ist). Die Funktionsweise von FTP ähnelt dem HTTP-Verfahren, nur dass anstelle von `http://` am Anfang der Adresse `ftp://` steht. Für die Datenübertragung mit FTP benötigt man spezielle FTP-Server, die einen Softwarepool für Internetteilnehmer bereitstellen.

Anonymous FTP

In die FTP-Server können Sie sich in den meisten Fällen ohne Passwort einklinken, also anonym. Man spricht daher auch von „Anonymous FTP". Viele FTP-Server erwarten die Angabe Ihrer E-Mail-Adresse als Zugangsberechtigung.

Früher war zum Dateitransfer via FTP spezielle Software notwendig (sozusagen Software, um Software zu laden ☺). Dank moderner Browser sind diese Zeiten (für den normalen Anwender) vorbei. Ihr Browser ersetzt nicht nur diese Programme, er bietet auch noch einige komfortable Vorteile bei der Datenübertragung. Zum Beispiel kümmert er sich automatisch um den Verbindungsaufbau zu einem FTP-Server und um die damit verbundenen Formalitäten, etwa das Anmelden als anonymer Nutzer und die Übermittlung Ihrer E-Mail-Adresse als Zugangsberechtigung.

Um die ganze Sache praktisch werden zu lassen, gebe ich Ihnen folgendes Beispiel:

Tobias interessiert sich sehr für alles, was mit dem Weltraum, entfernten Galaxien und fremden Planeten zu tun hat (von wem er das wohl hat? ☺). Neulich las er einen Artikel über eine Software namens *SkyGlobe*. Dieses Programm berechnet die aktuelle Sternenkonstellation des Himmels über unserem Haus sowie an jedem beliebigen Standort auf der Erde und zeigt sie auf dem Bildschirm an. Außerdem enthält es zahlreiche Hintergrundinformationen.

Nicht nur Tobias war begeistert. Also starteten wir mal wieder eine Familien-Internet-Session und machten uns auf die Suche (Claudia und Sonja wollten unbedingt dabei sein, um sich über „ihre Männer" lustig zu machen).

Vorsicht Viren!

Geben Sie Viren keine Chance und besorgen Sie sich einen Virenkiller. Wenn Sie sich virenverseuchte Programme ins Haus bzw. auf den PC holen, können diese unter Umständen auf Ihre übrige Software übergreifen. Um dies zu vermeiden, sollten Sie neue Programme vor dem Start auf Viren überprüfen lassen. Ein bekannter und verlässlicher Anbieter für diverse Schutzprogramme ist zum Beispiel `http://www.mcafee.de/`.

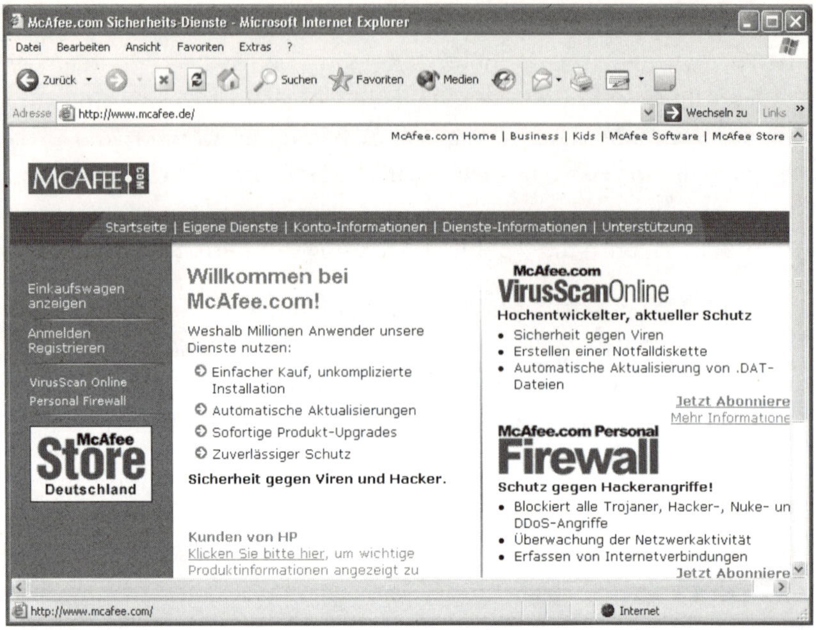

Bild 4.26: McAfee-Homepage

Die Internetadresse für das erwähnte Sternenprogramm lautet `ftp.uni-heidelberg.de`, die eigentliche Datei heißt `skyglb36.zip` und befindet sich dort im Ordner `/pub/simtelnet/msdos/astronmy/`.

Aus diesen drei Informationen wird nun einfach eine komplette URL-Adresse gebildet. Am Anfang steht immer das Kürzel des Übertragungsverfahrens, danach kommt der Name des Servers, der komplette Verzeichnispfad und der eigentliche Dateiname. Die URL sieht dementsprechend wie folgt aus:

```
ftp://ftp.uni-heidelberg.de/pub/simtelnet/msdos/astronmy/
skyglb36.zip
```

Damit Sie nicht länger auf die Folter gespannt werden, sollten Sie jetzt versuchen, dieses Programm via FTP-Server zu laden, sozusagen einen „Download" zu machen.

☑ Tragen Sie in die Adresszeile des *Explorers* die genannte URL ein und bestätigen Sie anschließend mit der [Enter]-Taste.

☑ Danach werden Sie um Bestätigung gebeten, damit die entsprechende Datei geöffnet oder gespeichert werden kann. Bestätigen Sie die Option SPEICHERN durch einen Klick auf OK.

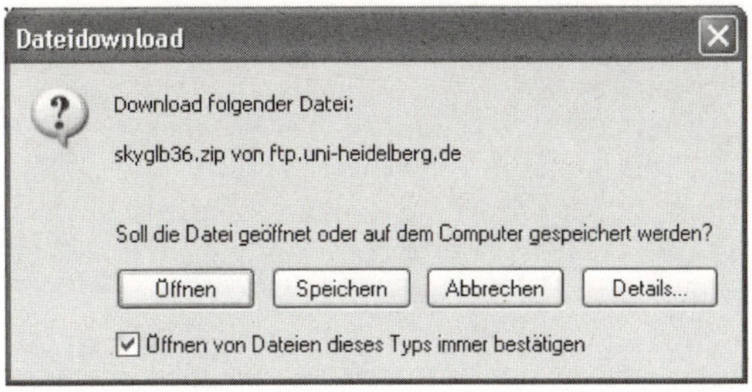

Bild 4.27: Dialogfeld zum ÖFFNEN oder SPEICHERN

☑ Anschließend legen Sie den Dateinamen und das Verzeichnis für die Zieldatei fest.

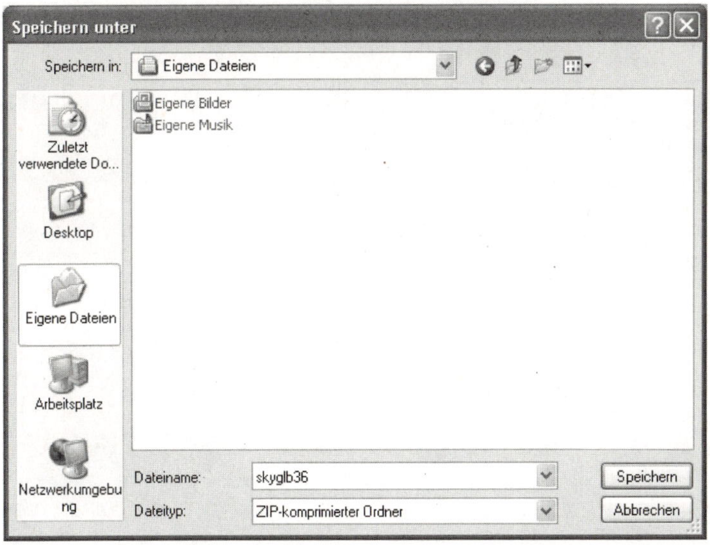

Bild 4.28: SPEICHERN UNTER

Daraufhin meldet der Browser, dass er die Datei überträgt.

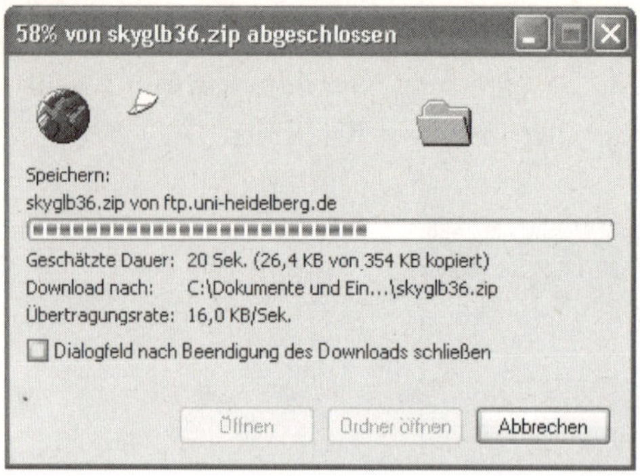

Bild 4.29: Download *SkyGlobe*

Nach der erfolgreichen Übertragung ist der Download abgeschlossen und folgende Meldung erscheint:

Bild 4.30: Dialogfeld DOWNLOAD BEENDET

Falls Sie das Programm *WinZip* noch nicht installiert haben,

sollten Sie dies unbedingt nachholen. Um Speicherplatz zu sparen, liegen viele Internetdateien und Programme wie *SkyGlobe* als komprimierte Zip-Archive (Dateiendung *.zip*) zum Download bereit und können nur mit *WinZip* einfach ge- oder entpackt werden (das Programm *WinZip* kann Dateien sowohl komprimieren als auch dekomprimieren). Dies gilt insbesondere für Übertragungen von FTP-Servern. Sie erhalten das Programm *WinZip* kostenlos auf diversen CD-ROMs, die Computerzeitschriften beiliegen. Eine kostenlose Testversion erhalten Sie auch unter `www.winzip.de`.

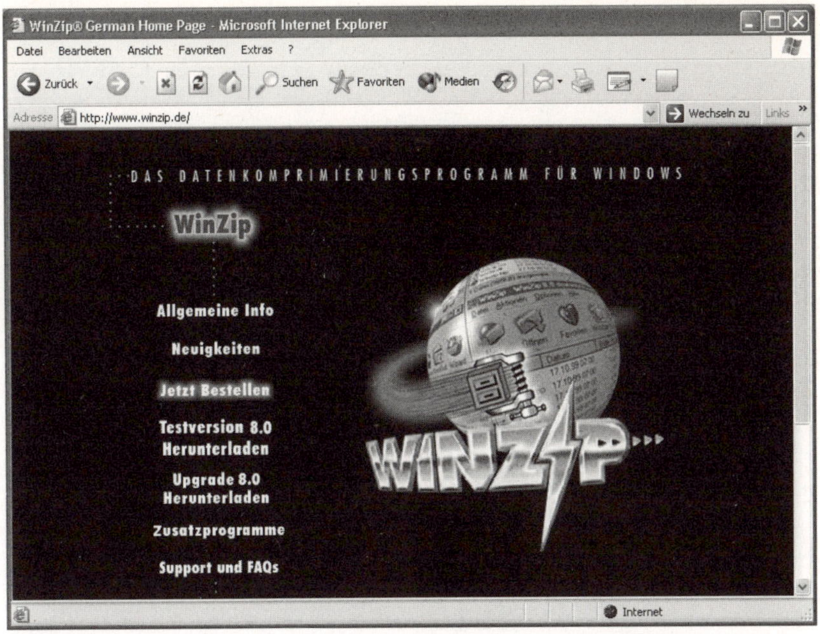

Bild 4.31:
www.winzip.de

Wenn sich die gewünschten Programmpakete auf Ihrem PC befinden und entpackt wurden, können Sie die mitgelieferten Zip-Archive löschen. Was Sie ausschließlich benötigen, sind die entpackten Programmdateien. Sicherheitshalber können Sie jedoch die original Zip-Archive auf Diskette abspeichern, um bei Fehlern evtl. eine Neuinstallierung durchzuführen.

Wenn Sie Lust haben, sollten Sie jetzt die beschriebene Prozedur wiederholen, diesmal allerdings auf eine Art und Weise, die Ihnen zeigt, wie FTP eigentlich funktioniert. Und natürlich erhalten Sie auch diesmal „by the way“ ein „nützliches" Programm. Wenn Sie jetzt denken, dass es wieder irgendsowas weltraummäßiges ist ... – kein Sorge ☺! Es handelt sich um das Demo des Spiels „Mater-Rallye“.

Woher kommen eigentlich die FTP-Dateien?

Einen FTP-Server im eigenen Land zu nutzen, ist in der Regel schneller und günstiger, als die Dateien durch eine Überseeverbindung zu schicken.

Tragen Sie nun folgende URL in die Adresszeile Ihres Browsers ein:

`ftp://ftp.uni-heidelberg.de/pub/game_demos/master_rally-demo.zip`

Nach dem Anwählen und kurzen Übertragungsversuchen erscheint jedoch (vermutlich) eine Fehlermeldung ☹!

Fehlermeldung und FTP I

Wenn Sie bei einem FTP-Versuch scheinbar ohne Grund eine Fehlermeldung erhalten, dann wählen Sie am besten den Server direkt an, und klicken sich dann Schritt für Schritt zu Ihrer Zieldatei durch (siehe Beispiel unten). Eine andere Fehlermeldung betrifft die Überlastung des FTP-Servers: Da jeder Rechner nur eine bestimmte Anzahl von anonymen Nutzern gleichzeitig zulässt, kann es passieren, dass Ihnen der Zugang verwehrt wird, vor allem während den günstigen Spitzenzeiten abends. Sie müssen dann etwas Geduld aufbringen und hoffen, dass der Server Sie zu einem anderen Zeitpunkt zugreifen lässt.

Geben Sie nun den Anfang der oben genannten URL ein: `ftp://ftp.uni-heidelberg.de`. Der *Explorer* stellt eine Verbindung mit dem FTP-Server der Universität Heidelberg her.

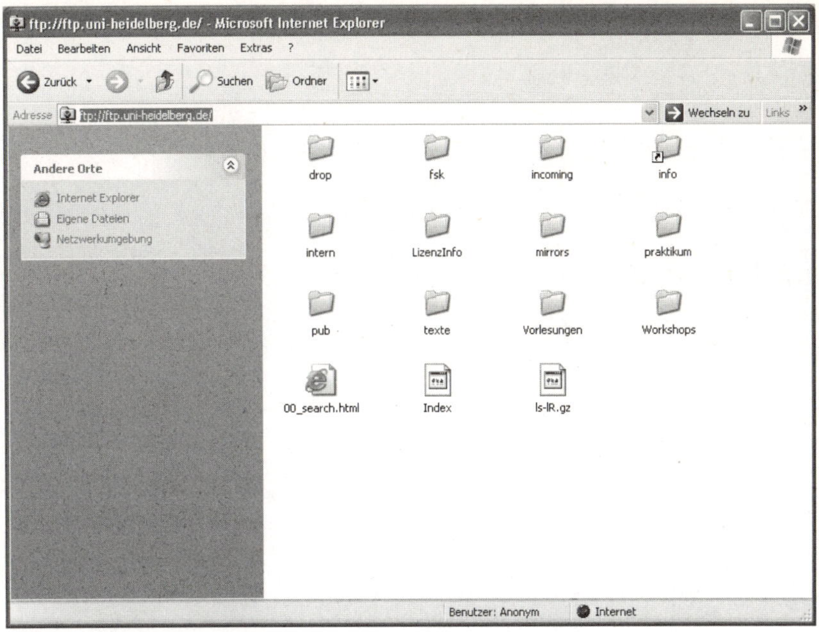

Bild 4.32: FTP-Server der Uni Heidelberg

Der Browser verbindet Sie mit dem Server und zeigt Ihnen das Verzeichnis im klassischen *Windows-Explorer*-Outfit. Ab hier funktioniert alles so, als würden Sie auf Ihrer eigenen Festplatte durch die Ordner „surfen“. Suchen Sie nun das Verzeichnis `pub`, und führen Sie darauf einen Doppelklick aus.

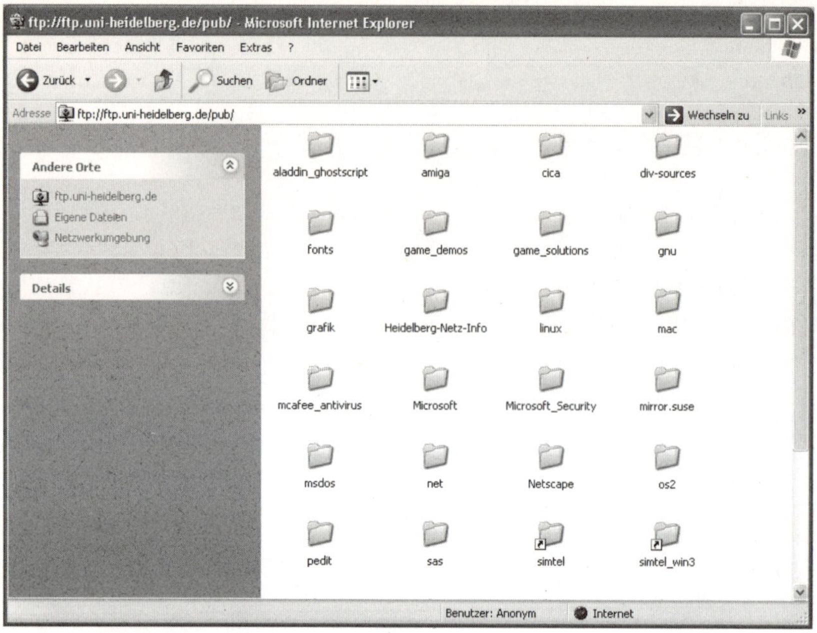

Bild 4.33: Verzeichnis *pub*

Anschließend suchen Sie nach dem Verzeichnis *game_demos* und dem darin enthaltenen Zip-Archiv *master_rallye-demo*.

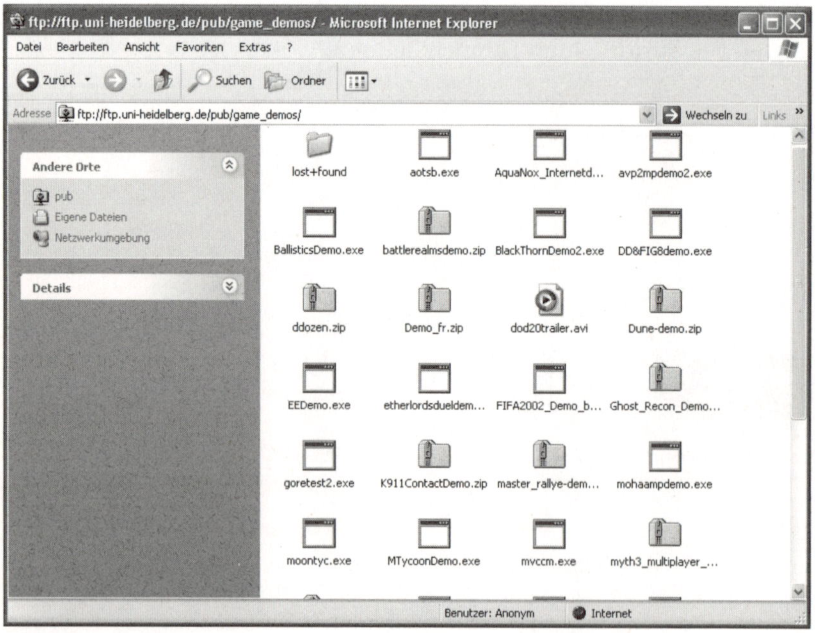

Bild 4.34: Sie haben Ihr Ziel (fast) erreicht!

Möchten Sie Ihre Ansicht verändern?

Wenn Ihnen die Ansicht des Ordners zu unübersichtlich ist (oder Sie benötigen zusätzliche Informationen), versuchen Sie Folgendes: Wie im *Windows-Explorer* können Sie auch hier die Art der Darstellung ändern. Klicken Sie hierzu auf eine freie Stelle innerhalb des Fensters mit der rechten Maustaste. Im folgenden Menü wählen Sie Ansicht und entscheiden sich dann für Große Symbole, Kleine Symbole, Liste oder Details. Probieren Sie ruhig alle Unterpunkte einmal aus und entscheiden Sie selbst, welche Darstellung Ihnen am besten gefällt.

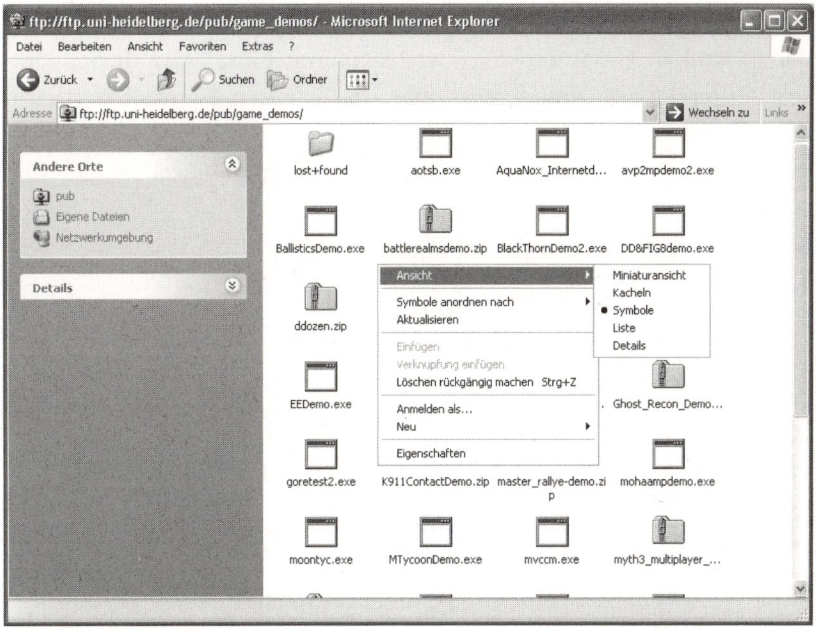

Bild 4.35:
Ansicht verändern

Nachdem Sie die Datei *master_rallye-demo.zip* im Verzeichnis *game_demos* gefunden haben, klicken Sie darauf. Der Browser beginnt nun, das Programm auf Ihren PC zu laden.

Bild 4.36: *master_rallye-demo* speichern

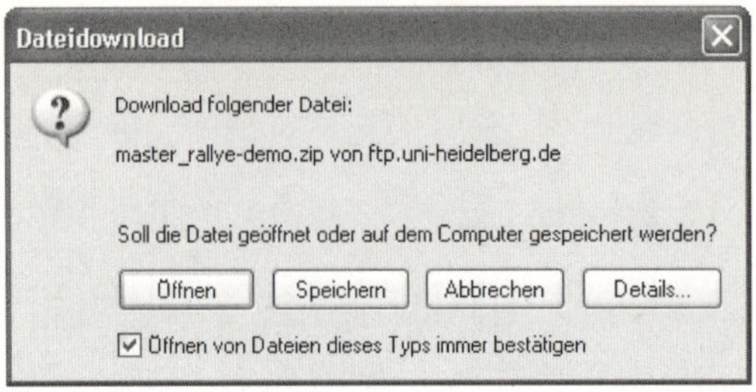

Als aufmerksamer Leser haben Sie sicherlich bemerkt, warum es anfänglich mit der URL nicht geklappt hat: Der Dateiname war nicht korrekt, weil `rally` ohne `e` geschrieben wurde.

Der *Netscape Navigator* verfährt mit dem FTP-Download im Prinzip genauso wie der *Internet Explorer*. Es gibt nur wenige Unterschiede in der Darstellung, da *Netscape* nicht die gewohnte *Windows*-Ordner-Darstellung verwendet. In *Netscape* klicken Sie nur einmal auf den jeweils entsprechenden Ordner, um diesen zu öffnen, außerdem erhalten Sie noch zusätzliche Informationen zum Inhalt der Verzeichnisse, die Ihnen der *Explorer* vorenthält. Trotz dieser kleinen Unterschiede sollten Sie alle vorgestellten Schritte mit *Netscape* genauso problemlos ausführen können wie mit dem *Explorer*, und am Ende Ihrer Suche folgende Meldung sehen:

Bild 4.37: Download mit dem *Netscape Navigator*

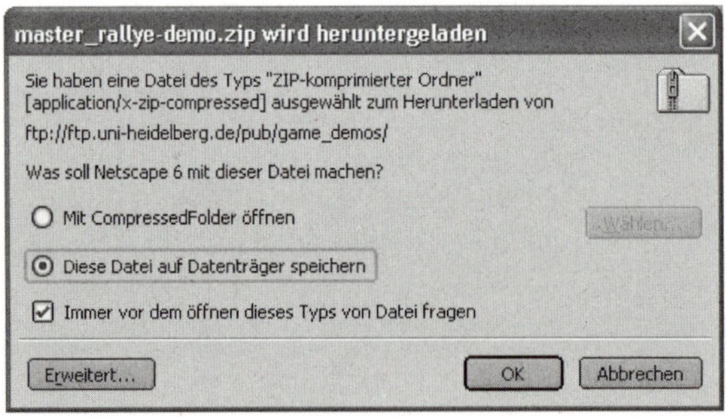

Fehlermeldungen und FTP II

Wenn Sie Dateien durch simples Anklicken herunterladen, versucht der *Explorer* diese nach der Übertragung zu öffnen. Im Falle einer ausführbaren Datei würde das jeweilige Programm sofort nach dem Laden starten. Wenn Sie das Programm einfach nur auf Ihrer Festplatte ablegen wollen, gehen Sie wie folgt vor: Klicken Sie anstelle der linken Maustaste mit der rechten auf den Dateinamen. Im angezeigten Kontextmenü wählen Sie anschließend die Funktion VERKNÜPFUNG SPEICHERN aus.

5 Datenspionage – Über (Un)Sicherheit im Netz

Die Gerüchteküche über die (Un)Sicherheit im Netz der Netze brodelt und dampft wie nie zuvor. Einige Warnungen diverser Angstmacher im Umgang mit Datensicherheit sind allerdings tatsächlich ernst zu nehmen. Besonders im Zahlungsverkehr via Internet sollte man vorsichtig sein. Wirklich hundert Prozent sicher ist jedoch beim Thema Sicherheit nichts und niemand. Und wie im richtigen Leben kann man nur versuchen, sich durch vorbeugende Maßnahmen und ein wachsames Auge zu schützen. Ein kleiner Trost: Solange Sie nicht Millionenwerte, brisante Verträge oder geheime Staatsangelegenheiten durchs Netz schicken, kann eigentlich nichts schief gehen.

5.1 Filter

Zuallererst klicken Sie im Menü EXTRAS auf INTERNETOPTIONEN und wählen die Registerkarte INHALT.

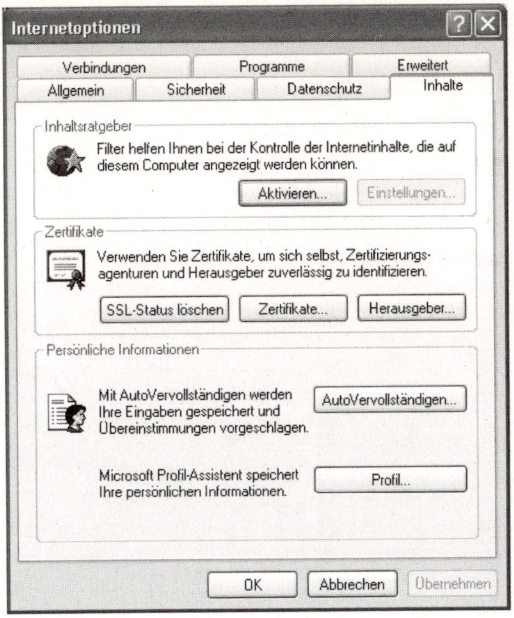

Bild 5.1: INTERNETOPTIONEN – Registerkarte INHALT

Im oberen Bereich befindet sich die Option INHALTSRATGEBER. Wenn Sie auf AKTIVIEREN klicken, wird Ihnen eine spezielle Kindersicherung angeboten, die Sie allerdings auch nur zum Schutz vor allzu neugierigen und unvernünftigen Plagegeistern gebrauchen sollten. Es ermöglicht Ihnen, Kriterien anzugeben, die das Anzeigen von bestimmten Webseiten verhindern. Wenn Sie das erste Mal auf AKTIVIEREN klicken, bekommen Sie dasselbe Fenster angezeigt, das Sie später auch unter INHALTSRATGEBER AKTIVIEREN angezeigt bekommen. Erst wenn Sie an einem Schieberegler etwas verändern, werden Sie dazu aufgefordert, ein Passwort einzugeben (wie üblich: gut merken!). Nachdem Sie Ihr Kennwort für den Filter eingegeben und bestätigt haben, können Sie durch Klicken auf die bereits vorher angezeigte Schaltfläche EINSTELLUNGEN mit den Klassifizierungen arbeiten.

Bild 5.2:
Filter für Webseiten

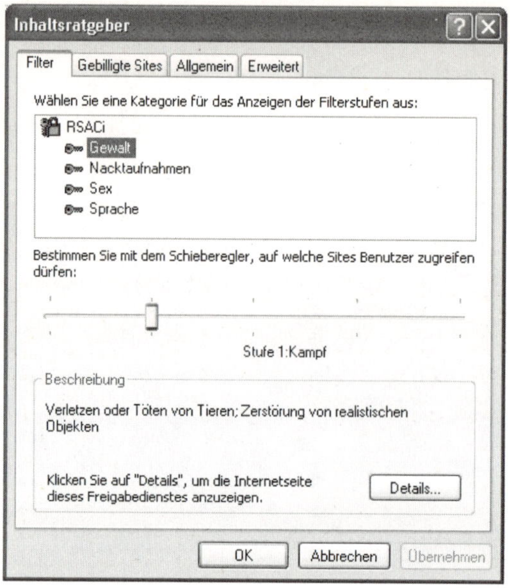

Der Ratgeber arbeitet mit einem Katalog von klassifizcierten Webangeboten, der bei jedem Zugriff im Internet auf eine Webseite eingesehen wird. Entsprechend den eingegebenen Kriterien wird die Seite geladen oder nicht. Da es im Internet noch viele Webseiten gibt, die nicht klassifiziert sind, können Sie mit dem Filter auch die Anzeige nichtklassifizierter Seiten grundsätzlich unterbinden.

5.2 Zertifikate

Zur Verbesserung der Sicherheit von Software, Autoren- und Urheberrechten sowie den bereits erwähnten „Plug-Ins“ wurden Zertifikate entwickelt. Plug-Ins sind eine Erweiterung für solche Browser, die imstande sind, Daten, die nicht im HTML-Standard erzeugt wurden, darzustellen.

Inzwischen sind die meisten Programme und Browser-Zusätze mit solchen Zertifikaten versehen. Damit soll die Echtheit und Sicherheit der Programme bescheinigt werden. Das unerkannte Laden von Computerviren oder „trojanischen Pferden“ (Virenprogramme, die sich genauso verhalten wie in der legendären griechischen Sage) wird dadurch erschwert.

Zertifikate kommen auch dann zum Einsatz, wenn Sie beispielsweise Ihre Kreditkartennummer oder andere persönliche Daten an einen Server senden, der Zertifikate anfordert (unbedingt darauf achten!). Falls Ihnen eine Webseite deren Zertifikat schickt, überprüft der Browser das Gültigkeitsdatum und warnt Sie bei dessen Überschreitung.

Wenn Sie auf der Registerkarte Inhalt auf die Schaltfläche Zertifikate klicken, werden die Inhalte der bereits installierten Client-Zertifikate (Client = Kunde/Benutzer) angezeigt.

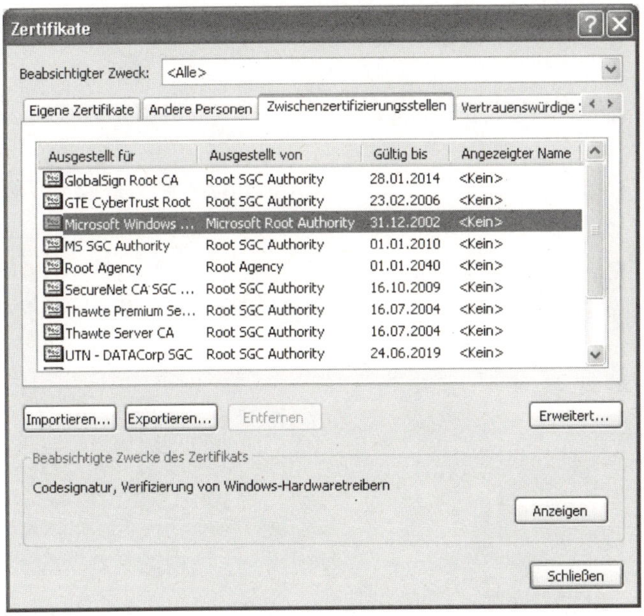

Bild 5.3:
Dialogfeld Zertifikate

Markieren Sie jetzt ein Zertifikat und klicken Sie auf Anzeigen. Sie erhalten weitere Informationen über das entsprechende Zertifikat, vor allem, ob dieses noch gültig ist. Im praktischen alltäglichen Surfbetrieb werden Sie Zertifikate wahrscheinlich so gut wie nie benötigen, aber Sie wissen jetzt wenigstens, um was es sich dabei handelt.

Bild 5.4: Zertifikat anzeigen

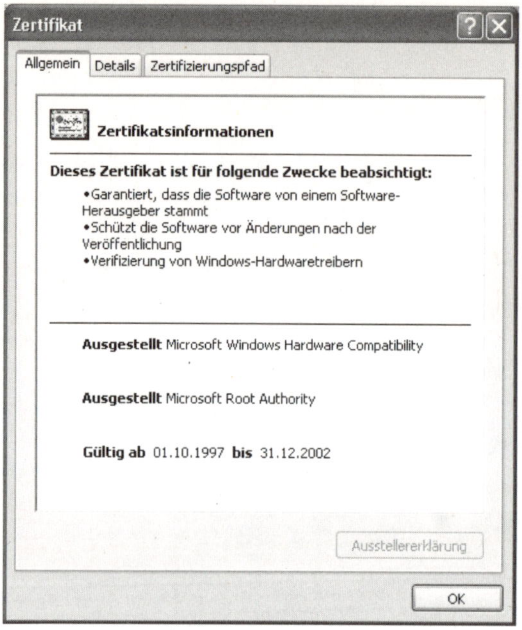

Im *Netscape Navigator* finden Sie die entsprechenden Einstellungen zu den Zertifikaten mit der Befehlsfolge BEARBEITEN ✦ EINSTELLUNGEN in der Kategorie PRIVATSPHÄRE UND SICHERHEIT. Im darauf folgenden Optionsfenster können Sie die Zertifikate auswählen und verwalten.

Bild 5.5: Kategorie ZERTIFIKATE (*Netscape*)

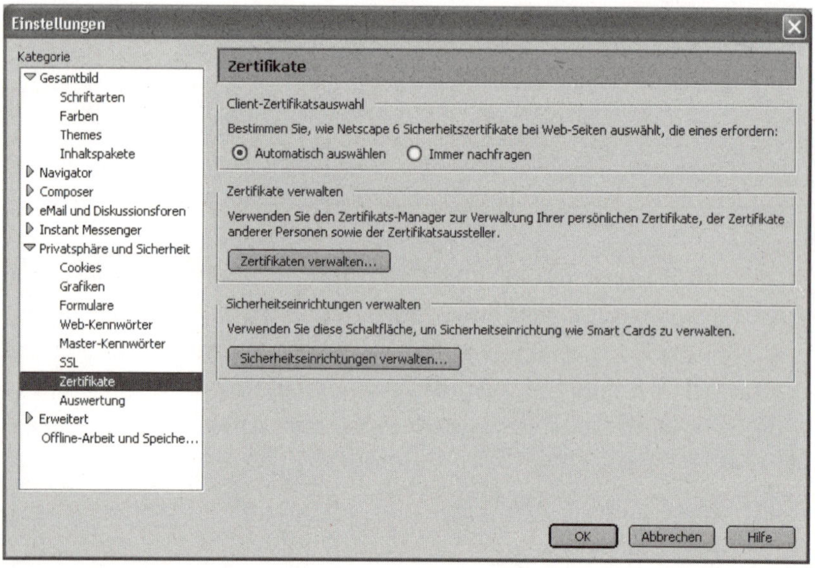

5.3 Aktive Inhalte

Aktive Inhalte sind zum Beispiel Animationen, ActiveX-Steuerelemente, Plug-Ins oder Java-Programme, die auf einer speziellen Programmiersprache basieren. Diese Inhalte sind nur auf Betriebssystemen mit einem Java-Modul lauffähig. Leider stellen aktive Inhalte ein potenzielles Risiko dar, da es mit ihnen theoretisch möglich ist, Programme auf Ihrem Computer auszuführen und Daten zu manipulieren. Sie können selbst entscheiden, welche aktiven Inhalte ausgeführt werden sollen und welche nicht. Klicken Sie zur Feineinstellung auf der Registerkarte SICHERHEIT unten auf die Schaltfläche STUFE ANPASSEN.

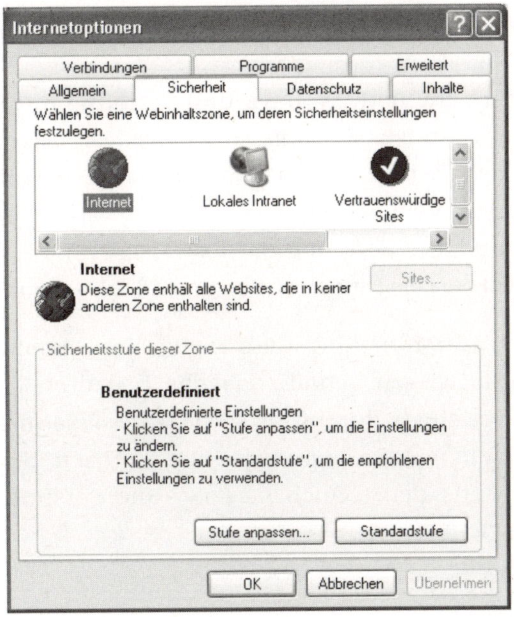

Bild 5.6:
Registerkarte SICHERHEIT

Im darauf folgenden Dialog können Sie genau einstellen, welche aktiven Inhalte Sie zulassen möchten und welche nicht.

Bild 5.7: Sicherheitseinstellungen

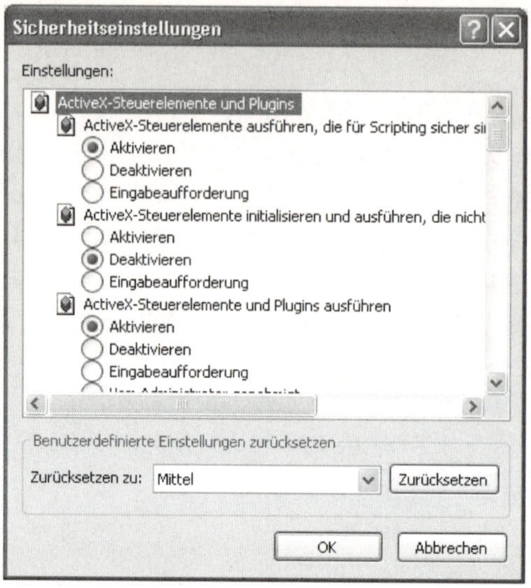

Hier sind vor allem die Bereiche ActiveX, Java und Scripting interessant. ActiveX-Steuerelemente für Scripting ausführen, die nicht sicher sind, sollten Sie deaktivieren, ebenso den Download von unsignierten ActiveX-Steuerelementen. Bei Java sollten Sie die hohe Sicherheitsstufe wählen und bei Scripting die Einfügeoperationen über ein Script nur nach vorheriger Eingabeaufforderung zulassen.

Habe ich Ihnen eigentlich schon erzählt, dass meine Frau Sonja Diplom-Psychologin ist (Sie wissen schon, was das bedeutet ☺) und unheimlich gerne Psychotests durchführt? Wie wär's also mit einem kleinen Test in Sachen Aktive Inhalte? Bitte kreuzen Sie jetzt möglichst spontan – aus dem Bauch heraus – die entsprechenden Antworten an.

Ja	Nein	
❑	❑	Lieben Sie es, aktiv zu sein?
❑	❑	Blicken Sie der Gefahr gerne ins Auge?
❑	❑	Wollten Sie schon immer mal das Trojanische Pferd kennen lernen?

Wenn Sie alle Fragen mit JA beantwortet haben, können Sie die AKTIVEN INHALTE aktivieren. Aktivieren Sie hierzu alle Optionen unter ActiveX und die Sicherheitsstufe NIEDRIGE SICHERHEIT.

Sollten Sie allerdings etwas weniger Risiko bevorzugen (was bei so manchem Internetviruswurm ratsam ist), ist es zweckmäßig, bei ActiveX-Steuerelementen, Java und Scripting grundsätzlich EINGABEAUFFORDERUNG zu aktivieren. Sie werden dann beim Start einer Internetseite darüber aufgeklärt, ob diese Seite ActiveX-Elemente enthält und können nun im Einzelfall entscheiden, ob der Browser sie ausführen soll oder nicht. Mit der Schaltfläche ZURÜCKSETZEN können Sie die von Ihnen vorgenommenen Änderungen jederzeit auf den Standard zurücksetzen.

Machen Sie sich jedoch keine allzu großen Sorgen über die Sicherheit Ihres Computers. Zumindest renommierte Anbieter von Internetseiten haben schließlich auch einen guten Ruf zu verlieren und werden deshalb gefährliche Inhalte vermeiden.

In *Netscape* wird Java mit dem Befehl BEARBEITEN ♦ EINSTELLUNGEN ♦ ERWEITERT eingestellt. Leider sind die Einstellmöglichkeiten nicht so umfangreich wie im *Explorer* – belassen Sie es zunächst einfach bei der aktivierten Standardeinstellung. Das einzige, was Sie bei Bedarf deaktivieren sollten, ist die Option JAVASCRIPT FÜR EMAIL & DISKUSSIONSFOREN AKTIVIEREN.

Bild 5.8:
Erweiterte Einstellungen
(*Netscape*)

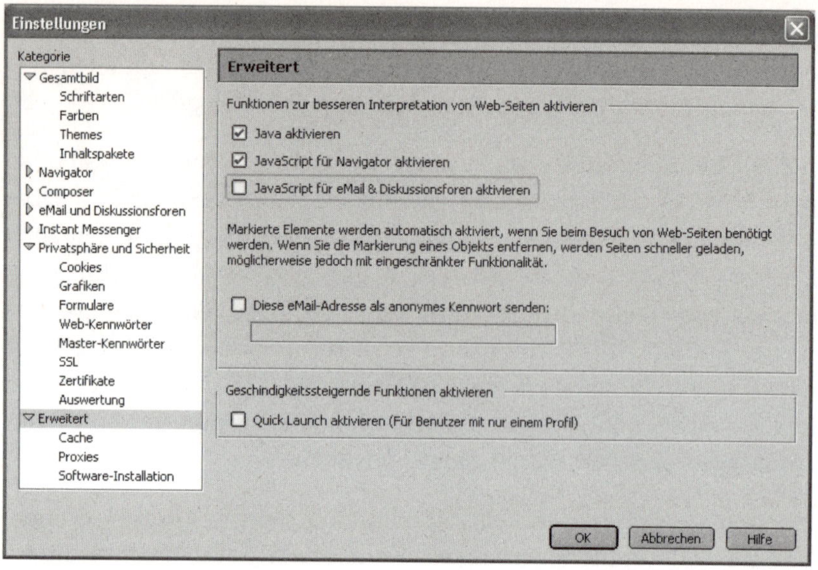

5.4 Internet-Kekse

Im Folgenden geht es schwerpunktmäßig um die so genannten Cookies (gesprochen Kukies). Auf der Registerkarte DATENSCHUTZ können Sie diverse Einstellungen hierzu vornehmen, insbesondere unter ERWEITERT.

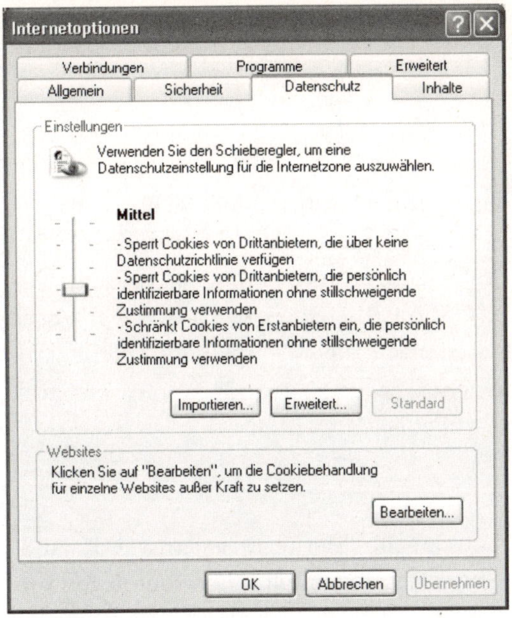

Bild 5.9:
INTERNETOPTIONEN – DATENSCHUTZ

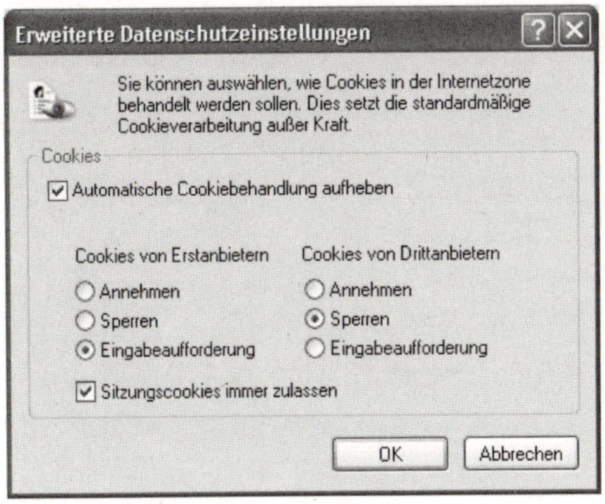

Bild 5.10:
Erweiterte Datenschutzeinstellungen für Cookies

Sicherheitsoptionen

Wenn Sie beim Thema Cookies auf Nummer sicher gehen wollen, sollten Sie die AUTOMATISCHE COOKIEBEHANDLUNG AUFHEBEN, die Option EINGABEAUFFORDERUNG bei Erstanbietern aktivieren, DIE ANNAHME VON DRITTANBIETERN SPERREN. Die Option SITZUNGSCOOKIES IMMER ZULASSEN können Sie aktivieren; das bedeutet, dass Cookies, die nicht dauerhaft auf Ihrem PC gespeichert werden (sondern nur bis zum Ende einer Online-Sitzung), zugelassen werden.

In *Netscape* werden die Cookies im Menü BEARBEITEN ➧ EINSTELLUNGEN ➧ PRIVATSPHÄRE UND SICHERHEIT eingestellt. Hier sollten Sie nur die Optionen WARNMELDUNGEN VOR DEM AKZEPTIEREN VON COOKIES und NUR AN DIE URSPRÜNGLICHE SEITE GESENDETE COOKIES AKZEPTIEREN aktivieren.

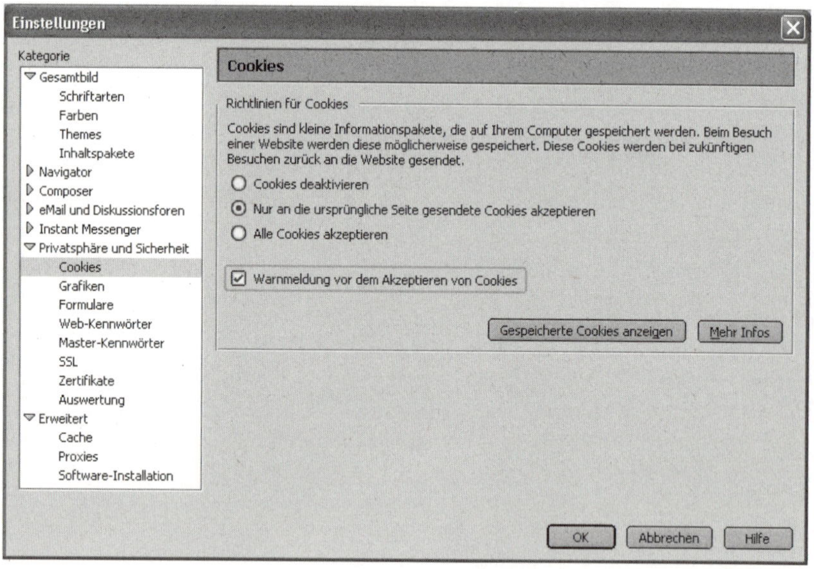

Bild 5.11: Einstellungen COOKIES im *Netscape Navigator*

Übrigens: Die erwähnten Cookies haben natürlich rein gar nichts mit dem Krümelmonster aus der Sesamstraße zu tun ☺.

Bild 5.12: Krümelmonster mit Cookies (Internet-Keksen) ☺

Warum soll man eigentlich die angebotenen Kekse mit Vorsicht genießen? Nun, Cookies sind kleine Datenpakete, die zwischen dem WWW-Server und Ihrem Browser im Hintergrund ausgetauscht werden, um sie anschließend auf Ihrer Festplatte zu speichern. Und dabei kann es auch schon mal vorkommen, dass man einen Keks erhält, der dem Computer gar nicht gut schmeckt. Bei einer entsprechenden Warnung Ihres Browsers sollten Sie zunächst auf die Cookies verzichten.

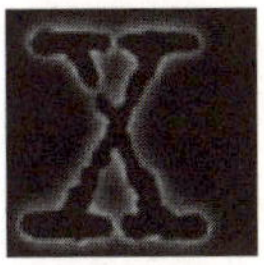

Falls Sie ein Fan von Verschwörungstheorien wie in der TV-Serie „Akte X“ sind, dann kennen Sie sicherlich auch das Motto: „Trust no one“ (trau' keinem). So gesehen sollten Sie die Annahme von „Keksen“ generell verweigern – man kann nie wissen! Das Verweigern derselbigen hat nur selten Folgen, auch dann, wenn der Browser Sie warnt, dass die gewünschte Seite nicht korrekt dargestellt wird. Motto dieser trotzigen Meldung: „Trau' keiner Verweigerung deines Users“!

Wenn Sie anschließend feststellen, dass wichtige Informationen auf der Webseite ohne Cookies nicht angezeigt werden, können Sie die Seite erneut mit Cookies laden.

Cookies dienen übrigens auch zum Zwischenspeichern von Informationen über ausgewählte Links und Optionen bei E-Commerce. Diese Informationen werden u. a. auch „virtueller Einkaufskorb" genannt. Die Cookies erstellen außerdem eine Liste mit den von Ihnen häufig besuchten Webseiten und zählen die Zugriffe auf einen Server durch Internetbesucher.

5.5 Viren

Die oben beschriebenen Sicherheitseinstellungen im *Internet Explorer* wirken sich automatisch auch auf das zugehörige Mailprogramm *Outlook Express* aus, dasselbe gilt für die Sicherheitseinstellungen in *Netscape*. Um sich jedoch noch effektiver vor Viren zu schützen, gilt es vor allem im Umgang mit Anhangsdateien, die per E-Mail verschickt werden, besondere Vorsicht walten zu lassen.

Ein bekanntes Beispiel für einen sehr gefährlichen Virus, der als Anhangsdatei per E-Mail verschickt wurde, ist der *Loveletter-* oder *I-love-you-Virus*. Wer den einschmeichelnden Anhang geöffnet hatte, weiß, wie zerstörerisch im wahrsten Sinne des Wortes so ein Virus sein kann. Beachten Sie deshalb generell bei Anhängen folgende Regeln:

Vorsicht bei E-Mail-Anhangsdateien

- ☐ Öffnen Sie keine Anhänge von unbekannten Absendern.
- ☐ Öffnen Sie keine Anhänge, die Sie nicht erwarten, selbst wenn sie von guten Bekannten stammen. Es könnte nämlich sein, dass Ihr Bekannter bereits Opfer eines Virusprogramms wurde, und der Virus ohne sein Wissen automatisch weitere verseuchte Mails an alle Mail-Adressen im Adressbuch Ihres Bekannten verschickt.
- ☐ Achten Sie insbesondere auf typische Virendateiformate mit den Dateiendungen *.exe* oder *.vbs* und öffnen Sie diese nur, wenn Sie sicher sein können, dass es sich hierbei nicht um eine Virusdatei handelt – egal wie interessant der Betreff klingt.
- ☐ Achten Sie auf aktuelle Downloads zum Stopfen von Sicherheitslücken in gängigen Programmen wie dem *Internet Explorer* oder *Outlook Express*, die von den Anbietern (z. B. unter `www.microsoft.de ♦ Support ♦ Download Center`) kostenlos zur Verfügung gestellt werden.
- ☐ Installieren Sie ein Virenschutzprogramm auf Ihrem PC und führen Sie regelmäßige Virenchecks und Virenaktualisierungen durch.

Manche Viren verwenden zum Schein eine doppelte Dateiendung wie z. B. der Virus *annakournikowa.jpg.vbs*. In diesem Fall wird meist die eigentliche *.vbs*-Endung ausgeblendet und der Empfänger erwartet eine scheinbar harmlose Bilddatei im *.jpg*-Format. Um dieses Problem zu beheben, gehen Sie wie folgt vor:

- ☑ Öffnen Sie den Dateimanager *Windows-Explorer* und wählen aus dem Menü EXTRAS die ORDNEROPTIONEN.

- ☑ Deaktivieren Sie auf der Registerkarte ANSICHT im BEREICH DATEIEN UND ORDNER die Option ERWEITERUNGEN BEI BEKANNTEN DATEITYPEN AUSBLENDEN und bestätigen Sie anschließend mit OK.

6 Aus dem täglichen Leben eines Surfers – E-Mails und Newsgroups

Wer hat schon Zeit und Geld im Internet immer nur zu surfen und zu spielen. Was aber wirklich alle „alltäglich“ benötigen, privat oder geschäftlich, sind Briefe. Im Internet-Jargon heißt ein Brief „E-Mail“, das ist die Abkürzung für „Electronic Mail" und bedeutet so viel wie Elektronische Post. Eine weitere „Alltäglichkeit" ist für viele Internet-Surfer die Nutzung der so genannten Newsgroups und Chatrooms. In diesen Diskussionsforen bekommt man mitunter wertvolle Informationen, die man via E-Mail austauschen kann. E-Mails und Newsgroups – das sind unsere beiden nächsten Themen.

6.1 „Ich mail dir was"

Mithilfe von E-Mail geht eine Nachricht an Tante Margot in Australien mit Sicherheit nicht in den berühmten 80 Tagen um die Welt, sondern in weniger als 80 Sekunden. E-Mail ist der wichtigste und meistgenutzte Dienst des Internets. Diese Methode, Nachrichten zu verschicken, ist nicht nur unglaublich schnell, sie ist auch unschlagbar günstig: Der Absender bezahlt nur die Telefongebühren zum Interneteinwahlpunkt des Providers, mehr nicht. Teure Auslandstelefonate und Überseebriefe sind out. In diesem Kapitel erfahren Sie, wie Sie Ihren Computer zu Ihrem persönlichen Postamt umfunktionieren.

Eine E-Mail zu verschicken, funktioniert im Prinzip genauso wie der normale Postversand. Sie schreiben Ihre Nachricht mit Adressaten auf und geben den Brief bei „Ihrem Postamt" ab. Ihr Mail-Programm sendet anschließend die Nachricht zum Empfänger. Auch die Adressierung einer E-Mail entspricht einem ganz normalen Brief, wie das folgende Beispiel einer „ganz normalen“ Adresse zeigt:

```
Gerhard Kashmere
Kanzlerweg 7
13007 Berlin
Deutschland
```

Ein Brief mit dieser Adresse gelangt üblicherweise über fünf Schritte ans Ziel:

- Das Postamt in Tokio schickt den Brief nach Deutschland.
- Dort wird er nach Berlin transportiert.
- Hier wird er dem Briefträger für den Kanzlerweg mitgegeben.
- Dieser wirft ihn in den Briefkasten von Hausnummer 7.
- Schlussendlich holt ihn Gerhard (oder auch seine Frau) aus dem Briefkasten und freut sich über eine japanische Mitteilung.

Die Post arbeitet also die Adresse des Briefes von unten nach oben ab. Und genauso funktioniert es auch im Internet. Hier würde die angegebene Adresse im Prinzip wie folgt aussehen:

```
gerhard.kashmere@kanzlerweg7.berlin.de
```

Genaue Angabe von E-Mail-Adressen

E-Mail-Adressen müssen im Gegensatz zu Webseiten absolut korrekt angegeben werden, ansonsten kann der elektronische Brief nicht zugestellt werden. Bei unkorrekten Webadressen landet man mit ein bisschen Glück wenigstens auf der Homepage des jeweiligen Anbieters. Bei ungültigen E-Mail-Adressen jedoch landet die elektronische Post im Nirvana oder sie kommt ungeöffnet zurück.

In Mail-Adressen sind keine Leerzeichen erlaubt, stattdessen verwendet man Punkte. Ganz am Anfang steht der Name des Empfängers, gefolgt von einer Art Klammeräffchen @ (engl. „at" = bei; gesprochen „ett").

Klammeraffen @ tippen

Den Klammeraffen geben Sie mithilfe der Tastenkombination [Alt Gr]+[Q] ein.

Das „Äffchen“ @ zeigt den Beginn der eigentlichen Adresse an. Im Fachchinesisch werden die Einzelteile der Adresse auch Domains genannt (dt. Regionen), wobei die höchste Domain am Schluss steht, nämlich die Länderkennung. Adressen wie die obige sind natürlich besonders gut geeignet, den Postweg zu veranschaulichen. Andere E-Mail-Adressen, wie zum Beispiel die von Microsoft-Gründer Bill Gates, enthalten weniger Hinweise auf ihren Standort: `billgates@microsoft.com`.

Wenn Sie also von Tokio aus eine E-Mail an Gerhard schicken, läuft Ihre Nachricht zwar auch in fünf Schritten, aber nur in wenigen Sekunden durch die Glasfaserkabel unter den Meeren:

- Der Rechner in Tokio schickt die E-Mail an einen Computer in Deutschland.
- Der x-beliebige Rechner in Deutschland kennt einen „alten Bekannten” (Rechner) in Berlin und gibt die Mail an diesen weiter.
- Der Computer in Berlin kennt sogar das „Kanzlerweg-Netzwerk” und schickt die Mail weiter.
- Der Provider für den Kanzlerweg sendet die E-Mail direkt an den Rechner in Kanzlerweg 7.
- Der Rechner in Kanzlerweg 7 ist das persönliche Postamt von Gerhard Kashmere und legt ihm die eingegangene Nachricht ins elektronische Postfach.

So, wie es spezielle WWW- und FTP-Server gibt, existieren auch spezielle E-Mail-Server. Dem Anwender fällt das kaum auf, da ein Provider in der Regel alle drei Dienste gleichzeitig anbietet und Sie deshalb immer die gleiche Telefonnummer wählen. Das Protokoll für die Übertragung von Mails heißt „Simple Mail Transfer Protocol” (dt.: „Einfaches Protokoll zur Übertragung von elektronischer Post“), die Abkürzung dafür ist SMTP. Die entsprechenden Server nennt man deshalb SMTP-Server, was Sie jedoch als Internetteilnehmer normalerweise nicht bemerken.

E-Mail-Adresse suchen

Wenn Sie eine bestimmte Internetadresse suchen, sollten Sie spezialisierte Suchdienste benutzen, zum Beispiel den Suchdienst *Suchen*. Die Adresse lautet: `http://www.suchen.de`. Wie das Suchen nach Adressen im Internet funktioniert (in erster Linie Homepages), erfahren Sie in Abschnitt 7.1.

Es gibt zwei wichtige Mail-Programme, die weit verbreitet sind; das eine stammt von Microsoft und nennt sich *Outlook Express*, das andere ist Bestandteil von *Netscape* und heißt *Netscape Mail*. Im nächsten Abschnitt beschreibe ich zunächst *Outlook Express* und einige Unterschiede zu *Netscape*. Allen *Netscape*-Usern ist zusätzlich der Abschnitt 6.8 gewidmet.

6.2 Der Outlook Express fährt ein

Vielleicht haben Sie es geahnt oder befürchtet – auch diesmal müssen Sie zuerst Optionen konfigurieren. Kleiner Trost: In diesem Fall lohnt es sich ganz besonders, denn das Programm *Outlook Express* gehört zu den wahren Pluspunkten des *Internet Explorers*. Das bedeutet, Sie müssen nicht mehr wie früher auf externe E-Mail-Programme zurückgreifen. Der *Express* unterstützt alle gängigen Internetprotokolldateien, mit denen Webseiten dargestellt werden. Also, fest halten – es geht los:

☑ Klicken Sie auf die Schaltfläche START links unten auf der Taskleiste und wählen Sie PROGRAMME aus. Danach klicken Sie auf OUTLOOK EXPRESS.

Desktop-Link zum *Outlook Express*

Um das Mail-Programm *Outlook Express* in Zukunft direkt von Ihrem *Windows*-Desktop aus zu starten, suchen Sie im Dateimanager *Windows-Explorer* im Verzeichnis *Programme* den Ordner für *Outlook Express*. Nach dem Öffnen des Ordners finden Sie dort eine Anwendungsdatei namens *msimn.exe*. Warum sich die Programmierer hier nicht gleich für den richtigen Namen entschieden haben, wissen nur die PC-Götter. Mit der rechten Maustaste klicken Sie die Datei an und wählen im Kontextmenü den Befehl KOPIEREN. Anschließend gehen Sie zum Desktop zurück und fügen diese Anwendung mit der rechten Maustaste und der Funktion VERKNÜPFUNG EINFÜGEN als ein Symbol ein. Wenn Sie möchten, können Sie anschließend ebenfalls über das Kontextmenü und die Funktion UMBENENNEN den Text unter dem Symbol in `Outlook Express` ändern.

Nicht nur beim *Explorer*, auch beim *Express* ist alles nur eine Frage der Einstellung. Und die knüpfen wir uns jetzt vor.

Für das Arbeiten mit E-Mails müssen Sie zuerst ein so genanntes Mail- bzw. Nachrichtenkonto anlegen und anschließend für Informationen aus den News-Servern ein News-Konto (die Begriffe Nachrichten und News sind leider in den Programmen besonders durch die deutsche Übersetzung teilweise sehr verwirrend). Da die Erstellung der Konten in beiden Fällen sehr ähnlich ist, beschreibe ich nur die Einrichtung eines Nachrichtenkontos und anschließend die Unterschiede zum News-Konto.

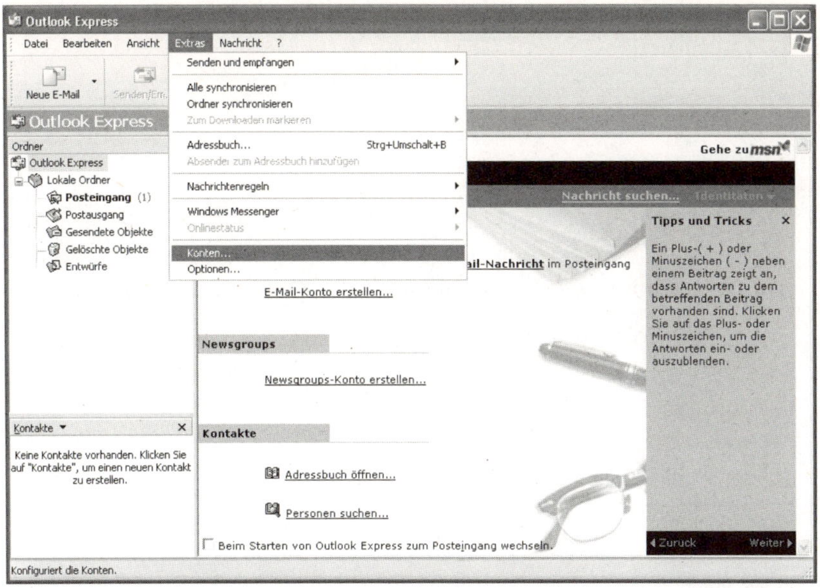

Bild 6.1:
Menü Extras ♦ Konten

☑ Klicken Sie im Menü Extras auf Konten und wählen Sie dann Hinzufügen und E-Mail.

Bild 6.2:
Dialogfenster Internetkonten

Mithilfe des Assistenten für den Internetzugang erstellen Sie nun ein Internet-Mail-Konto.

☑ Geben Sie Ihren Namen so ein, wie er im Absenderfeld Ihrer Mails erscheinen soll, und klicken Sie anschließend auf Weiter.

Bild 6.3:
Internet-Mail-Name
(Absender)

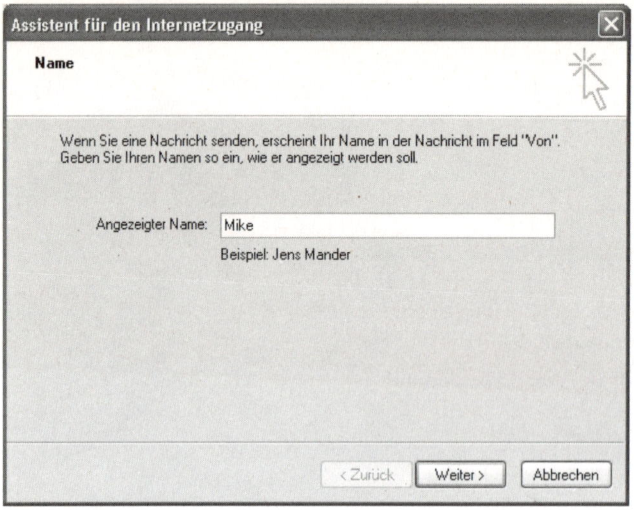

☑ Geben Sie hier Ihre Online-Anschrift an, die Sie üblicherweise von Ihrem Internet-Provider mitgeteilt bekommen.

Bild 6.4:
Internet-E-Mail-Adresse

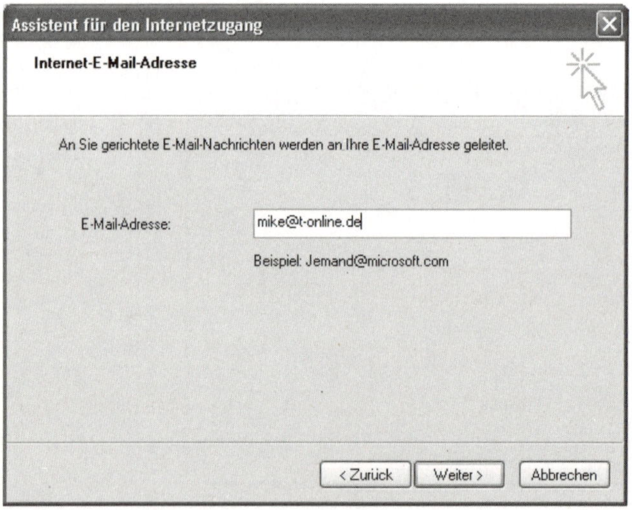

Im nächsten Dialogfeld geben Sie die Adressen der Mail-Server Ihres Internet-Providers an. Im Allgemeinen handelt es sich um POP3-Server; an der ersten Einstellung muss also nichts verändert werden. POP3 ist keine neue Pop-Gruppe von Tobias, sondern ein spezieller Übertragungsstandard für E-Mails.

Korrekte Mail-Server-Angaben!

Geben Sie die Angaben Ihres Providers zu seinen Mail-Servern korrekt ein, denn hier kommt es auf jeden Punkt und Buchstaben an! Auch handelt es sich bei Posteingangs- und -ausgangsserver in der Regel um zwei verschiedene Adressen, verwechseln Sie diese also nicht.

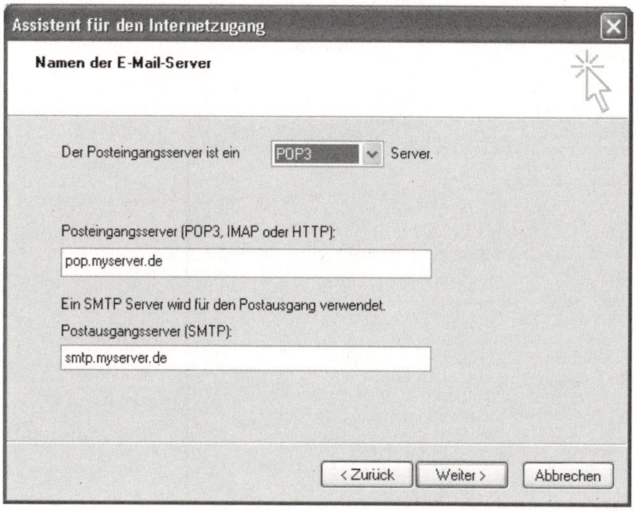

Bild 6.5: Namen der E-Mail-Server

☑ Geben Sie im nächsten Dialogfeld Ihr vom Internetanbieter zugewiesenes E-Mail-Konto (z. B. mike@woauchimmer.joke) und das Kennwort ein.

Mail-Kennwort

Geben Sie niemals „irgendjemandem" Ihr Mail-Passwort, da Ihr Postfach dadurch nicht mehr vor fremden Zugriffen geschützt ist. Um ganz sicher zu gehen (falls mehrere Menschen Ihren Rechner benutzen) sollten Sie die Option KENNWORT SPEICHERN deaktivieren. *Outlook Express* fragt dann bei jedem Start nach dem Kennwort für das Mail-Konto. Dies mag zu Beginn etwas lästig sein, hat aber wenigstens den nicht zu unterschätzenden Vorteil, dass man sein Kennwort dadurch auswendig lernt.

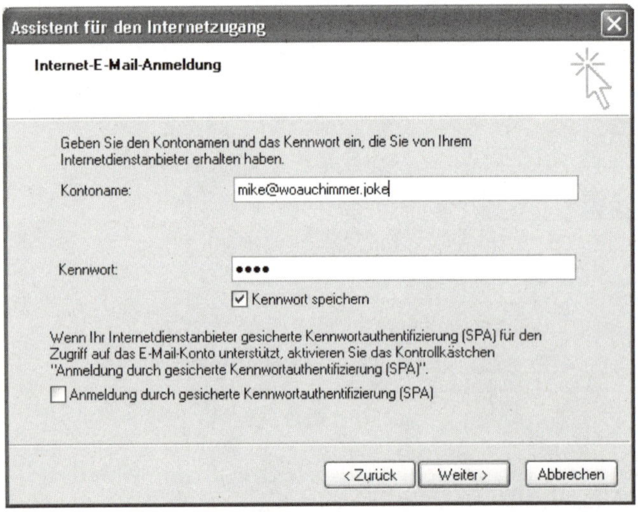

Bild 6.6: Name und Kennwort eingeben

Nach einem letzten Klick auf WEITER haben Sie es auch schon geschafft und Ihr erstes E-Mail-Konto eingerichtet. Sollten Sie eventuell bei diversen Providern mehrere E-Mail-Adressen besitzen, können Sie jetzt mit der gleichen Prozedur weitere Konten einrichten.

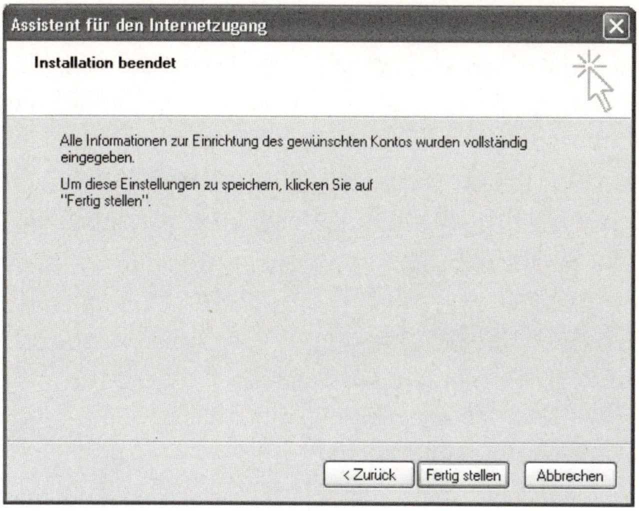

Bild 6.7: Geschafft!

Outlook Express verwendet übrigens die gleichen Verbindungseinstellungen wie der *Internet Explorer*, so dass Ihre *Explorer*-Standardverbindung derjenigen im *Express* entsprechen wird. Ändern können Sie dies im Menü EXTRAS unter OPTIONEN auf der Registerkarte VERBINDUNG.

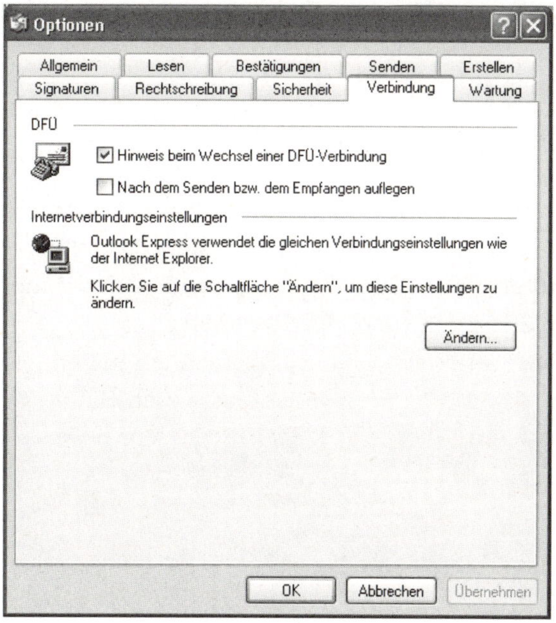

Bild 6.8: Verbindungsoptionen

Nach einem Klick auf ÄNDERN erscheint ein Fenster, das Sie die Standard-Internetverbindung auswählen lässt. Sinnvoll ist es, jene Verbindung zu wählen, die Sie mit einem Provider verbindet, bei dem Ihr Mail-Konto eingerichtet ist. Sollten Sie sowieso nur eine Verbindung ins Internet besitzen (betrifft wahrscheinlich die meisten Leser), wird natürlich auch nur eine Verbindung angezeigt, in unserem Fall MIKESERVER.

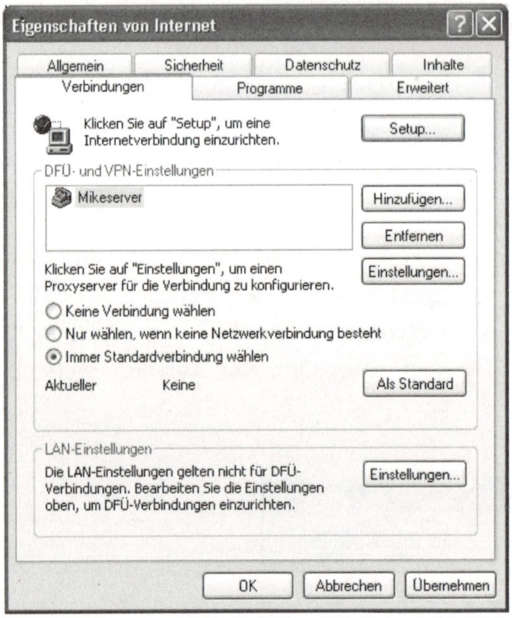

Bild 6.9: Verbindungseinstellungen ändern

Und schon sind Sie am Ende der Konfiguration angelangt und stellen fest: So schlimm war's doch gar nicht, oder? Die „Mühe" hat sich auf jeden Fall gelohnt: Jetzt kann das Senden und Empfangen der berühmten elektronischen Post losgehen.

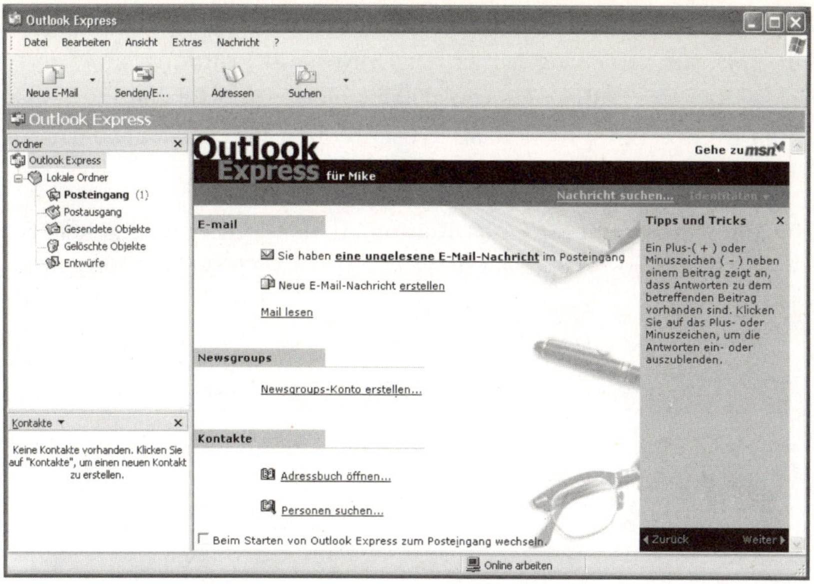

Bild 6.10: *Outlook Express*-Startseite

Kommen wir nun zum News-Konto. Für dessen Einrichtung klicken Sie wieder im Menü EXTRAS auf KONTEN und wählen im Kontextmenü HINZUFÜGEN ➧ NEWS. Der Unterschied zur Erstellung eines Nachrichtenkontos beginnt, nachdem Sie in den Dialogfeldern Ihren Namen und Ihre Mail-Adresse angegeben haben. Im darauf folgenden Dialogfeld werden Sie nach dem Namen Ihres News-Servers gefragt.

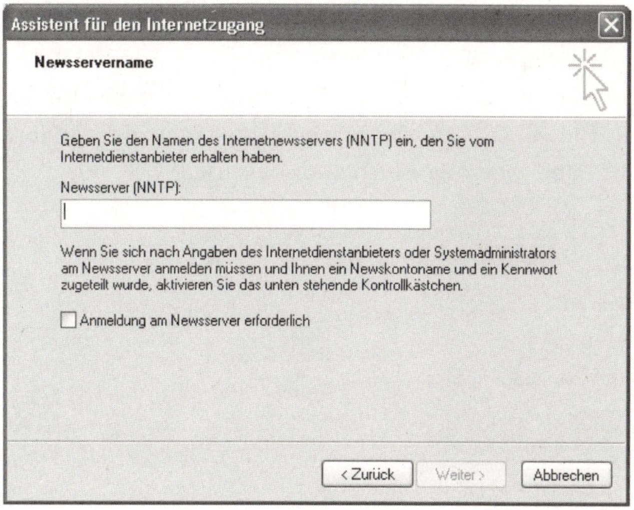

Bild 6.11: NEWSSERVERNAMEN angeben

Hier tragen Sie den von Ihrem Provider angebotenen News-Server ein, z. B. für den News-Server der Universität Frankfurt `news.uni-frankfurt.de`. Alle weiteren Dialogfelder zur Erstellung eines News-Kontos entsprechen im Wesentlichen den Dialogfeldern zur Einrichtung eines Nachrichtenkontos.

Um die Eigenschaften eines Kontos zu konfigurieren, klicken Sie im *Outlook Express* im Menü EXTRAS auf die Funktion KONTEN und markieren das gewünschte Konto.

Bild 6.12: Internetkonten

Nach einem Klick auf EIGENSCHAFTEN werden dieselbigen (in diesem Fall ein Mail-Konto) mittels Registerkarten angezeigt. Auf der Registerkarte ALLGEMEIN können Sie Ihren eigenen Namen, den Namen Ihres Mail-Kontos und Ihre genaue Adresse angeben. Zu beachten ist, dass der Name des Mail-Kontos nur zum Identifizieren dieser Adresse innerhalb des Servers dient und nicht als Ihr eigentlicher Name für andere Surfer – wobei das eine das andere nicht ausschließt (sind jetzt alle Klarheiten beseitigt? ☺).

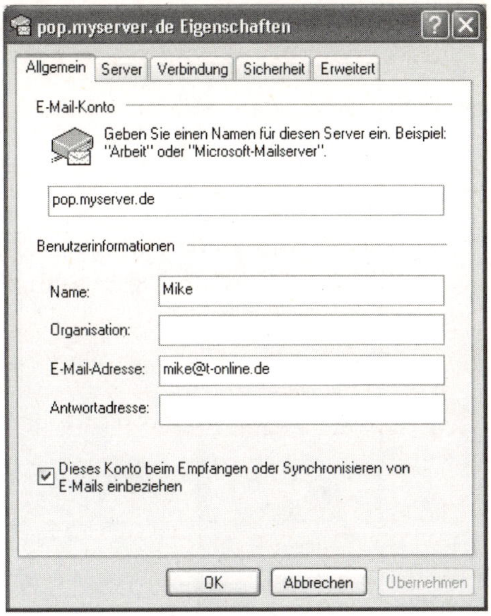

Bild 6.13:
Registerkarte ALLGEMEIN

Wenn Sie mehrere Mail-Konten bei mehreren Providern haben, möchten Sie vielleicht oben bei E-MAIL-KONTO den Namen des entsprechenden Providers eintragen.

Im Feld NAME tragen Sie den eigentlichen Namen Ihrer Adresse ein. Im Feld ORGANISATION können Sie bei Bedarf den Namen der Firma eintragen, die evtl. mit Ihrem Mail-Konto verbunden ist. Im Feld E-MAIL-ADRESSE wird bzw. ist bereits Ihre Mail-Adresse eingetragen.

Normalerweise empfängt man E-Mails über dasselbe Konto, mit dem man auch eigene Mails verschickt. Wenn Sie allerdings möchten, dass andere Internetteilnehmer die Antworten auf Ihre persönlichen E-Mails zu einer anderen Adresse von Ihnen schicken sollen, können Sie diese im Feld ANTWORTADRESSE eintragen.

Die nächste Registerkarte SERVER beinhaltet wichtige Einstellungen für (wen wohl?) – Ihren Server.

Bild 6.14:
Registerkarte SERVER

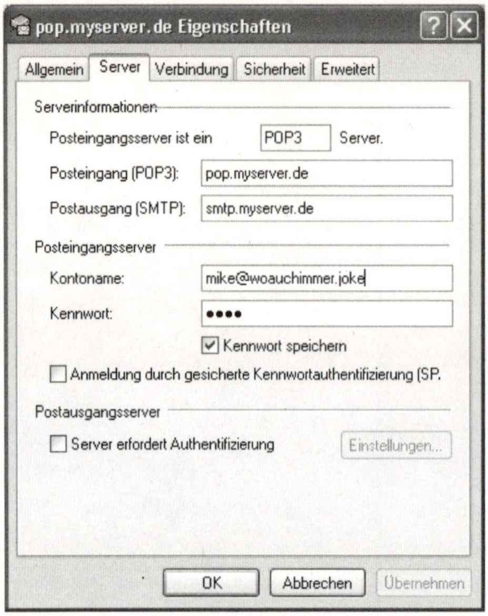

Die Server-Informationen enthalten Daten zum Senden und Empfangen von Nachrichten und zur Identifizierung Ihres Providers. Die notwendigen Daten für diese Einstellungen erhalten Sie von Ihrem Internetanbieter. In der Regel sind diese Daten bereits korrekt eingetragen, was Sie jedoch überprüfen sollten.

Klick! – und schon sind wir bei der nächsten Registerkarte namens VERBINDUNG.

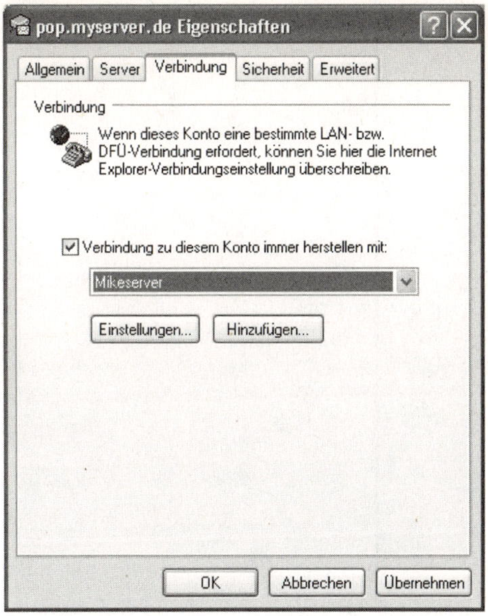

Bild 6.15: Registerkarte VERBINDUNG

Hier legen Sie fest, wie Sie mit Ihrem Server verbunden werden wollen. Sie sollten hier die Verbindung zu jenem Provider wählen, dem auch der Mail-Server gehört, da diese Verbindung in der Regel am schnellsten ist. Haben Sie etwa ein Mail-Konto bei T-Online, dann sollten Sie als Einwahlverbindung für dieses Konto T-Online eintragen.

Auf der Registerkarte SICHERHEIT können Sie die Optionen für Zertifikate und digitale Signaturen einrichten, was Sie jedoch in der Regel nicht benötigen. Deshalb kommen wir zum Abschluss – wie so oft – zur Registerkarte ERWEITERT. Sie teilt sich in vier Bereiche auf: SERVERPORTNUMMER, ZEITLIMIT DES SERVERS, SENDEN und ZUSTELLUNG. Änderungen auf dieser Registerkarte sind tatsächlich eine Erweiterung, die deutlich über den normalen Standard hinausgeht.

Bild 6.16: Registerkarte ERWEITERT

In der Regel sind die vorgegebenen Einträge auf dieser Registerkarte in Ordnung und eine Änderung ist nicht erforderlich. Wenn Sie dennoch etwas verändern wollen, können Sie es jederzeit gerne tun. Falls Sie beispielsweise die Sicherheit von E-Mails erhöhen möchten und Ihr Server die besonders sichere Protokollierung SSL unterstützt, können Sie das entsprechende Kästchen im oberen Bereich aktivieren.

Wenn Sie ein geduldiger Mensch sind, können Sie eventuell auftretende Probleme bei der Verbindung mit Ihrem Server unter Umständen dadurch beseitigen, dass Sie das Zeitlimit Ihrer Server-Verbindung etwas erhöhen, damit der Rechner genügend Zeit hat, seine Verbindung herzustellen.

Wenn Sie über Menü EXTRAS und KONTEN das Dialogfeld INTERNETKONTEN aufrufen und danach die EIGENSCHAFTEN des News-Kontos wählen, werden Sie feststellen, dass sich die angezeigten Registerkarten im Vergleich zu denen des Nachrichtenkontos sehr ähneln. Kleine Unterschiede gibt es nur in den Registerkarten SERVER und ERWEITERT. Die vorgegebenen Konfigurationen können Sie einfach übernehmen.

Nachrichtenoptionen

Nun kommen wir zu den Mail-Optionen, auch Nachrichtenoptionen genannt. Klicken Sie dazu im Menü EXTRAS auf OPTIONEN.

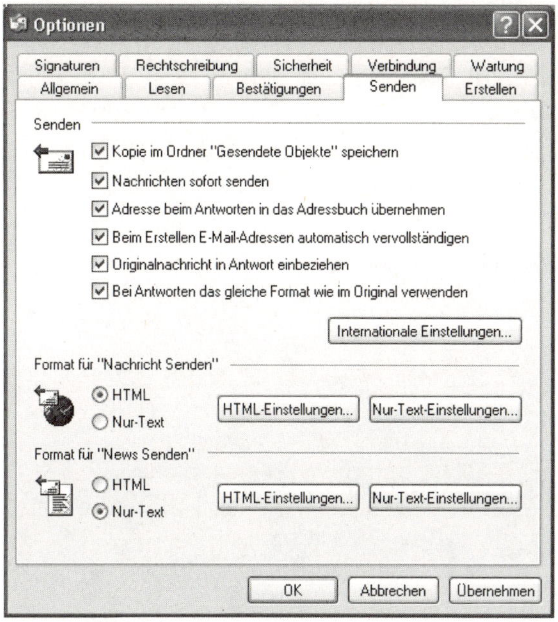

Bild 6.17:
Registerkarte SENDEN

Die erste Registerkarte, die uns interessieren soll, heißt SENDEN und beinhaltet u. a. folgende Einstellungen:

Bei der Option KOPIE IM ORDNER 'GESENDETE OBJEKTE' SPEICHERN sollten Sie sich überlegen, ob es sinnvoll ist, von jeder Nachricht automatisch eine Kopie zu speichern. Gerade bei wichtigen und sehr persönlichen Nachrichten kann es unter Umständen einerseits gefährlicher und andererseits sicherer sein, eine Kopie zu speichern.

Die Option NACHRICHT SOFORT SENDEN bedeutet, dass *Outlook Express* die Mail nicht als eine von vielen in eine Daten- bzw. Warteschlange einreiht, sondern sofort sendet.

Die Option ORIGINALNACHRICHT IN ANTWORT EINBEZIEHEN kann sinnvoll sein, wenn es sich um ein Dokument handelt, in dem die Rückverfolgung des Hergangs wichtig ist.

Das Format beim Senden von E-Mail-Nachrichten sollte eher auf NUR-TEXT eingestellt sein als auf HTML. Der Grund: Es gibt immer noch Schwierigkeiten, HTML-Bestandteile via E-Mail zu senden und vor allem zu empfangen. Der *Internet Explorer* bietet zwar ab der Version 5.X als besonderes Bonbon die Möglichkeit an, HTML-Daten in eine normale E-Mail zu integrieren, übersieht aber, dass es leider noch E-Mail-Programme gibt, die das nicht unterstützen und lesen können. Und weil dadurch eventuell Informationen verloren gehen, ist die Option NUR-TEXT momentan noch die bessere Option. Wenn Sie jedoch davon ausgehen können, dass Ihr Mail-Bekanntenkreis nur die neuesten Mail-Programme mit HTML-Unterstützung benutzt, können Sie auch die Option HTML wählen.

HTML-Format

Falls Sie zur E-Mail-Übertragung das HTML-Format wählen, achten Sie darauf, dass Ihre Empfänger dieses Format lesen können.

Der Vorteil des HTML-Formats ist, dass Sie Ihren E-Mails einen ganz besonderen optischen Touch verpassen und diverse Gags wie Bilder oder Grafiken leichter integrieren können. Sie können es ja einfach mal ausprobieren und beim Empfänger nachfragen, ob es funktioniert.

Die Optionen hinter den Schaltflächen HTML-EINSTELLUNGEN und NUR-TEXT-EINSTELLUNGEN können Sie in der Regel übernehmen.

Die nächste Registerkarte, mit der wir uns befassen wollen, heißt LESEN.

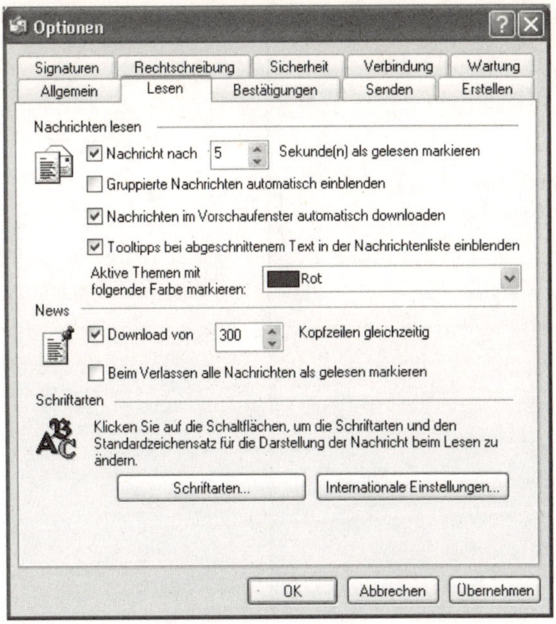

Bild 6.18:
Registerkarte LESEN

Hier können Sie u. a. festlegen, wann Ihre Mails als gelesen markiert werden sollen und welche Schriftarten verwendet werden.

Weitere wichtige Einstellungen können Sie auf der Registerkarte ALLGEMEIN vornehmen.

Bild 6.19: Registerkarte Allgemein

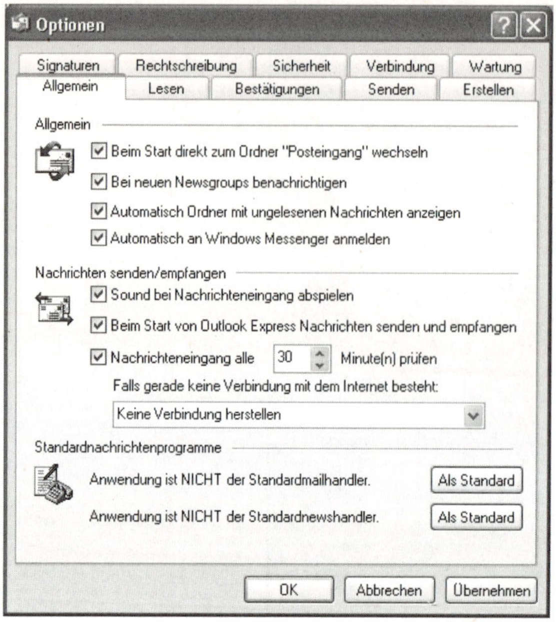

Wenn Sie die erste Option Beim Start direkt zum Ordner 'Posteingang' wechseln wählen, werden direkt nach dem Start von *Outlook Express* die E-Mails im Posteingang angezeigt. Sie können sich so wenigstens einen Klick ersparen.

Unter Nachrichten senden/empfangen können Sie festlegen, ob es bei Ihnen piept, wenn Sie eine neue E-Mail erhalten. Die Option Beim Start von Outlook Express Nachrichten senden und empfangen versucht sofort nach dem Start eine Verbindung aufzubauen und Mails abzurufen oder zu versenden. Das kann lästig sein, insbesondere dann, wenn Sie gerne erst einmal Mails verfassen und dann erst verschicken wollen.

Mit der nächsten Option können Sie in einem festgelegten Zeitintervall den Nachrichteneingang automatisch überprüfen lassen. Hier sollten Sie allerdings vorsichtig sein: Wenn Sie offline sind und z. B. angeben, dass alle fünf Minuten der Posteingang überprüft werden soll, dann wird sich bei entsprechender Einstellung Ihr Computer selbstverständlich und automatisch alle fünf Minuten bei Ihrem Provider einwählen und Ihren Posteingang überprüfen. Die Telekom wird sich freuen ☺. Sie sollten also entweder das

Prüfintervall lange genug wählen oder diese Funktion deaktiviert lassen und den Posteingang nach Bedarf manuell überprüfen.

Eine echte Hilfe für Ihre PC-Festplatte ist schließlich die Registerkarte WARTUNG. Hier können Sie bestimmen, was mit gelöschten Mails passieren soll. Sie werden jetzt vielleicht fragen, was mit denen schon passieren soll – sie werden eben gelöscht. Das ist leider nicht ganz richtig, da auch *Outlook Express* (typisch für *Windows*) diese Mails zunächst nicht physisch löscht, sondern in einen Papierkorb legt, wo sie immer noch aufgerufen werden können. Jeder weiß, wie schnell der Papierkorb zu Hause überquellen kann, genauso verhält es sich in der Regel auch mit dem *Outlook*-Papierkorb ☺.

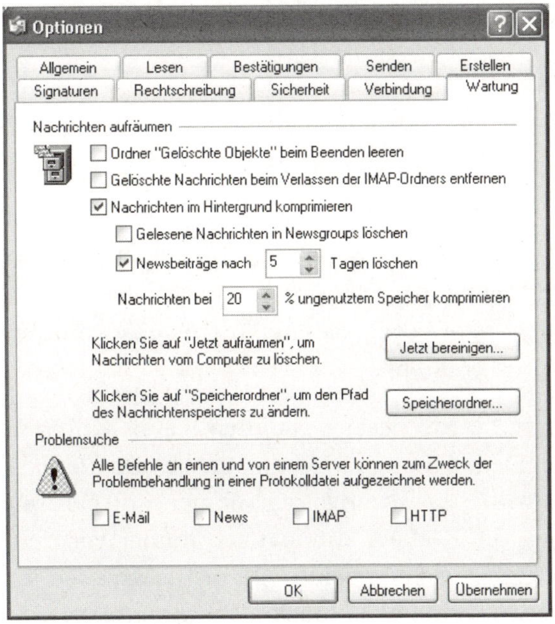

Bild 6.20: Registerkarte WARTUNG

Anders als im wirklichen Leben (oder bringen Sie den Papierkorb gerne zur Mülltonne?) nimmt Ihnen *Outlook* diese Arbeit auf Wunsch ab. Wenn Sie die erste Option ORDNER 'GELÖSCHTE OBJEKTE' BEIM BEENDEN LEEREN aktivieren, dann wird Ihr Papierkorb nach dem Beenden von *Outlook Express* automatisch zum Müll gebracht. Die Daten landen irgendwo im Nirvana und beanspruchen nicht mehr wertvollen Speicherplatz.

Die nächste Karte, die wir ziehen, ist die RECHTSCHREIBUNG.

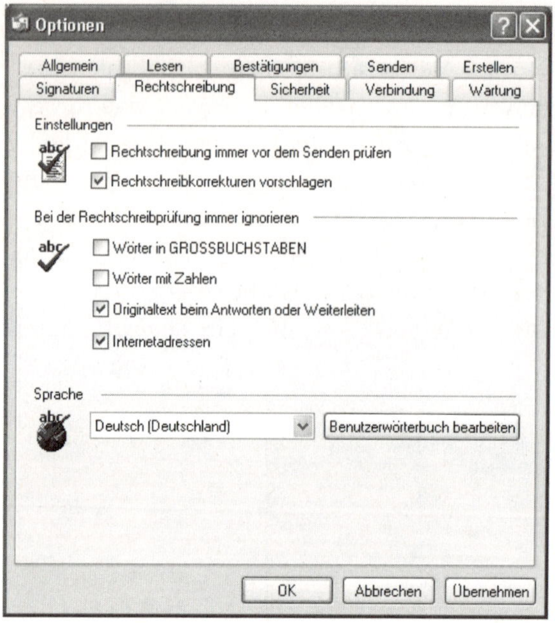

Bild 6.21: Registerkarte RECHTSCHREIBUNG

Vor gar nicht allzu langer Zeit war es eher unüblich, die Rechtschreibung von E-Mail-Texten zu überprüfen. Inzwischen ist es den meisten *Nurfern sicht nehr eegal*, wie ihre Texte aussehen und welcher Eindruck dadurch entsteht.

Mithilfe der Registerkarte RECHTSCHREIBUNG können Sie die Kriterien zur Überprüfung Ihrer E-Mail-Texte eingeben. Im oberen Bereich legen Sie fest, ob *Outlook Express* ungefragt immer Korrekturen vorschlagen soll und ob die E-Mails automatisch immer vor dem Senden überprüft werden. Sie sollten beide Optionen aktivieren, es sei denn, Ihr Benutzerwörterbuch ist noch sehr unerfahren im Umgang mit vielen Begriffen, die Sie häufig benutzen (wie wär's mit Botulismus oder Dynamometer ☺?). In solchen Fällen kann das ständige Überprüfen sehr nervig werden. Andererseits können Sie jederzeit, auch während der Rechtschreibprüfung, die entsprechenden Wörter in das Benutzerwörterbuch aufnehmen und damit zukünftige Prüfungen vereinfachen.

Sie können die Rechtschreibprüfung auch dadurch vereinfachen, dass Sie im Bereich BEI DER RECHTSCHREIBPRÜFUNG IMMER IGNORIEREN die entsprechenden Optionen aktivieren. Hier sollten Sie zumindest die Optionen ORIGINALTEXT BEIM ANTWORTEN ODER WEITERLEITEN und INTERNETADRESSEN aktivieren.

Als Nächstes ziehen wir die Registerkarte SIGNATUREN.

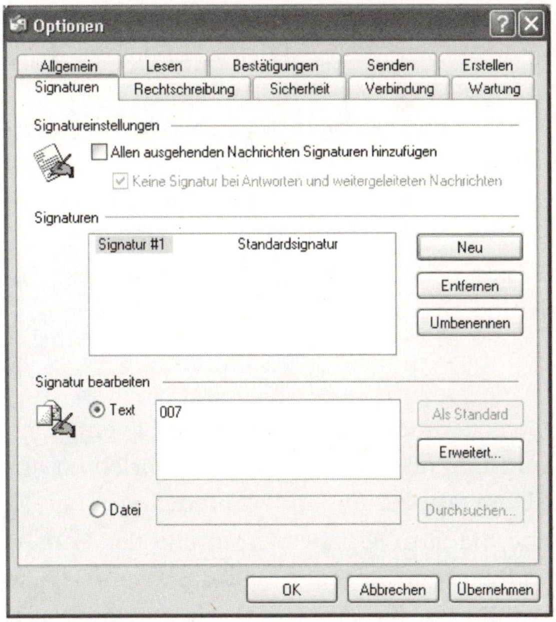

Bild 6.22: Registerkarte SIGNATUREN

Hier können Sie eine persönliche Signatur (keine Unterschrift!) als eine Art Visitenkarte eingeben (z. B. Ihr Firmenname, Ihre Telefon- oder Faxnummer etc.), mit der Ihre E-Mails automatisch gekennzeichnet werden. Um eine Signatur zu entwerfen oder zu verändern, klicken Sie zunächst auf NEU, danach unter SIGNATUR BEARBEITEN auf TEXT. Falls Sie bei der Signatur auf eine bereits vorhandene Datei (z. B. Grafikdatei) zurückgreifen wollen, geben Sie unter DATEI den Verzeichnispfad und den Namen der entsprechenden Signaturdatei ein.

Vorsicht bei Grafiksignaturen!

Wenn Sie ein Bild oder eine Grafik als Signatur verwenden, sollten Sie bedenken, dass Sie damit einerseits Ihre E-Mails verschönern (hoffentlich) und andererseits den Empfang Ihrer Nachricht eventuell erschweren. Besonders komplizierte Signaturen verlangsamen die Übertragung und erzeugen beim Empfänger unter Umständen Frust, wenn dessen Browser viel Ladezeit braucht und die Signatur nicht angezeigt werden kann. Falls Sie unbedingt eine grafische Signatur verwenden wollen, sollten Sie auf eine komplizierte Grafik mit 10 Millionen Farben und zahlreichen HTML-Elementen verzichten.

Im oberen Bereich der Registerkarte SIGNATUR können Sie entscheiden, ob die Signatur am Ende aller ausgehenden Nachrichten angefügt wird und/oder beim Antworten und Weiterleiten einer E-Mail grundsätzlich keine Signatur erscheint. Mithilfe der Schaltfläche ERWEITERT können Sie sogar für jedes Mail-Konto eine eigene Signatur festlegen (sinnvoll z. B. für Menschen, die zu Hause private Post mit der eigenen Signatur und geschäftliche Mails mit der Signatur der Firma versehen wollen).

Auf der letzten Registerkarte beschäftigen wir uns mit dem Thema Sicherheit.

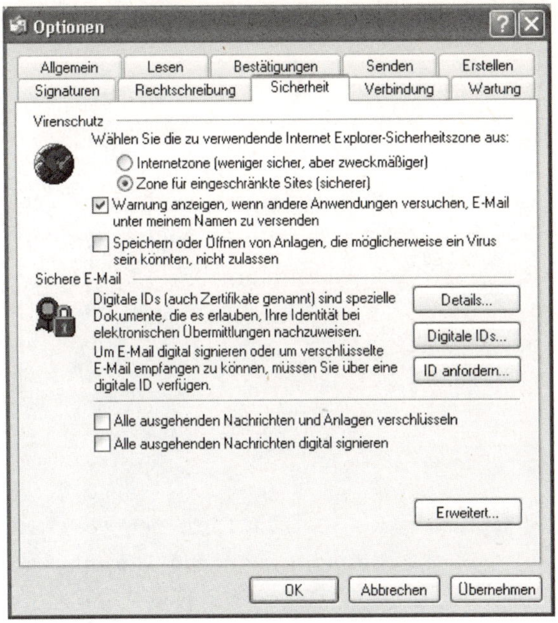

Bild 6.23:
Registerkarte SICHERHEIT

Die Registerkarte SICHERHEIT sieht zwar beschaulich aus, hat's aber in sich. Im oberen Bereich VIRENSCHUTZ sollten Sie unbedingt die Optionen ZONE FÜR EINGESCHRÄNKTE SITES und WARNUNG ANZEIGEN, WENN ANDERE ANWENDUNGEN VERSUCHEN, E-MAIL UNTER MEINEM NAMEN ZU VERSENDEN aktivieren.

Das untere Feld SICHERE E-MAIL beinhaltet zum einen die Option, ausgehende Nachrichten mit einer digitalen Signatur zu kennzeichnen, und zum anderen den Inhalt und die Anlagen der Nachrichten zu verschlüsseln. Mit der Schaltfläche DETAILS erhalten Sie weitere nützliche Informationen zum Thema Zertifikate und digitale Signaturen. Ein Zertifikat, das Sie als Absender Ihrer ausgehenden E-Mail identifiziert, kann z. B. von Bedeutung sein, wenn Sie beweisen wollen, dass eine Nachricht auch wirklich von Ihnen stammt. Mithilfe der Schaltfläche ID ANFORDERN können Sie Ihre eigene digitale Unterschrift im Netz anfordern. Mit der Schaltfläche DIGITALE IDS können Sie Ihre Zertifikate verwalten (siehe u. a. auch Abschnitt 5.2). Wenn Sie auf die Schaltfläche ERWEITERT klicken, können Sie u. a. die Verschlüsselungsstärke bestimmen.

Signaturen und Zertifikate

Um einen größeren Einblick in die Welt der Signaturen und Zertifikate zu bekommen, besuchen Sie am besten die Homepage von VeriSign (`http://www.verisign.com`). Dort erhalten Sie zahlreiche Anregungen und Tipps.

News-Optionen

Sinnvollerweise sind die Optionen für die News auf den gleichen Registerkarten enthalten wie die Einstellungen für E-Mails, so dass Sie eben gerade die relevanten Optionen für News ebenfalls kennen gelernt haben. Alle anderen Optionen auf diesen Registerkarten sind mehr oder weniger wichtig. Kleiner Tipp: Spielen Sie einfach ein bisschen „Explorer" beim Erforschen der unendlichen Weiten von Registerkarten im *Outlook Express*. Wenn Sie sich merken, wie die Optionen vorher gesetzt waren, können Sie bei Fehlfunktionen einfach den Status Quo wiederherstellen; außerdem ist die Online-Hilfe eine wirklich gute Hilfe und ab und zu gibt es auch eine Schaltfläche STANDARD.

Einstellungen sind veränderbar

Grundsätzlich können Sie alle Eingaben Ihrer Konfiguration jederzeit ändern, indem Sie im *Outlook Express* wie beschrieben das Menü EXTRAS anwählen und KONTEN oder OPTIONEN anklicken.

Ordner im Outlook Express

Ähnlich wie im *Windows-Explorer* können Sie auch mit *Outlook Express* eigene Ordner anlegen, um eine gewisse Systematik in die Zuordnung Ihrer E-Mails zu bringen. Denkbar sind hier z. B. Ordner wie Geschäftliches, Privat, Sonstiges etc.

Und so legen Sie neue Ordner an:

Im linken Bereich des *Outlook*-Fensters werden die aktuellen Ordner angezeigt, im Standardfall POSTEINGANG, POSTAUSGANG, GESENDETE OBJEKTE etc.

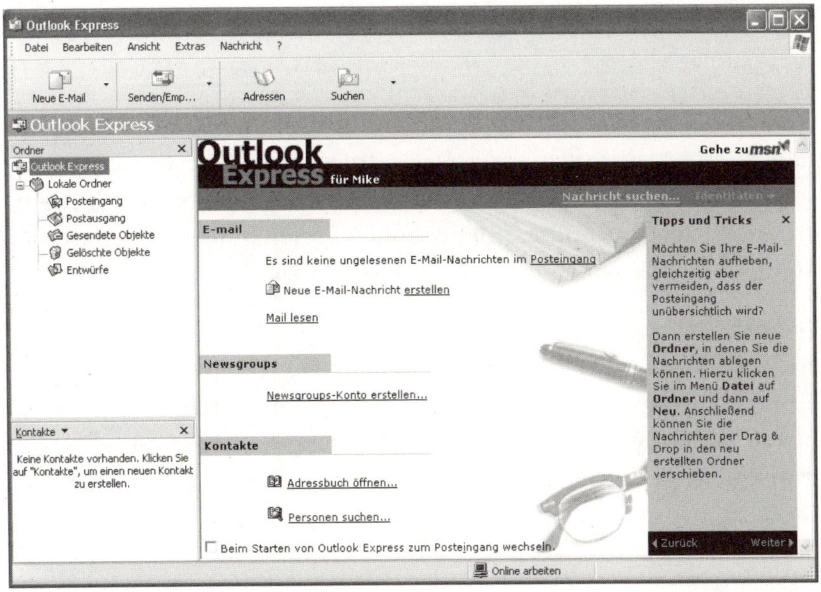

Bild 6.24: *Outlook Express* mit Ordnerliste

Sollte die Ordnerliste bei Ihnen nicht angezeigt werden, können Sie im Menü ANSICHT im Unterpunkt LAYOUT ein weiteres Dialogfeld aufrufen, das Ihnen ermöglicht, verschiedene Elemente ein- oder auszublenden. Die Option ORDNERLISTE sollte hier aktiviert sein.

Einen neuen Ordner erstellen Sie, indem Sie mit der rechten Maustaste auf LOKALER ORDNER klicken. Im Kontextmenü wählen Sie NEUER ORDNER.

Bild 6.25:
Dialogfeld ORDNER ERSTELLEN

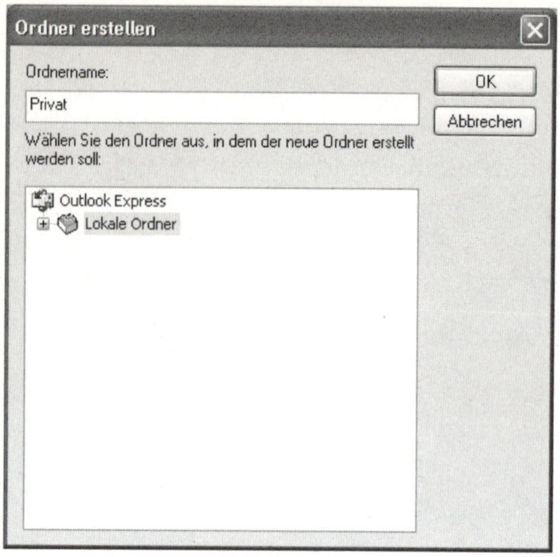

Geben Sie im oberen Teil den Namen Ihres neuen Ordners ein, und nach einem Klick auf OK wird dieser erstellt. Wenn Sie anschließend mit der rechten Taste auf einen der Ordner klicken, erhalten Sie im Kontextmenü umfangreiche Möglichkeiten der Manipulation, etwa UMBENENNEN, LÖSCHEN usw.

Outlook Express legt zunächst alle eingehenden Mails im Ordner POSTEINGANG ab. Von dort müssen die Mails je nach Wunsch manuell in die entsprechenden Ordner verschoben werden. Klicken Sie hierzu die zu verschiebende Mail an und bewegen Sie diese bei gedrückter linker Maustaste zum Zielordner (Verfahren per „Drag & Drop" ☺).

Nehmen Sie sich Zeit, Ihre Mails zu sortieren; spätestens nach einem halben Jahr, wenn Sie zahlreiche Mails empfangen haben, werden Sie über geordnete Mails in Mailordnern wirklich sehr glücklich sein.

Bevor wir jetzt endlich zum eigentlichen Senden und Empfangen von E-Mails und News kommen, „bringen wir erst einmal Werbung ☺".

6.3 Gib Werbung keine Chance

Der *Internet Explorer* beinhaltet wie oben beschrieben die Möglichkeit, eingehende E-Mails (privat oder Werbung) zu sortieren. Vielleicht kennen Sie auch das Problem, fast täglich einen überfüllten Briefkasten mit größtenteils sinnloser Werbung zu leeren, nur damit der Postbote noch eine Chance hat, die eigentlichen Briefe einzuwerfen.

Da es im Internet bisher noch nicht die Möglichkeit gibt „Bitte keine Werbung" auf das Postfach im Rechner zu kleben, muss man zu anderen Mitteln greifen, zum Beispiel zum *Internet Explorer* und dessen „Sortiermaschine".

Das Herkunftsland des *Internet Explorers*, die USA, ist nicht nur das Land der unbegrenzten Möglichkeiten, sondern auch das Land der unbegrenzten E-Mails mit viel Werbung. Was bei uns bisher nur eine Ausnahme darstellt, gehört für die amerikanischen Internetteilnehmer zum Alltag. Deutsche Mitglieder im amerikanischen Internetdienst AOL wissen, wovon ich rede. Bei anderen ist es vielleicht nicht gerade Werbung, die stört, sondern die E-Mails vom Chef, von der Schwiegermutter, vom Finanzamt usw. ☺

Um etwas gegen die Flut von unnötigen E-Mails, die das Nachrichtenkonto und Ihren Server verstopfen, zu unternehmen, hat Microsoft den *Internet Explorer* mit einem Posteingangsassistenten ausgestattet. Und so wird's gemacht:

☑ Klicken Sie im Menü EXTRAS auf NACHRICHTENREGELN ➧ E-MAIL.

Bild 6.26: Dialogfeld NEUE E-MAIL-REGEL

Im oberen Bereich (unter 1.) legen Sie die Bedingungen fest, die eine E-Mail erfüllen muss, um eine bestimmte Aktion (unter 2.) auszulösen. Um beispielsweise eine Mail von Darth Vader (Star Wars) zu vermeiden, sollten Sie zuerst im Feld BEDINGUNGEN die erste Option ABSENDER aktivieren. Jetzt müssen Sie entscheiden, was Sie beispielsweise mit Nachrichten von Darth Vader machen wollen; ich denke, Sie sollten seine Nachrichten an Luke Skywalker weiterleiten ☺. Klicken Sie also unter AKTIONEN auf AN "..." WEITERLEITEN. Das Ganze sollte jetzt etwa wie folgt aussehen:

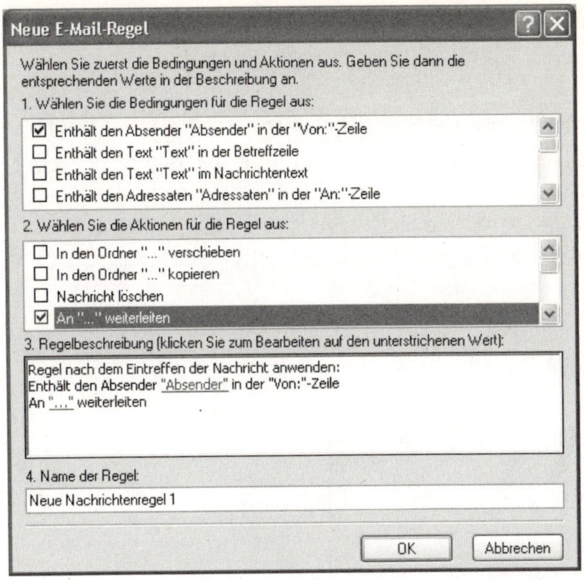

Bild 6.27: E-Mail-Regel erstellen

Unter REGELBESCHREIBUNG (3.) sehen Sie nun eine verbale Beschreibung der von Ihnen geschaffenen Regel. Jetzt müssen wir nur noch `Darth Vader` und `Luke Skywalker` eintragen.

☑ Klicken Sie hierzu jeweils auf die kleinen blau geschriebenen Textbestandteile innerhalb der Regelbeschreibung.

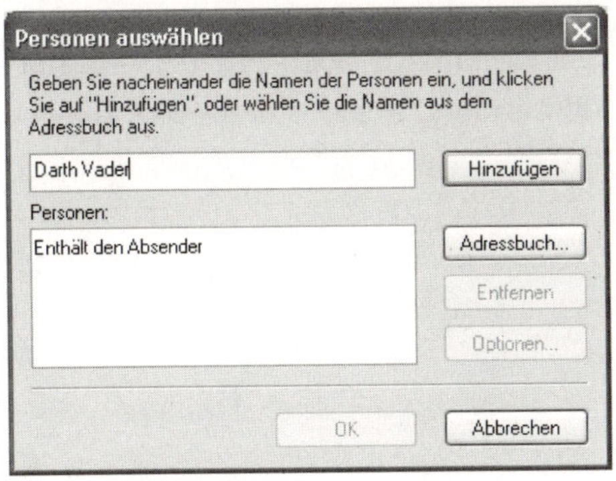

Bild 6.28: Absender Darth Vader sperren

☑ Tragen Sie im oberen Feld den Namen ein, den Sie sperren möchten, in unserem Fall also `Darth Vader`.

☑ Anschließend klicken Sie auf HINZUFÜGEN, um diesen Anwender zu sperren.

Auf diese Weise können Sie also auch mehrere Absender sperren lassen. Nach einem Klick auf OK kommen Sie zurück zur Regelerstellung.

Jetzt müssen wir noch festlegen, dass Luke Skywalker der glückliche Empfänger der E-Mails sein soll,

☑ klicken Sie also auf das zweite blaue Textstück.

Bild 6.29: Weiterleiten an Luke Skywalker

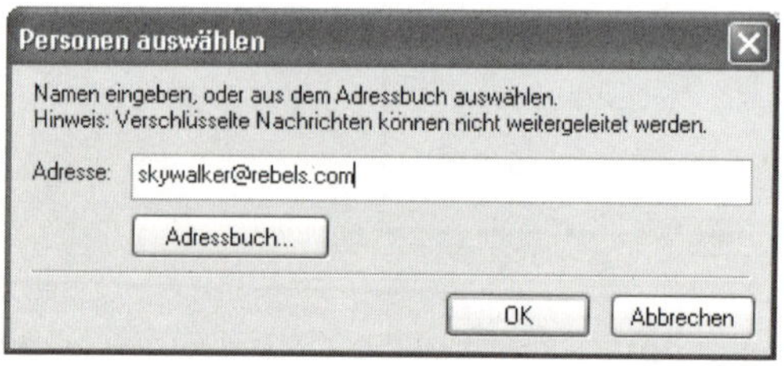

☑ Geben Sie hier eine gültige E-Mail-Adresse an oder wählen Sie eine Person aus Ihrem ADRESSBUCH aus.

☑ Nach einem Klick auf OK gelangen Sie wieder zurück zur Regelerstellung.

Im unteren Feld können Sie der Regel nun noch einen zweckmäßigen Namen zuteilen. Die vollständige Regel sollte jetzt folgendermaßen aussehen:

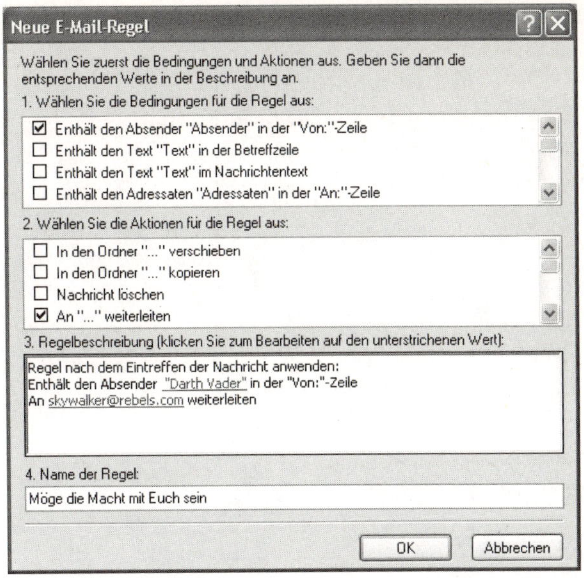

Bild 6.30:
Die vollständige
neue E-Mail-Regel

Nach zwei weiteren Klicks auf OK wird diese Regel fortan auf Ihre E-Mails angewandt und Luke Skywalker freut sich über Informationen von Darth Vader. Sagen Sie aber nicht, wir hätten Sie nicht gewarnt, falls irgendwann ein unfreundlicher Herr in Schwarz mit Atemmaske vor Ihrer Tür steht und nach seinen E-Mails fragt!!!

Sie sollten auf jeden Fall ein wenig mit dem Zusammenspiel von Bedingung/Aktion experimentieren, um die gewünschten Effekte zu erzielen.

Um nicht wirklich Ärger mit Darth Vader zu bekommen, wollen wir nun sicherlich die eben eingeführte Beschränkung schnell wieder löschen. Verwenden Sie dazu den Befehl EXTRAS ♦ NACHRICHTENREGELN ♦ E-MAILS.

Bild 6.31:
Nachrichtenregeln

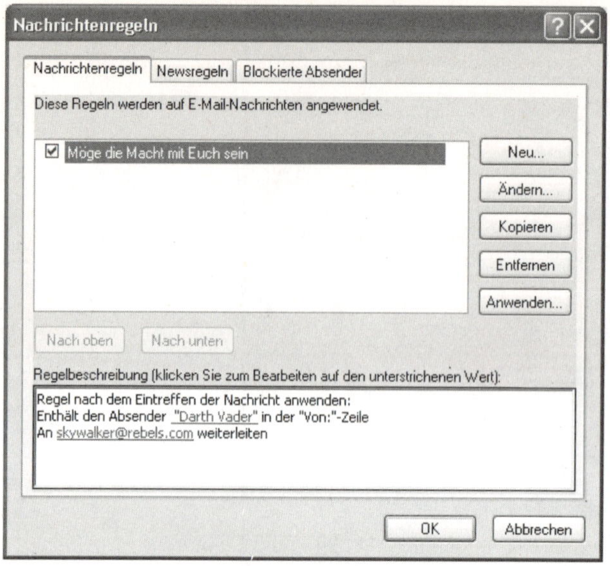

Hier werden alle erstellten Beschränkungen angezeigt. Aktivierte Beschränkungsregeln sind mit einem Häkchen gekennzeichnet. Im unteren Bereich sehen Sie nochmals die dazugehörige Regelbeschreibung. Mit einem Klick auf NEU erstellen Sie weitere Regeln, mit einem Klick auf ENTFERNEN löschen Sie die markierte Regel.

Nachrichtenregeln nur deaktivieren

Wenn Sie eine Regel nicht löschen, sondern nur das Häkchen entfernen und dadurch deaktivieren, können Sie die Regel jederzeit später wieder reaktivieren, ohne sie erneut zu erstellen.

6.4 „Lieber Herr Magnum ...“

Nachdem Sie die Konfigurationen und den „Werbeblock“ überstanden haben, sind Sie nun bestens ausgerüstet, Ihre Mail-Programme als das zu benutzen, was sie eigentlich sind – Hilfsmittel zum Versenden von elektronischer Post. Glücklicherweise ist das Senden und Empfangen von E-Mails einfacher als deren Konfiguration. Wenn Sie also bereit sind, jemandem eine E-Mail zu schicken (z. B. an den Chef von Microsoft, Adresse: `billgates@microsoft.com`), dann erfahren Sie jetzt, wie leicht es Ihnen die modernen E-Mail-Programme machen.

Wir werden die grundsätzlichen Bedienschritte rund um die elektronische Post wieder anhand des Programms *Outlook Express* beschreiben und zwischendurch eine kurze Beschreibung für *Netscape*-User einfügen (siehe auch Abschnitt 6.8). Wenn Sie eines dieser beiden Programme durchschaut haben, dann werden Sie auch recht schnell jedes andere Mail-Programm bedienen können.

Starten von *Outlook Express* oder *Netscape Mail*

Falls Sie, wie am Anfang dieses Kapitels beschrieben, noch keinen Link für *Outlook Express* auf Ihrem *Windows*-Desktop eingefügt haben, können Sie den *Express* mit *Windows* auch links unten über das Menü START und die Option PROGRAMME starten. Das E-Mail-Programm von *Netscape* finden Sie ebenso in der Startleiste unter PROGRAMME ◆ NETSCAPE ◆ EMAIL.

Nach dem Klick auf die Schaltfläche NEUE E-MAIL (*Outlook Express*) bzw. NEUE NACHRICHT (*Netscape*) sollte das entsprechende Dialogfeld erscheinen.

Bild 6.32:
Dialogfeld NEUE E-MAIL
(*Outlook Express*)

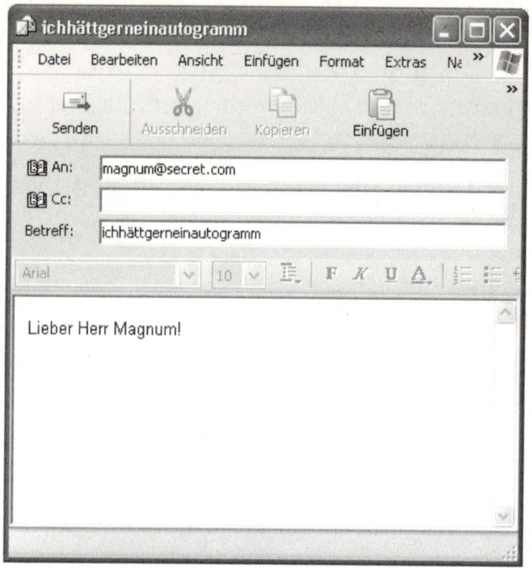

Dieses Dialogfeld besteht aus zwei Teilen, dem Nachrichtenkopf und dem eigentlichen Textbereich. Der Kopf beinhaltet die Eingabezeilen für die Adresse. Um in den Adresszeilen Text einzugeben, klicken Sie einfach die jeweilige Eingabezeile an. Die eigentliche Nachricht geben Sie im unteren Textbereich ein.

E-Mails im HTML-Format

Wenn Sie im Menü Extras ♦ OPTIONEN auf der Registerkarte SENDEN unter FORMAT FÜR NACHRICHT SENDEN als Ihr SENDEN-Format HTML ausgewählt haben, erscheint im Mail-Fenster oberhalb des Textbereichs eine zusätzliche Symbolleiste mit Extrafunktionen. Sobald Sie mit dem Cursor in den Textbereich klicken, stehen Ihnen diese Funktionen zur Verfügung. Der Nachteil des HTML-Formats ist jedoch, dass es leider noch Browser gibt, die nicht in der Lage sind, dieses Format zu unterstützen. Verwenden Sie das HTML-Format deshalb nur, wenn der Empfänger es lesen kann.

In *Netscape Mail* können Sie Optionen für HTML-Nachrichten im Menü BEARBEITEN unter EINSTELLUNGEN ♦ EMAIL & DISKUSSIONSFOREN ♦ SENDEFORMAT einstellen.

Wenn Sie im Feld An mehrere Adressen eingeben möchten, müssen Sie diese entweder mit einem Semikolon trennen oder nach jeder Adresse auf die ↵-Taste drücken (diesmal ausnahmsweise nicht per Maus, sondern per Hand! ☺). Cc ist übrigens die Abkürzung für „Carbon Copy“ und bedeutet in etwa Durchschlagskopie. Hier können Sie noch weitere Empfänger mit einer Kopie Ihrer Post beglücken.

Falls Sie eine häufig benutzte Adresse eingeben möchten, können Sie das Adressbuch benutzen. Klicken Sie hierzu auf das jeweilige Icon links neben den Adresszeilen. Im angezeigten Dialogfeld Empfänger auswählen können Sie im Adressbuch eingetragene Empfänger auswählen. Das Empfängerfeld Bcc steht übrigens für „Blind Carbon Copy“ und bedeutet, dass der hier eingetragene Kopieempfänger für andere Kopieempfänger (z. B. bei einer Gruppen- oder Rundmail an mehrere Personen) unsichtbar bleibt.

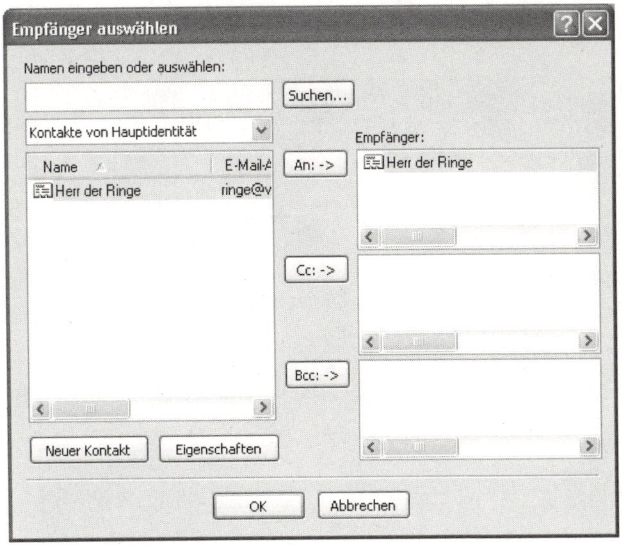

Bild 6.33: Dialogfeld Empfänger auswählen (*Outlook Express*)

In *Netscape Mail* klicken Sie auf das Feld An links neben der Empfängeradresse und schon können Sie anschließend zwischen An, CC und anderen Adressierungsmethoden wählen.

Bild 6.34:
E-Mail-Textbereich mit
Menüleiste in *Netscape*

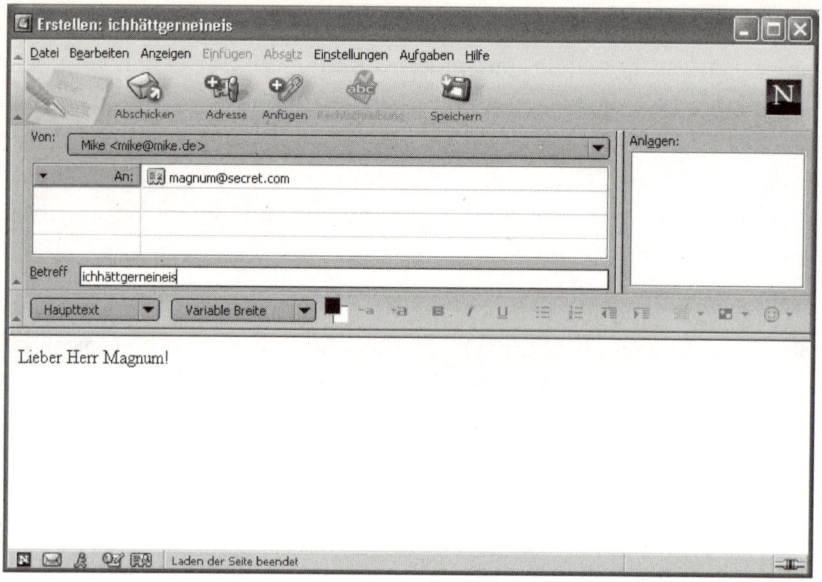

Bild 6.35:
ADRESSEN AUSWÄHLEN
(*Netscape*)

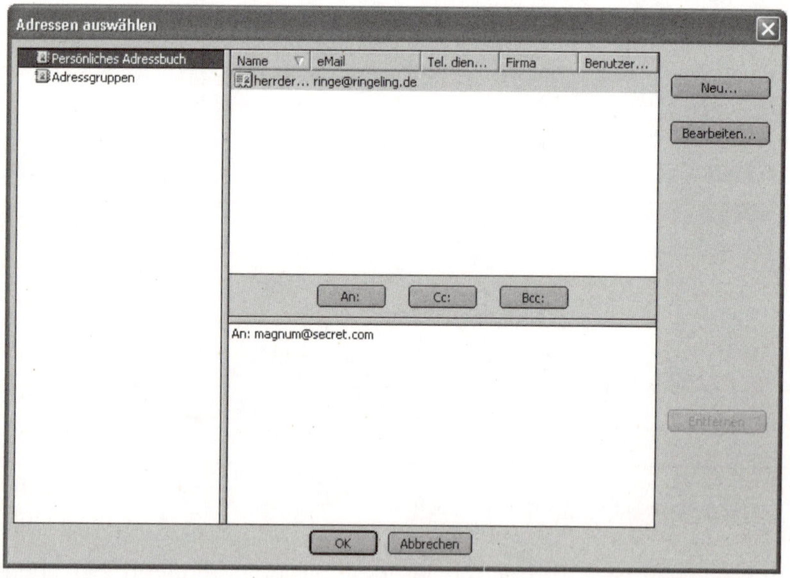

Adressbuch öffnen

Sie können das Adressbuch auch im Hauptmenü des *Outlook Express* über das Menü Extras ♦ Adressbuch öffnen. In *Netscape Mail* befindet sich der entsprechende Eintrag im Menü Aufgaben unter Adressbuch. In beiden Adressbüchern können Sie jederzeit neue Adressen hinzufügen, auch wenn Sie keine E-Mail schreiben und verschicken.

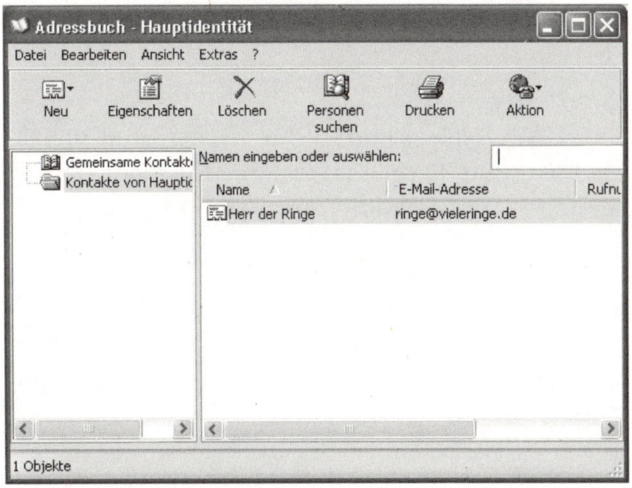

Bild 6.36: Adressbuch im *Outlook Express*

Um eine neue Adressgruppe (z. B. für einen Rundbrief) zu erstellen, klicken Sie im angezeigten Fenster Adressbuch auf die Schaltfläche Neu und Neue Gruppe.

Durch Doppelklicken auf eine vorhandene Adresse (in unserem Fall ist es der „Herr der Ringe“) erzeugen Sie das Dialogfeld Eigenschaften.

Bild 6.37: Eigenschaften des Herrn der Ringe (*Outlook Express*)

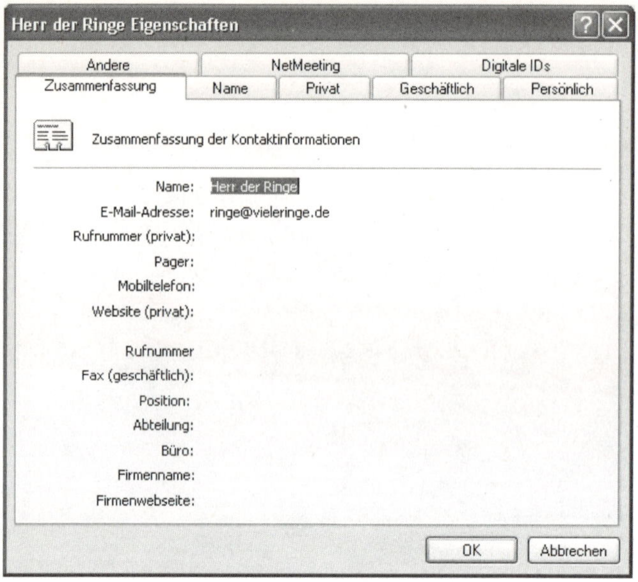

Hier können Sie einzelne Registerkarten durchgehen und die Eigenschaften nach Lust und Laune verändern. Sie können beispielsweise für eine Person mehrere Adressen anlegen (Privat, Firma etc.).

Das Adressbuch in *Netscape Mail* verwendet Visitenkarten zum Speichern von Adressen; mit NEUE KARTE können Sie neue Adressen eintragen, ein Klick auf EIGENSCHAFTEN zeigt Ihnen die Eigenschaften der jeweiligen Adresse.

Wenn Sie sich im *Outlook Express* und dort im Fenster NEUE E-MAIL befinden, klicken Sie auf eines der Icons neben den Adresszeilen im E-Mail-Kopf. Jetzt erscheint das Dialogfeld EMPFÄNGER AUSWÄHLEN, das wir bereits kennen gelernt haben.

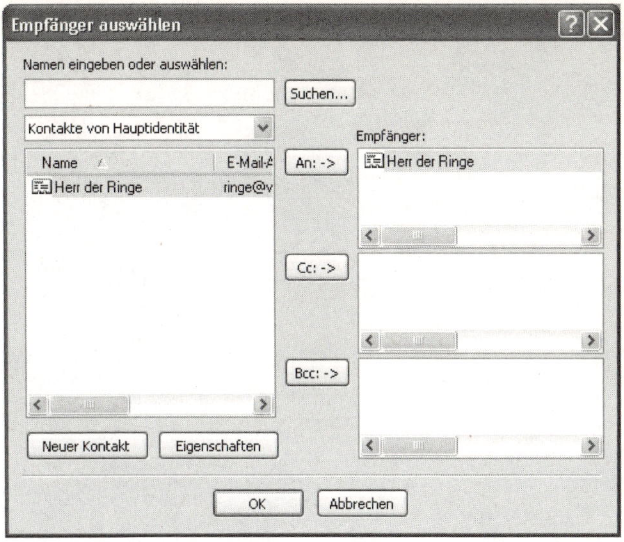

Bild 6.38: Dialogfeld EMPFÄNGER AUSWAHLEN

Wenn Sie jetzt auf AN, CC oder BCC klicken, kopieren Sie die angezeigte Adresse in die entsprechende Eingabezeile Ihrer E-Mail.

Durch Klicken auf NEUER KONTAKT oder EIGENSCHAFTEN erscheinen Dialogfelder, in denen Sie ihre vorhandenen Adressen bearbeiten und die Eigenschaften von neuen Kontakten festlegen können.

Das Konvertierungsprogramm in *Outlook Express* unterstützt zum Import und Export von Nachrichten und Adressdateien zahlreiche Dateiformate. Um beispielsweise ein Adressbuch zu importieren, klicken Sie nacheinander auf das Menü DATEI ♦ IMPORTIEREN ♦ ANDERES ADRESSBUCH.

Bild 6.39: ANDERES ADRESSBUCH importieren

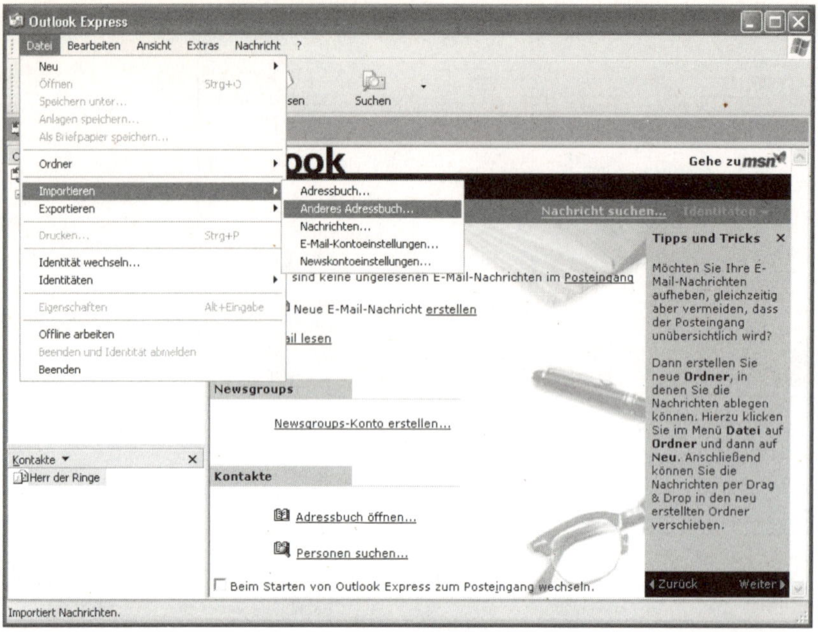

Jetzt erscheint ein Dialogfeld, in dem Sie zwischen verschiedenen Adressbuchformaten wählen können.

Bild 6.40: Importprogramm für das Adressbuch

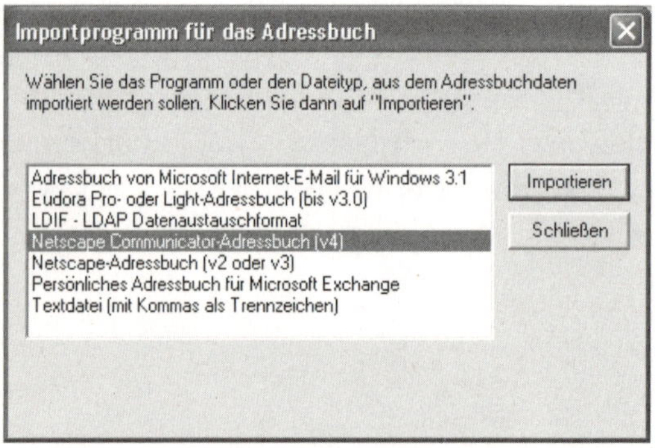

Das Importprogramm ermöglicht es Ihnen, Adressen aus *Netscape* und anderen Programmen zu importieren. Wenn Sie ein Adressbuch ausgewählt haben, erscheint ein weiteres Dialogfeld, in dem Sie nach Zusatzinformationen gefragt werden. Eventuell müssen Sie erst die entsprechenden Daten auf Ihrer Festplatte auswählen. Achtung: Dieses Dialogfeld variiert entsprechend des Adressbuchs, das Sie zuvor ausgewählt haben!

Das Exportieren von Dateien funktioniert auf die gleiche Weise. Wenn Sie im Menü Datei Exportieren die Option Adressbuch wählen, werden zwei Möglichkeiten angezeigt: Persönliches Adressbuch für MS-Exchange oder Textdatei. Falls Sie z. B. ein Adressbuch nach *Excel* oder *Access* (*MS-Office*-Programme) exportieren wollen, sollten Sie Textdatei wählen. Danach erscheinen weitere Dialogfelder, die Sie am besten Schritt für Schritt befolgen, um die gewünschte Exportdatei zu erstellen.

Auch *Netscape* bietet Import-Export-Funktionen an. Importieren können Sie dort im Menü Datei unter Importieren; Exportieren können Sie, wenn Sie zunächst das Adressbuch aufrufen, und anschließend im Menü Datei ♦ Exportieren wählen.

Zurück zum eigentlichen E-Mail-Fenster Neue E-Mail. Schreiben Sie dort im Feld Betreff, um was es sich bei Ihrer Nachricht handelt.

Absender und Betreff sind entscheidend

Achten Sie darauf, im Feld Betreff kurz und prägnant den Inhalt und eventuell die Dringlichkeit Ihrer E-Mail zu beschreiben. Der Absender und Betreff sind die ersten Informationen über eine E-Mail, die im Postfach des Empfängers angezeigt werden. Internetteilnehmer, die sehr viele E-Mails bekommen, entscheiden anhand dieser Information, wann und ob es sich lohnt, die E-Mail zu öffnen.

Wechseln Sie jetzt mittels Mausklick vom Briefkopf in den Textbereich und lassen Sie Ihrer Kreativität beim Schreiben einer Nachricht freien Lauf. Stellen Sie sich beispielsweise vor, Sie hätten soeben die 117. Folge von „Magnum" (nicht das Eis, sondern die Krimiserie) im Fernsehen gesehen. Vielleicht gibt es ja etwas, was Sie Thomas Magnum schon immer mal fragen wollten?

Falls Sie seit 10 Jahren Mitglied im Magnum-Fanklub sind und einen bereits vorhandenen Magnum-Text, eine Anlage oder Grafik in

Ihre E-Mail einfügen wollen, klicken Sie einfach in der Menüleiste auf EINFÜGEN und anschließend auf DATEIANLAGE.

Bild 6.41: Dialogfeld ANLAGE EINFÜGEN (*Outlook Express*)

Netscape-User fügen die Anlage im Menü DATEI unter DATEI ANFÜGEN oder mit der Schaltfläche ANFÜGEN an.

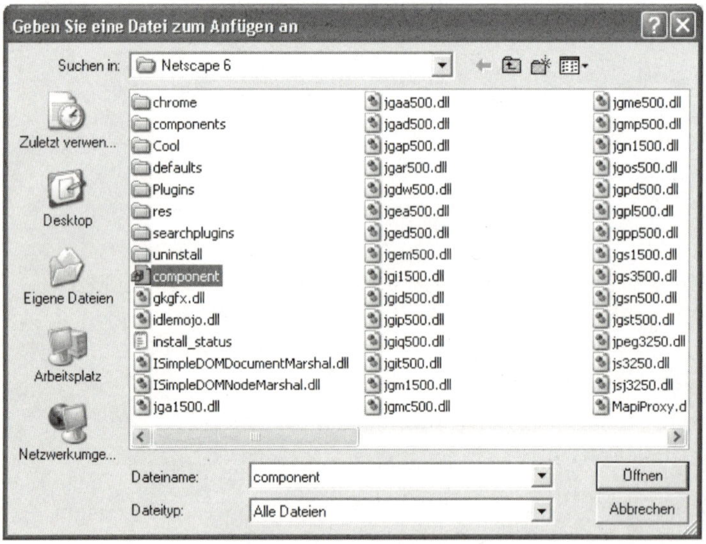

Bild 6.42: DATEI ANFÜGEN (*Netscape*)

Anlage einfügen

Zum Einfügen einer Anlage (dies kann übrigens eine Text- oder Grafikdatei sein) können Sie auch in *Outlook Express* in der Symbolleiste die vorinstallierte Schaltfläche mit der Klammer anklicken. Wenn Sie sich mit der Maus auf dieser Klammer befinden, erzeugen manche *Outlook Express*-Versionen den verwirrenden Hinweis DATEI EINFÜGEN. Gemeint ist jedoch eine „Anlage" einzufügen.

Um speziell ein Bild einzufügen, wird unter Menü EINFÜGEN ➧ BILD (*Outlook Express*) folgendes Dialogfeld angezeigt:

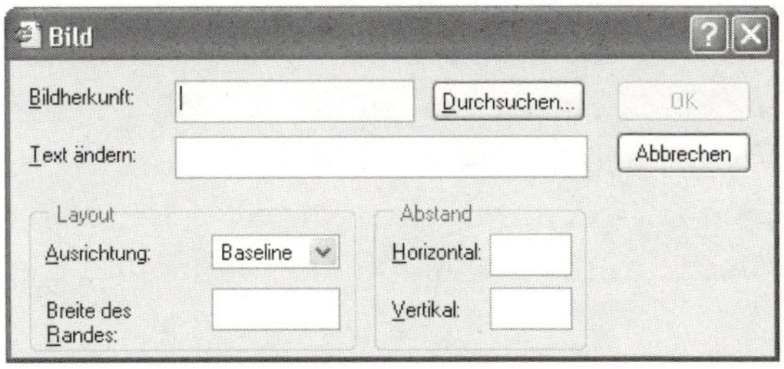

Bild 6.43: Dialogfeld zum Einfügen eines Bildes (*Outlook Express*)

Sie werden sich jetzt vielleicht fragen: Warum gibt es eigentlich verschiedene Varianten für ein und dieselbe Sache (um eine Datei einzufügen)? Nun, ganz identisch ist das Resultat nicht. Wenn Sie eine Anlage einfügen, dann wird der eigentliche Inhalt dieser Datei zwar mitgeschickt, aber nicht in der E-Mail angezeigt. Ein Beispiel: Wenn Sie das Foto Ihrer Schwiegermutter einmal als Anlage und einmal als Bild einfügen – was wird passieren? Fügen Sie das Bild als Anlage ein, erscheint anschließend ein Icon, das Ihnen das Einfügen der Datei signalisiert – das eigentliche Bild wird allerdings nicht angezeigt! Wählen Sie dagegen BILD EINFÜGEN, so erscheint das Konterfei Ihrer Schwiegermutter sichtbar in Ihrer E-Mail (dies kann je nach persönlicher Situation und Stimmung ein Vor- oder Nachteil sein ☺).

In jedem Fall klicken Sie nach der Auswahl einer Anlage auf ÖFFNEN. *Outlook Express* wird danach in Ihrer E-Mail über dem Textbereich stellvertretend für die jeweilige Einfügung ein Icon-Symbol und den jeweiligen Dateinamen im Feld EINFÜGEN platzieren. In der abgebildeten E-Mail wurde beispielsweise eine Bilddatei im *.tif*-Format als Anlage angefügt.

Bild 6.44: Bilddatei in E-Mail eingefügt

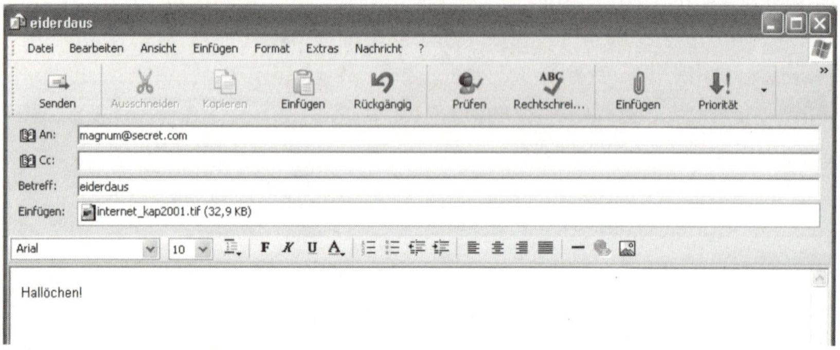

Sie können genauso gut auch Hyperlinks in die Nachricht einfügen. Wenn Sie zum Beispiel einem Freund mitteilen wollen, dass er sich unbedingt eine bestimmte Webseite anschauen soll, können Sie es der betreffenden Person durch einen direkten Hyperlink zur entsprechenden Webseite in Ihrer E-Mail erleichtern. Und das geht so:

☑ Wählen Sie die Webseite aus, die Sie als Hyperlink einfügen möchten.

☑ Klicken Sie auf EINFÜGEN und HYPERLINK (*Outlook Express*) bzw. auf EINFÜGEN und VERKNÜPFUNG (*Netscape*).

☑ Wählen Sie im angezeigten Dialogfeld das gewünschte Übertragungsprotokoll für den Link aus (für einen WWW-Link beispielsweise HTTP://). In *Netscape* geben Sie die Adresse unter VERKNÜPFUNG ein.

☑ Geben Sie die komplette URL-Adresse ein.

☑ Klicken Sie auf OK (der Link wird jetzt unterstrichen angezeigt und wechselt die Farbe).

Hyperlinks noch schneller einfügen

Geben Sie einfach die Webadresse Ihres Hyperlinks in den Textbereich Ihrer E-Mail ein. Anschließend drücken Sie die Leertaste und der *Outlook Express* verwandelt die Adresse in einen unterstrichenen Hyperlink. In der Regel braucht der Empfänger nur diesen Link anzuklicken und schon wird die entsprechende Webseite geladen. Falls das E-Mail-Programm des Empfängers keine Hyperlinks in E-Mails starten kann, braucht er den angezeigten Link nur zu kopieren und in die Adresszeile seines Browsers einzufügen.

Zurück zu Magnum und der 117. Folge.

Haben Sie sich inzwischen eine Nachricht oder eine Frage für Thomas Magnum überlegt? Claudia würde beispielsweise gerne wissen, ob der Hula-Hoop-Reifen aus Hawaii kommt (was für eine Frage ☺). Tobias interessiert sich eher für T.C. und seinen Hubschrauber. Er will unter anderem wissen, wo man gebrauchte Hubschrauber kaufen kann ☺. Ich werde ganz einfach einen schönen Gruß an Magnum ausrichten lassen.

6.5 E-Mails: Wie man sie sendet, empfängt und liest

Nachdem Sie im vorhergehenden Abschnitt erfahren haben, wie man E-Mails schreibt, kommen wir jetzt zum Übertragen der Nachrichten bzw. dem Senden, Empfangen und Lesen von E-Mails.

Spartipp für Nachrichtenleser

Lassen Sie es nicht zur Gewohnheit werden, E-Mails online zu bearbeiten, da es Sie auf Dauer teuer zu stehen kommt. Laden und speichern Sie die ausgewählten Nachrichten online auf Ihrem PC und wählen Sie anschließend den Offline-Modus, um die Nachrichten zu bearbeiten. Wenn Sie mit einem Provider wie zum Beispiel T-Online ins Internet gehen, müssen sie hierzu im T-Online-Menü die Schaltfläche VERBINDUNG TRENNEN anklicken, ansonsten genügt es, im Browser im Menü DATEI ♦ OFFLINE-BETRIEB die Verbindung zu unterbrechen. Nach dem Abrufen von E-Mails und dem Beenden der Verbindung befinden sich die Nachrichten im News-Cache (Arbeitsspeicher) Ihres PCs. Diese News können Sie dann in aller Ruhe im Posteingangsordner lesen und bearbeiten. Dabei hilft Ihnen vielleicht auch die Markierungsfunktion im Menü BEARBEITEN. Beim Senden einer E-Mail hilft Ihnen die Tatsache, dass sowohl *Outlook Express* als auch *Netscape Mail* gesendete Nachrichten zunächst in den Postausgangsordner verschieben, damit Sie später mehrere Nachrichten auf einmal online verschicken und vorher in aller Ruhe offline bleiben können.

Wenn Sie mit Ihrem Brief an Magnum fertig sind, klicken Sie einfach auf die Schaltfläche SENDEN. Danach erscheint eine Anzeige mit dem Hinweis, dass die Nachricht in den Postausgang verschoben wurde und erst dann gesendet wird, wenn Sie NACHRICHT ÜBERMITTELN anklicken.

Diese Standardanzeige können Sie durch Anklicken des unteren Kästchens für zukünftiges Senden von E-Mails deaktivieren.

Hyperlinks und E-Mail

Wenn Sie sich nicht in Ihrem E-Mail-Programm befinden, können Sie auch direkt über Ihren Internet-Browser eine Mail verschicken. Hierzu klicken Sie entweder auf einen angezeigten Mail-Link oder auf die Browser-Schaltfläche Mail. Nun startet Ihr E-Mail-Programm automatisch. Nachdem Sie Ihre Nachricht geschrieben haben, klicken Sie auf die Schaltfläche Senden.

Wenn Sie im Menü Extras die Funktion Senden und Empfangen anklicken, baut der *Outlook Express* eine Internetverbindung auf und loggt sich in den so genannten SMTP-Server Ihres Providers ein, um wartende E-Mails im Postausgang zu senden. Anschließend loggt er sich in den POP3- oder IMAP-Server ein, um dort eingetroffene E-Mails zu empfangen. Sie können die gleiche Funktion auch durch Anklicken der Schaltfläche Senden/Empfangen erreichen.

In *Netscape Mail* verwenden Sie zum Senden und Empfangen die Schaltfläche Nachricht abrufen. Auch hier wird anschließend eine Online-Verbindung aufgebaut, oder anders ausgedrückt: „Es wird getan, was getan werden muss", um einen echten Western-Klassiker zu zitieren ☺.

Nachrichten senden nicht vergessen

Achten Sie darauf, von Zeit zu Zeit Ihre geschriebenen E-Mails auch wirklich mittels Senden und Empfangen zu verschicken. Um E-Mails ohne Verschiebung in den Postausgang sofort zu senden, wählen Sie im Menü Extras in den Optionen auf der Registerkarte Senden die Funktion Nachrichten sofort senden. Vergessen Sie auch nicht, eingegangene E-Mails rechtzeitig zu empfangen, ansonsten verrosten sie in der „Empfangshalle" Ihres Providers, und Sie verpassen womöglich wichtige Informationen. Im Server eingetroffene Mails werden nach einer bestimmten Zeit automatisch gelöscht, fragen Sie diesbezüglich am besten bei Ihrem Provider nach! Genauso wie Sie morgens oder abends in Ihren normalen Briefkasten sehen, sollten Sie auch jeden Tag (zumindest regelmäßig) Ihren elektronischen Briefkasten leeren.

Eine neu empfangene E-Mail wird von den E-Mail-Programmen in der Regel mit einem Signalton angekündigt (falls Sie es in den Optionen auf der Registerkarte Allgemein eingestellt haben).

In *Netscape Mail* finden Sie diese Option unter Bearbeiten ♦ Einstellungen ♦ eMail & Diskussionsforen.

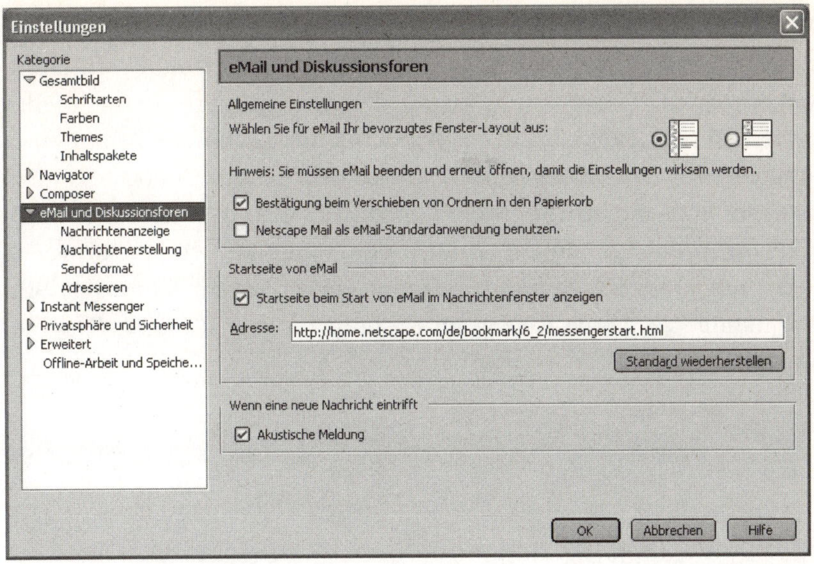

Bild 6.45: Einstellung des Signaltons in *Netscape*

Im *Outlook Express* „piept's", wenn Sie in den OPTIONEN auf der Registerkarte ALLGEMEIN im Feld NACHRICHTEN SENDEN/EMPFANGEN die Option SOUND BEI NACHRICHTENEINGANG ABSPIELEN aktivieren.

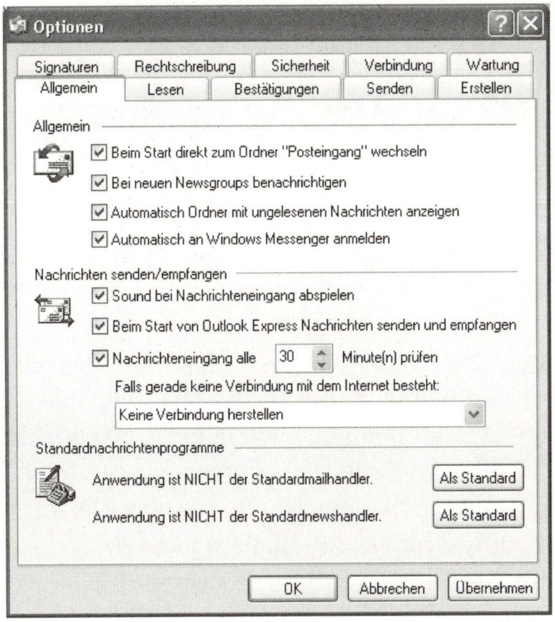

Bild 6.46: Einstellung des Signaltons im *Outlook Express*

Wenn Sie online gehen, Ihre Post überprüfen und *Outlook Express* neue Nachrichten auf dem Server findet, erscheint als Bestätigung ein kleines E-Mail-Symbol neben der Anzeige der Uhrzeit rechts unten in der Taskleiste von *Windows*. Der Empfang von neuen ungelesenen(!) E-Mails wird Ihnen außerdem im *Outlook Express* als Klammer mit Angabe der Nachrichtenanzahl hinter dem Posteingangsordner mitgeteilt. Ungelesene Mails sind zudem im rechten Mailfenster fett markiert. Das folgende Bildschirmfoto zeigt die vorinstallierte Werbe-E-Mail im Posteingang vom *Outlook Express*, die beim ersten Start erscheint.

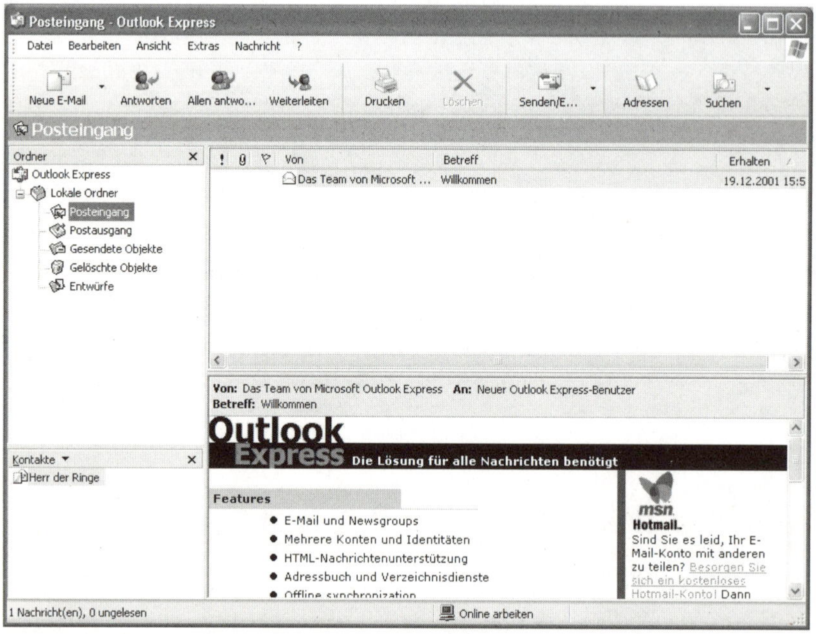

Bild 6.47: Posteingang im *Outlook Express*

Outlook Express informiert Sie bei eingehenden Mails über Absender und Betreff der Mail; handelt es sich um eine Mail mit Anlage, wird dies durch eine kleine Büroklammer signalisiert. Wenn Sie auf eine eingegangene Mail doppelklicken, können Sie die Nachricht in einem neuen Fenster lesen, ansonsten können Sie auch das Hauptfenster rechts unten verwenden (siehe Bild 6.47).

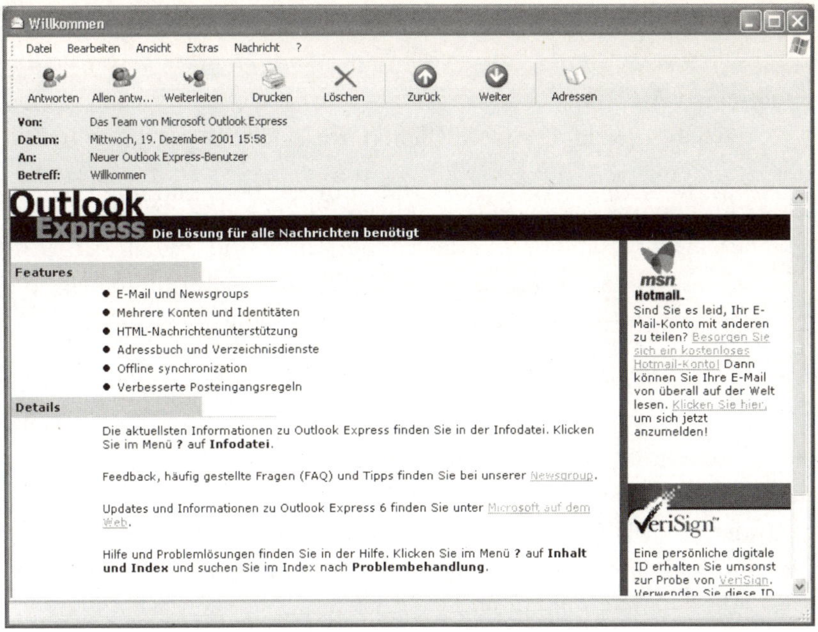

Bild 6.48: Nachricht per Doppelklick in neuem Fenster lesen

In *Netscape Mail* verhält es sich genauso, auch hier werden neue Nachrichten fett markiert und rechts unten im Hauptfenster oder mit einem Doppelklick in einem neuen Fenster gelesen.

E-Mails sortieren

Beim Empfangen vieler E-Mails macht es eventuell Sinn, die bereits erwähnte Möglichkeit der Sortierung eingehender Nachrichten mittels Nachrichtenregeln zu nutzen (siehe Abschnitt 6.3).

Im abgebildeten neuen Mail-Fenster WILLKOMMEN können Sie aus einer Fülle von Funktionen und Optionen auswählen. Zum Beispiel:

- Nachricht LÖSCHEN durch Klicken auf die gleichnamige Schaltfläche.

- Allen (inklusive Copy-Empfängern) oder nur dem eigentlichen Absender Antworten oder Nachrichten an einen weiteren Empfänger Weiterleiten.
- Nachricht drucken mittels Klicken auf Drucken.

Auch in *Netscape Mail* sind diese Funktionen enthalten sowie selbsterklärend und mit den entsprechenden Schaltflächen versehen.

Alle weiteren Funktionen sollten Sie ruhig selber ausprobieren.

Falls Sie dem Verfasser einer Nachricht antworten möchten oder allen Verfassern einer Nachricht (z. B. während einer Diskussion, siehe Abschnitt 6.7) oder die Nachricht eventuell weiterleiten möchten, öffnen *Outlook Express* und *Netscape Mail* beim Anklicken der jeweiligen Symbole in der Symbolleiste ein neues Fenster (Re von engl. „Return" = Zurück oder Retour), mit der Originaladresse und dem Originaltext. Hier können Sie Adresse und Text beliebig verändern und Ihren „eigenen Senf dazugeben" ☺. Beim Weiterleiten von E-Mails können Sie sich auf diese Weise problemlos auf Textpassagen der Originalnachricht beziehen und diese in Ihre Antwort einfügen.

Auf Originaltext verzichten

Wenn Sie in Ihren Mails Originaltexte nicht als Zitate in Ihren Antworten übernehmen möchten, können Sie diese Funktion im *Outlook Express* einfach im Menü Extras in den Optionen auf der Registerkarte Senden unter Originalnachricht in Antwort einbeziehen deaktivieren. In *Netscape* können Sie es im Menü Bearbeiten unter Einstellungen ♦ eMail & Diskussionsforen ♦ Nachrichtenerstellung deaktivieren.

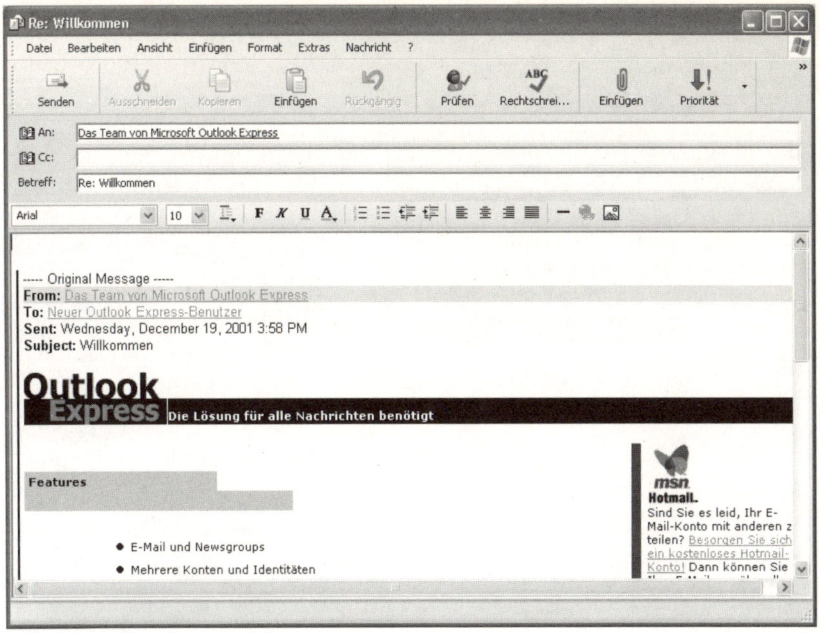

Bild 6.49: RE: WILLKOMMEN (*Outlook Express*)

Nach dem Verändern der Original-E-Mail klicken Sie einfach wie gehabt auf SENDEN. Je nach Konfiguration senden Sie mit *Outlook Express* und *Netscape Mail* die Nachricht sofort oder verschieben sie standardmäßig zunächst in den Postausgang.

Eines Tages suchen Sie vielleicht eine bestimmte E-Mail oder eine bestimmte Information in den vorhandenen und gespeicherten E-Mails. Hierzu öffnen Sie im *Outlook Express* das Hauptmenü und klicken im Menü BEARBEITEN auf SUCHEN ♦ NACHRICHT.

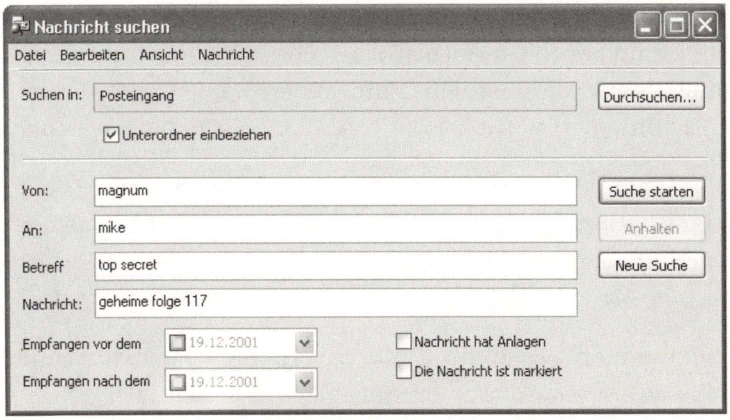

Bild 6.50: Dialogfeld NACHRICHT SUCHEN (*Outlook Express*)

Netscape Mail sucht für Sie im Menü SUCHEN und EMAIL/NEWS DURCHSUCHEN.

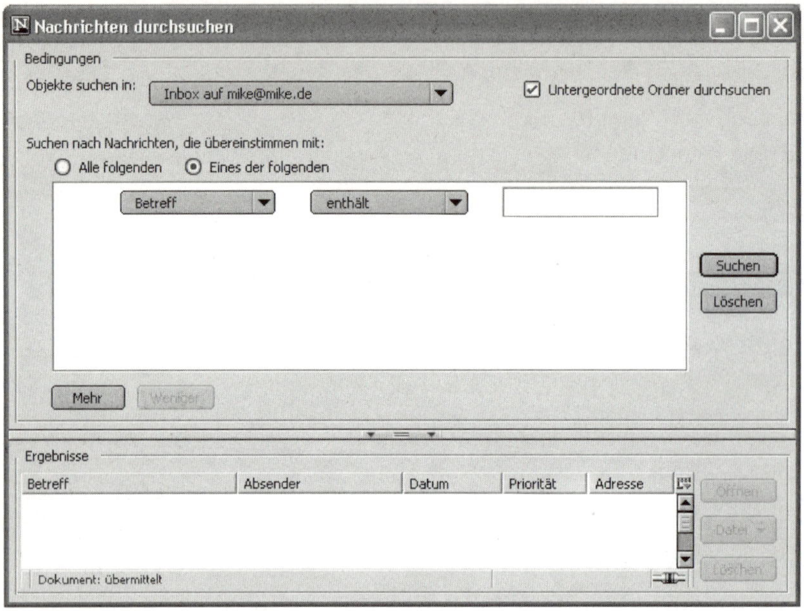

Bild 6.51: NACHRICHTEN DURCHSUCHEN mit *Netscape*

Mit einem Klick auf die Schaltfläche MEHR können Sie noch weitere Kriterien für die Suche eingeben.

6.6 Newsgroups im Usenet

Eine alte Regel aus der medialen Welt der Nachrichten lautet: Wenn ein Hund einen Mann beißt, ist das alltäglich und nichts Besonderes. Wenn dagegen ein Mann einen Hund beißt, ist das eine Top-Nachricht.

Um solche ☺ und andere Nachrichten aus dem so genannten Usenet (die größte Sammlung von Newsgroups bzw. Diskussionsforen im Internet) zu beziehen, benötigen Sie ebenfalls *Outlook Express* oder *Netscape Mail*.

Im Grunde kennen Sie (wenn Sie den vorhergehenden Abschnitt gelesen haben) bereits alle notwendigen Funktionen. Bei den genannten Newsgroups handelt es sich eigentlich auch nur um einen großen öffentlichen Briefkasten bzw. eine Pinnwand mit vielen Zetteln zum Angucken. Sie können quasi Kommentare zu einzelnen Zetteln abgeben, Zettel auf Ihre Festplatte speichern oder auch neue Zettel an die Pinnwand hängen. Ein übliches Handicap bei der Nutzung von normalen Pinnwänden ist das notorische Fehlen von Befestigungsmitteln (Pins oder Kleber) und die Unübersichtlichkeit, etwa wenn man an einer großen Pinnwand eine Nachricht sucht, die man vor drei Wochen schon mal gesehen hat. Während das Befestigungsproblem im Internet relativ elegant gelöst ist (bitte versuchen Sie nicht, echte Pins in Ihren Monitor zu stecken ☺), kann es in manchen Newsgroups doch sehr unübersichtlich zugehen. Also, auf in den Nachrichtendschungel, indem Sie Ihr bevorzugtes Mail-Programm starten.

Im Internet gibt es sowohl E-Mail-Server als auch News-Server. Um die Übersichtlichkeit zu erhöhen, findet man in der Regel auf einem News-Server bestimmte Newsgroups, die sich mit speziellen Fragen befassen. Während Sie in der Newsgroup „Tante Ernas Kochrezepte" vermutlich Kulinarisches finden, bieten Informatik-Newsgroups Fragen und Antworten rund um die Computerwelt. News-Server besitzen eine bestimmte Form der Adresse (z. B. `news.server.uni-frankfurt.de`).

Nun werden wir zunächst ein News-Konto einrichten, um auf einen News-Server zugreifen zu können. Wählen Sie hierzu in *Outlook Express* aus dem Menü EXTRAS den Menüpunkt KONTEN. Klicken Sie anschließend auf die Registerkarte NEWS.

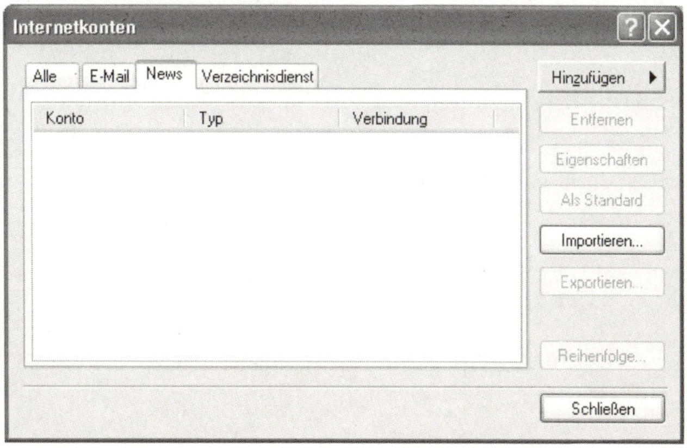

Bild 6.52:
INTERNETKONTEN ♦ NEWS
(*Outlook Express*)

Zu Beginn haben Sie noch keine News-Server eingetragen. Wählen Sie deshalb die Schaltfläche HINZUFÜGEN ♦ NEWS.

Outlook Express startet nun den Assistenten zur Erstellung eines Nachrichtenkontos. Geben Sie in den ersten beiden Dialogfeldern Name und E-Mail-Adresse an und klicken jeweils auf WEITER. Im dritten Dialogfeld werden Sie aufgefordert, einen News-Server einzutragen, z. B. den News-Server Ihres Providers (etwa `news.t-online.de`) oder einer Universität (bspw. `news.uni-frankfurt.de`).

Bild 6.53: NEWSSERVERNAME eintragen

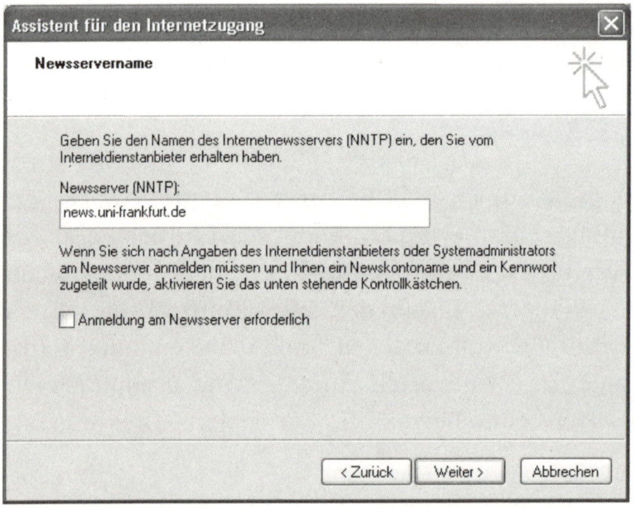

Nach einem Klick auf WEITER wird das entsprechende Konto eingerichtet. Weitere News-Server können Sie über die Suchmaschinen im Internet finden (siehe auch Kapitel 7).

In *Netscape Mail* richten Sie einen neuen News-Server im Menü BEARBEITEN ♦ EMAIL/FOREN-KONTO-EINSTELLUNGEN ♦ NEUES KONTO ♦ NEWSGROUP-KONTO ein und folgen mit WEITER einfach den Anweisungen.

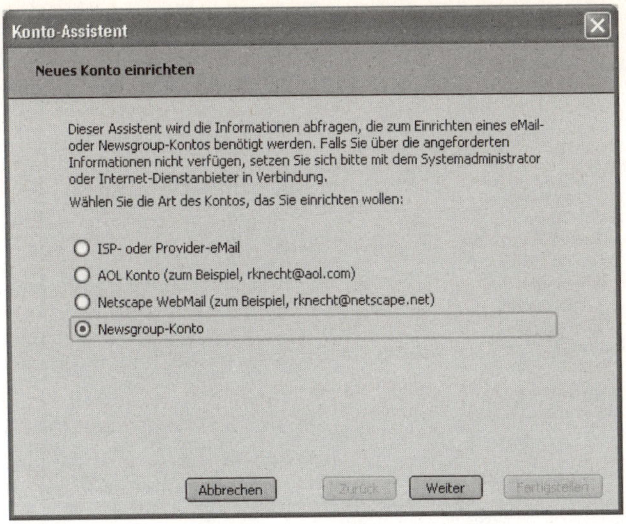

Bild 6.54: Neues Newsgroup-Konto einrichten (*Netscape*)

So, das war der erste Schritt auf dem Weg in die Welt der Newsgroups. Jetzt müssen Sie sich nur noch für eine Newsgroup entscheiden. Nachdem Sie im *Outlook Express* den News-Server eingerichtet haben, erscheint folgendes Dialogfeld.

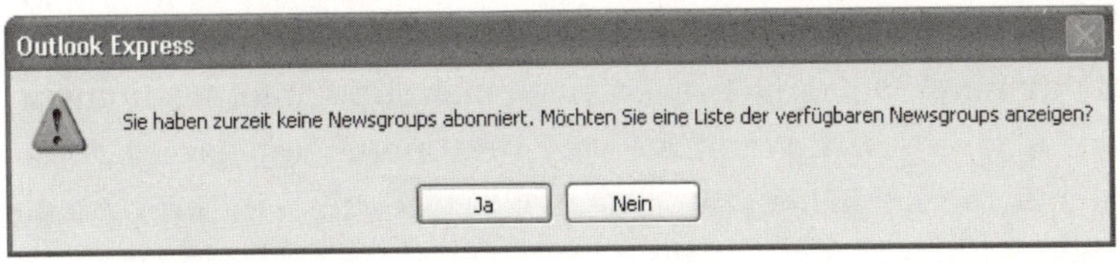

Bild 6.55: Newsgroup-Liste herunterladen

Nach einem Klick auf JA sollte *Outlook Express* eine Verbindung mit dem neuen News-Server aufbauen und beginnen, eine Liste der dort verfügbaren Newsgroups herunterzuladen. Sie erhalten nach dieser Übertragung (die einige Minuten dauern kann) eine entsprechende Liste der Newsgroups angezeigt.

Bild 6.56: Newsgroups des News-Servers der Uni Frankfurt

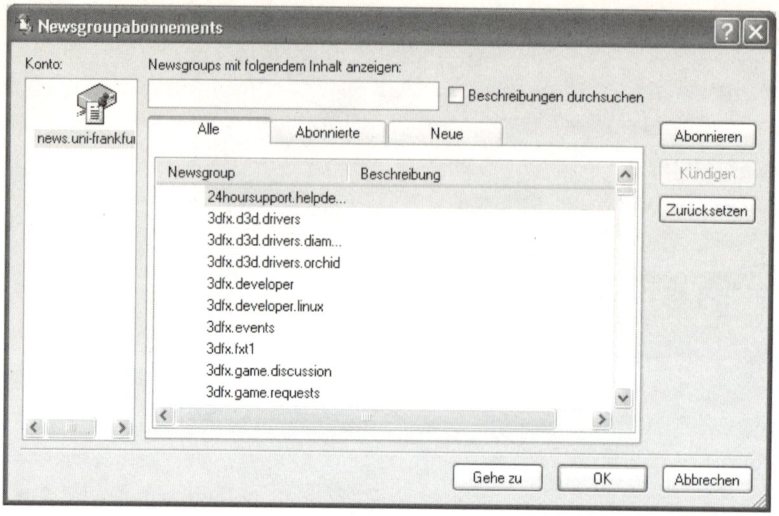

Im linken Teil des Fensters (KONTO) können Sie zwischen allen von Ihnen eingerichteten News-Servern wählen. Im mittleren Teil erscheint eine Liste der Newsgroups Ihres Servers.

Sie können Newsgroups, die Sie besonders interessant finden, auch abonnieren. Keine Sorge, Sie können das Abo jederzeit kündigen und es kostet in der Regel auch nichts. Im oberen Eingabefeld können Sie zunächst nach Newsgroups mit bestimmtem Inhalt suchen lassen. Wenn Sie eine bestimmte Newsgroup abonnieren möchten, klicken Sie auf ABONNIEREN, um sie Ihrer Abonnentenliste hinzuzufügen. Falls Sie ausschließlich Abonnenten angezeigt haben wollen, klicken Sie auf die Registerkarte ABONNIERTE. Durch Doppelklicken auf die jeweiligen Gruppen können Sie die Einstellung ABONNIERT wieder rückgängig machen und umgekehrt. Sie können abonnierte Newsgroups auch durch Klicken auf KÜNDIGEN wieder in den „Normalzustand" zurückversetzen.

Sollten Sie *Netscape Mail* verwenden, klicken Sie einfach im Fenster links oben mit der rechten Maustaste auf den entsprechenden News-Server und wählen ABONNIEREN oder Sie markieren die Newsgroup im linken Fenster und klicken im rechten Fenster auf DISKUSSIONSFOREN ABONNIEREN.

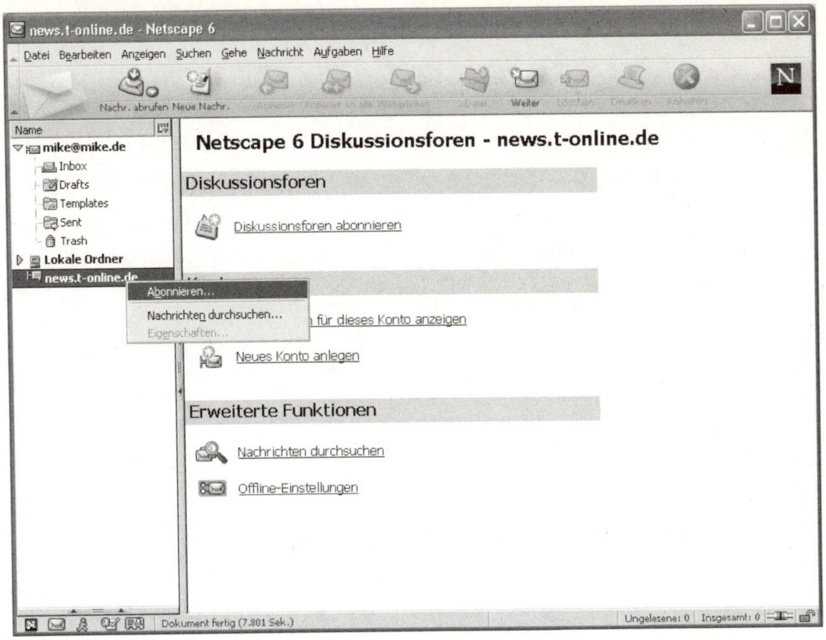

Bild 6.57: Diskussionsforen abonnieren mit *Netscape*

Anschließend verbindet sich *Netscape* mit dem News-Server und lädt eine Liste der Newsgroups herunter. Auch hier können Sie die Newsgroups abonnieren, die Sie besonders interessieren. Die Bedienung entspricht den beschriebenen Schritten im *Outlook Express*.

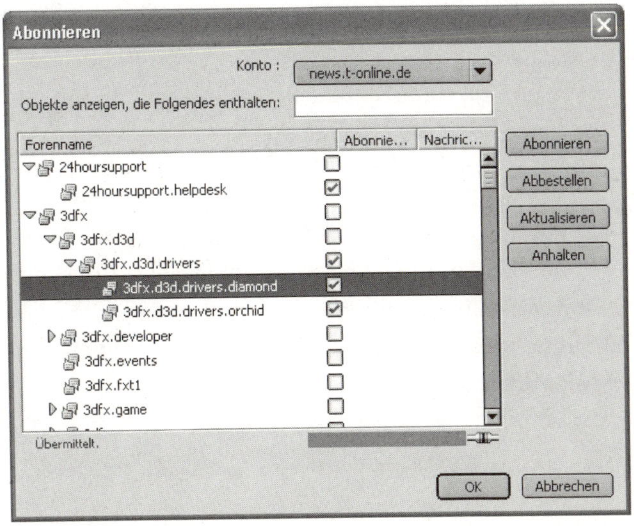

Bild 6.58: Newsgroups abonnieren in *Netscape*

Mit einem Klick auf die kleinen blauen Ordnersymbole können Sie noch weitere Newsgroups einsehen, z. B. alle Newsgroups, die mit *alt* beginnen. Die Namen der Newsgroups beinhalten nämlich Kürzel, anhand derer Sie den Inhalt schneller erkennen können. *Alt* steht beispielsweise für alternative, ungeordnete News, *edu* steht für education (dt. Erziehung) und *comp* steht für Computer. Aus der alphabetisch sortierten Liste der Newsgroups können Sie eine auswählen und im *Outlook Express* per Klicken auf WECHSELN ZU öffnen.

Mit *Netscape Mail* abonnieren Sie zunächst eine Newsgroup und klicken diese anschließend im Hauptfenster links doppelt an, um sie zu öffnen.

Bild 6.59: Newsgroup in *Outlook Express*

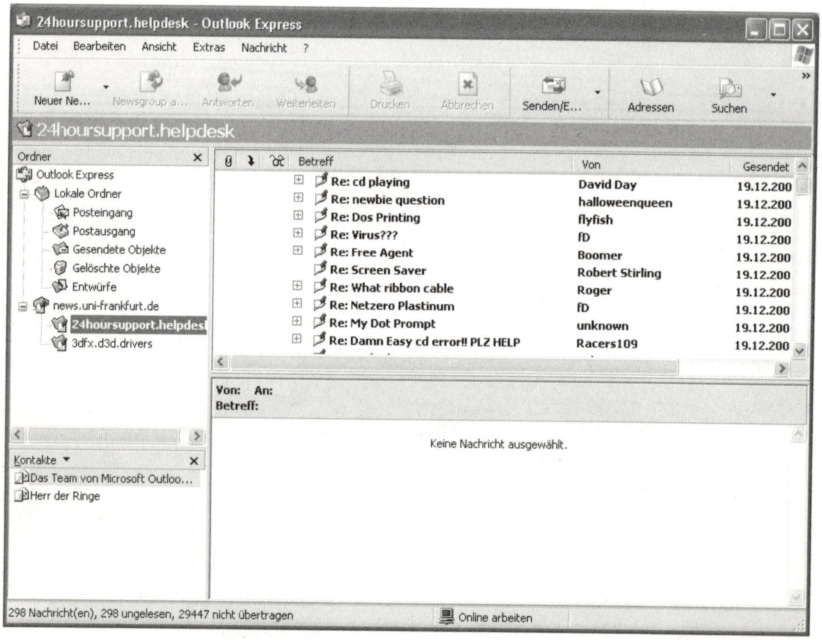

Im obigen News-Fenster können Sie die gleichen Befehle durchführen wie bei E-Mails; zum Beispiel das Weiterleiten von News, das Senden einer Antwort an den Autor usw.

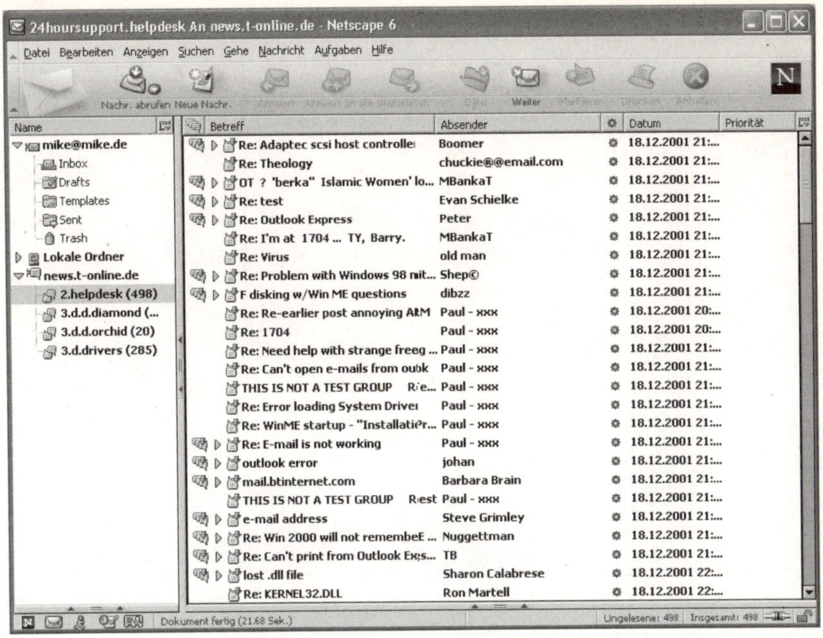

Bild 6.60: Newsgroup in *Netscape*

Mit *Netscape Mail* erhalten Sie die aktuellen Nachrichten einer Newsgroup, indem Sie mit der rechten Maustaste auf die entsprechende Newsgroup klicken und aus dem Kontextmenü den Befehl DISKUSSIONSFOREN ABONNIEREN und AKTUALISIEREN wählen.

Newsfilter

Um eintreffende News zu sortieren, benutzen Sie im Menü EXTRAS die Funktion NACHRICHTENREGELN ♦ NEWS (*Outlook Express*) bzw. im Menü BEARBEITEN die Funktion NACHRICHTENFILTER (*Netscape*). Die Filter werden nun im Wesentlichen genauso eingerichtet, wie die schon bekannten Mail-Filter (siehe Abschnitt 6.3). Dort finden Sie eine detaillierte Beschreibung der Filtereinrichtung.

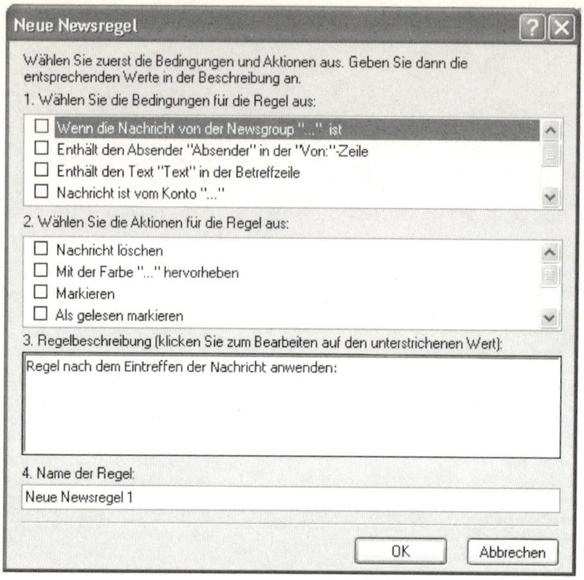

Bild 6.61: Regeln für Newsgroups festlegen (*Outlook Express*)

6.7 Treffpunkt: Newsgroups und Chatrooms

Wie Sie bereits wissen, sind die Newsgroups bzw. Diskussionsforen Bestandteil des so genannten Usenets. Sie werden häufig auch als Chatrooms (chat = Geplauder; room = Raum) bezeichnet. Hier können Sie chatten bzw. an einer Live-Diskussion im Internet teilnehmen. Wenn Sie also jemand sind, der anderen gerne „die Meinung geigt", kribbelt es Ihnen vielleicht schon in den Fingern. Vielleicht fragen Sie sich jetzt, wie das funktionieren soll? Etwa mit dem Telefon und alle gleichzeitig? Nein, aber so ähnlich.

Die Diskussionsforen behandeln in der Regel nur ein Thema, zum Beispiel Fragen zum *Internet Explorer*, Fragen über Zufall und Projektion oder Fragen über Science-Fiction und Agrarwirtschaft. Zu vielen Themen gibt es mehrere Newsgroups. Das liegt daran, dass manche englischsprachig sind, andere dagegen deutsch oder chinesisch. Es hat aber auch damit zu tun, dass Newsgroups aus unterschiedlichen Netzen in das Internet eingespeist werden und so auch den Mitgliedern anderer Netze zur Verfügung stehen. Es ist grundsätzlich egal, woher die Newsgroups im Einzelnen kommen. Hauptsache, Sie haben einen Zugriff auf die Diskussionsforen, halten sich an die jeweiligen Spiel- bzw. Diskussionsregeln und verstehen die jeweilige Sprache. Manchmal gibt es in den Foren einen Diskussionsleiter oder Moderator, kurz „Mod“ genannt. Er hat die Aufgabe, die Regeln festzulegen und auf deren Einhaltung zu achten.

Auf die Netiquette achten

Neben den speziellen Regeln der jeweiligen Newsgroups gibt es noch allgemeine Umgangsregeln, die so genannte „Netiquette“. Letzteres ist eine Wortschöpfung aus Net (dt. Netz) + Etikette und bedeutet in etwa „gutes Benehmen im Netz”.

Die erste Grundregel der Netiquette lautet: Gegenseitige Rücksichtnahme. Vergessen Sie nie, dass Sie sich nicht mit einem Computer unterhalten, sondern mit Menschen. Wichtige, brisante, private Details sollten Sie niemals in einer Newsgroup oder in einem Chatroom verkünden. Sie wissen nie genau, mit wem Sie es tun haben: Viele Teilnehmer in Diskussionsforen sagen nämlich die Unwahrheit, was Ihren Beruf, Alter, Wohnort etc. betrifft, um dadurch anonym zu bleiben.

Die Konversation in einer Newsgroup wird durch weltweit gültige Abkürzungen beschleunigt. „RTFM” beispielsweise ist eine rüde englische Aussage, mit der man unerfahrene Netzteilnehmer, die ständig technische Fragen stellen, darauf hinweist, das Handbuch zu lesen (RTFM = „Read The Fucking Manual”). Wenn jemand Standardfragen stellt, deren Antwort bereits als Zusammenfassung in der Newsgroup vorhanden ist, sagt man ihm „RTF”, das bedeutet „Read The FAQ” (dt. in etwa „Lesen Sie die FAQ”), wobei FAQ für „Frequently Asked Questions” steht (dt. „Häufig gestellte Fragen“). Besorgen Sie sich also immer zuerst die FAQ der jeweiligen Newsgroup. Sie finden sie meistens unter `news.answers`. AFK steht übrigens für „Away from keyboard“ (dt. „bin gerade nicht an der Tastatur"), BAK für „Back at the keyboad“ (dt. „zurück an der Tastatur“) und BTW für „By the way“ (dt. „übrigens“).

Des Weiteren gibt es sehr beliebte Zeichenkürzel, so genannte Emoticons wie z. B. der Standard-Smiley :-) oder ;-) (mit rechtem Augenzwinkern) für alles, was man nicht so ernst nehmen sollte.

Weitere Emoticons sind u. a.:

:-(	Stirnrunzelnd, traurig, ärgerlich
{{{Mike}}}	Umarmung für Mike
:~~(	Weinen
O:)	Engel
}:>	Teufel
***	Küsse
:P	Zunge rausstrecken

An dieser Stelle möchte ich die graue Theorie endlich beenden, getreu dem Motto vom alten Goethe:

„Grau, mein Freund, ist alle Theorie und grün ist des Lebens goldener Baum."

Okay, wir klinken uns jetzt nicht etwa dort ein, „wo noch nie ein Mensch zuvor gewesen ist (Star Trek)", sondern dort, wo ständig welche sind – in den Diskussionsforen, auch Chatrooms genannt:

☑ Wählen Sie eine Newsgroup aus, an der Sie sich beteiligen wollen.

☑ Markieren Sie die Nachricht, die Sie beantworten möchten.

☑ Klicken Sie in der Symbolleiste auf NEWSGROUP ANTWORTEN.

Es erscheint nun ein Editor zum Bearbeiten von Diskussionsbeiträgen. In diesem Fenster wird der komplette Originaltext angezeigt, ergänzt um einige zusätzliche Angaben. Löschen Sie am besten alle unnötigen Angaben und beschränken Sie das Zitat aus dem Originaltext auf die wesentlichen Aussagen.

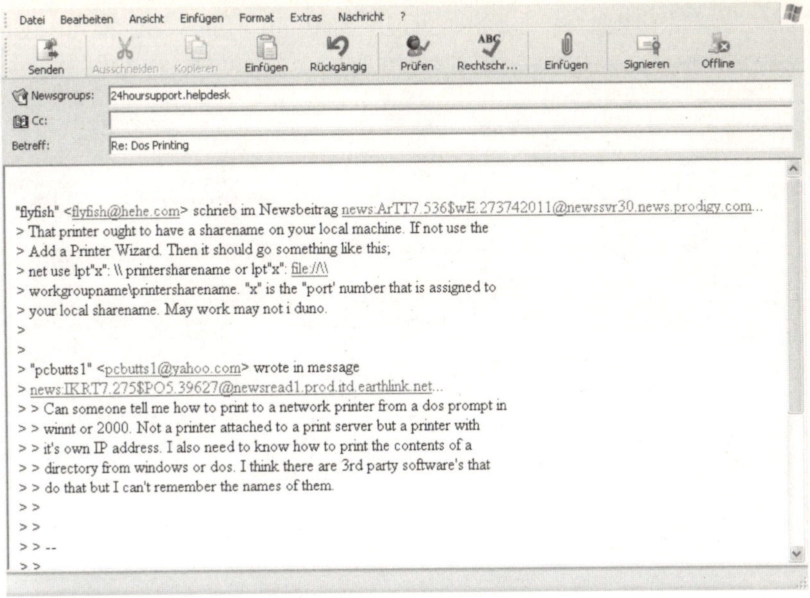

Bild 6.62:
Editor zum Bearbeiten des Originaltextes

☑ Beginnen Sie nun Ihre Antwort mit einer kurzen Begrüßungsformel und dem Namen des Empfängers (in der Regel der Vorname).

☑ Schreiben Sie Ihre Meinung oder Frage und verzichten Sie dabei auf unnötiges Gerede; dies kostet die anderen Teilnehmer längere Ladezeiten und somit Geld. Mit einer Abschlussformel beenden Sie die Antwort.

☑ Klicken Sie jetzt auf das Symbol SENDEN und anschließend auf OK.

Jetzt kann die Nachricht nach kurzer Zeit von „aller Welt", zumindest von den Teilnehmern des ausgewählten Forums gelesen werden.

Schauen Sie sich am besten nochmal die Nachrichtenliste in einer Newsgroup an. Die mit einem „+" gekennzeichneten Nachrichten beinhalten bereits eine oder mehrere Antworten (Re:).

Bild 6.63: Nachrichtenliste

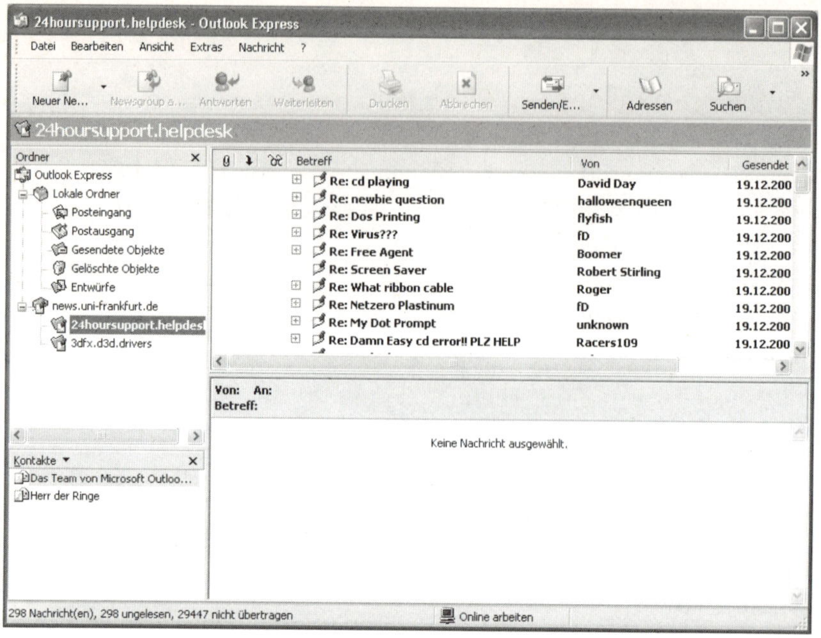

Hier hat sich sozusagen ein Schwerpunktthema gebildet. Zu diesen Antworten kommen immer wieder neue Antworten hinzu, so dass ein Diskussionsfaden entsteht, im Internet-Jargon heißt das „Thread".

Sie können diese Diskussionsfäden bearbeiten, indem Sie beispielsweise den jeweiligen Thread mit der rechten Maustaste anklicken und als gelesen bzw. nicht gelesen markieren, um ihn anschließend in einen Ordner zu übertragen.

Registerkarte LESEN

Im Menü EXTRAS können Sie unter OPTIONEN auf der Registerkarte LESEN unter GRUPPIERTE NACHRICHTEN AUTOMATISCH EINBLENDEN einstellen, ob der Diskussionsfaden automatisch eingeblendet werden soll.

Um an Live-Diskussionen mit anderen Personen in Echtzeit teilzunehmen, können Sie sich im Chatroom von großen Providern wie AOL oder auf diversen Webseiten einklinken. Der Vorteil dieser Direktverbindungen bzw. Online-Chats ist, dass Sie Nachrichten schneller senden und empfangen können, eben in Echtzeit, und Sie können mit mehreren Leuten gleichzeitig in Echtzeit chatten. Die Mitteilungen werden per Tastatur eingegeben; auf dem Bildschirm können Sie lesen, was andere geschrieben haben. Obwohl alle Diskussionsteilnehmer gleichzeitig schreiben können, werden die Beiträge der einzelnen Personen in der Reihenfolge ihres Eintreffens im Chatroom angezeigt. Beispiele für Webseiten, die Online-Chats anbieten sind

```
http://www.aol.de
http://www.swf3.de
http://chatset.web.de
http://de.chat.yahoo.com
```

Klicken Sie dort einfach auf den entsprechenden Link zum Chatroom. In der Regel müssen Sie sich beim Anbieter als Teilnehmer registrieren lassen. Geben Sie einfach Ihre Angaben ein und folgen Sie den Anweisungen. Später brauchen Sie nur noch Ihren Spitznamen und ein Kennwort einzugeben, um jederzeit in den Chatroom zu gelangen.

6.8 E-Mail-Einstellungen in Netscape Mail

Da bin ich wieder. Sie erinnern sich noch an mich? Ich bin Sonja (Mikes Ehefrau) und habe bereits den Abschnitt über den *Netscape Navigator* (Kapitel 2.2.6) verfasst. Nun werde ich nochmal abschließend für alle *Netscape*-User kurz und knapp die wichtigsten Einstellungen des E-Mail-Programms von *Netscape* vorstellen.

Ganz nebenbei bemerkt: Mike scheint seine ablehnende Haltung gegenüber *Netscape Mail* revidiert zu haben. Vor kurzem habe ich beobachtet, wie er heimlich den *Netscape*-Browser gestartet hat.

Er bemühte sich anschließend, mir klar zu machen, dass er sich nur „verklickt" hätte ☺.

Bevor wir Mails senden und empfangen, muss wie immer einiges eingestellt, Optionskästchen geklickt, Fenster verschoben und Daten eingegeben werden. Die Vorgehensweise ähnelt der im *Outlook Express* so sehr, dass Mike im entsprechenden Kapitel über den *Express* nur auf die wichtigsten Unterschiede zu *Netscape Mail* eingegangen ist. Die Einstellungen beider Programme jedoch unterscheiden sich sehr. Starten Sie nun also *Netscape Mail.*

☑ Wählen Sie hierzu aus dem Startmenü unter PROGRAMME den Menüpunkt NETSCAPE und klicken Sie auf EMAIL.

Bild 6.64:
Netscape Mail

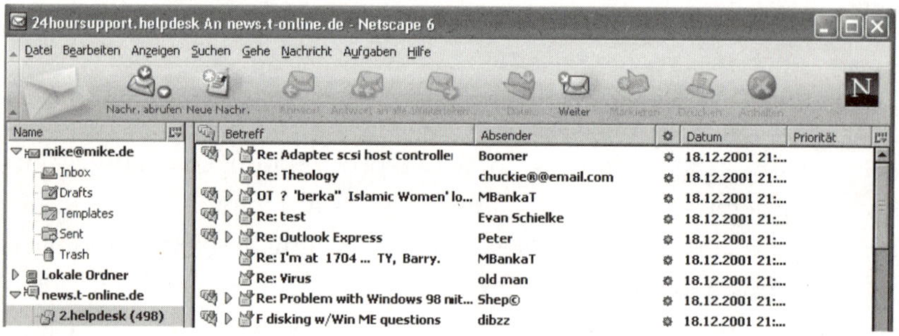

Das Fenster ist wie im *Outlook Express* je nach Konfiguration in zwei oder drei Bereiche unterteilt: Im linken Bereich sehen Sie immer die zur Verfügung stehenden Ordner, den Posteingang, den Postausgang und noch einige andere.

Im POSTEINGANG (bzw. INBOX, je nach Version) befinden sich die eingegangenen E-Mails. Im LOKALEN ORDNER befinden sich im Unterordner POSTAUSGANG (bzw. UNSENT MESSAGES) die von Ihnen verfassten aber noch nicht gesendeten Mails. Der Ordner GESENDETE OBJEKTE (oder SENT) enthält die bereits verschickten Mails. Genau genommen wandert eine von Ihnen erstellte Mail also zunächst in den POSTAUSGANG, dann in den Ordner GESENDETE OBJEKTE und schließlich (wenn Sie die Mail löschen) in den PAPIERKORB (TRASH).

Neue Ordner anlegen

Wenn Sie neue Ordner anlegen wollen, klicken Sie einfach mit der rechten Maustaste auf das jeweilige Konto oder einen vorhandenen Ordner und wählen aus dem Kontextmenü den Befehl NEUER ORDNER. Im Dialogfeld können Sie dann den Namen des neuen Unterordners eingeben und festlegen, in welchem vorhandenen Ordner oder Konto er erscheinen soll.

Im rechten oberen Teil zeigt Ihnen *Netscape Mail* den Inhalt des entsprechenden Ordners. Hier werden die Mails nach Eingang sortiert und mit ihrem Betreff angezeigt.

Im (rechten) unteren Teil wird der Inhalt der markierten Nachricht angezeigt, den Sie per Scrollen lesen können. Wenn Sie einen Doppelklick auf die Mail durchführen, erscheint die Mail in einem neuen Extrafenster.

In der Mitte der Fensterbereiche in *Netscape Mail* befinden sich zwischen den Bereichsfenstern Trennlinien mit Schaltflächen zum Verstellen und Ausblenden der einzelnen Fensterteile, die mit Pfeilen gekenzeichnet sind. Hiermit können Sie beispielsweise die Ordner links oder die voreingestellten Registerkarten links unten ausblenden und so den Platz für die Anzeige von Nachrichtentexten vergrößern.

Bild 6.65: Trennlinie mit Schaltfläche zum Fensterverstellen

Kommen wir nun zu den Einstellungen:

☑ Klicken Sie im Menü BEARBEITEN auf EMAIL/FOREN-KONTO-EINSTELLUNGEN.

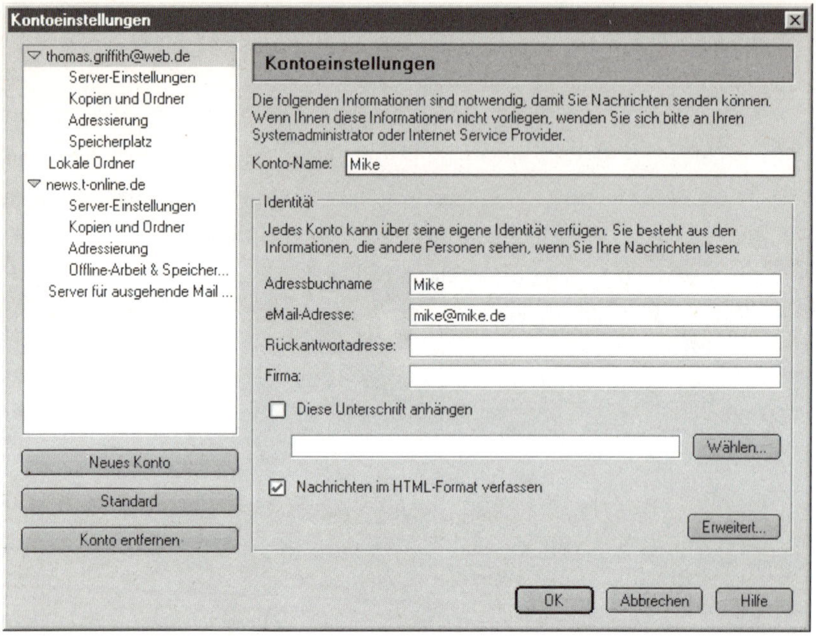

Bild 6.66: eMail/Foren-Konto-Einstellungen

Im Feld KONTO-NAME wird der Name des jeweiligen links markierten Mail- oder News-Kontos angezeigt.

Im Bereich IDENTITÄT wird im Feld ADRESSBUCHNAME der Name angezeigt, der bei Ihren ausgehenden Mails als Absender erscheint. Sie können hier Ihren tatsächlichen Namen oder einen Spitznamen bzw. Decknamen eingeben.

Im Feld EMAIL-ADRESSE geben Sie die von Ihrem Provider zugeteilte E-Mail-Adresse korrekt an. Das ist sehr wichtig, da Sie ansonsten keine Rückantworten auf Ihre Mails erhalten werden.

Im Feld RÜCKANTWORTADRESSE können Sie ein anderes Postfach angeben, das als Antwortpostfach genutzt werden kann. Dies ist jedoch nur möglich, wenn Sie mehr als ein Postfach besitzen (mehrere Mailadressen) und Sie beispielsweise alle Antworten in einem einzigen Postfach sammeln wollen.

Unter FIRMA geben Sie wie gehabt Ihre Firma an (falls Sie gewerblich oder freiberuflich tätig sind). Im Feld darunter und mittels der Schaltfläche WÄHLEN können Sie schließlich noch eine Unterschriftendatei anhängen. Damit können Sie bestätigen, dass Sie die E-Mail verfasst haben. Da allerdings in vielen Fällen immer noch Unsicherheit herrscht, wie es juristisch mit Verträgen im Internet aussieht, die eine Unterschrift erfordern, ist diese Option auch als eine Einstellung für die Zukunft gedacht.

Und nun erstellen wir mal ein neues Mail-Konto (die Vorgehensweise zur Erstellung eines Newsgroup-Kontos ist nahezu identisch).

☑ Klicken Sie hierzu links unten auf die Schaltfläche NEUES KONTO.

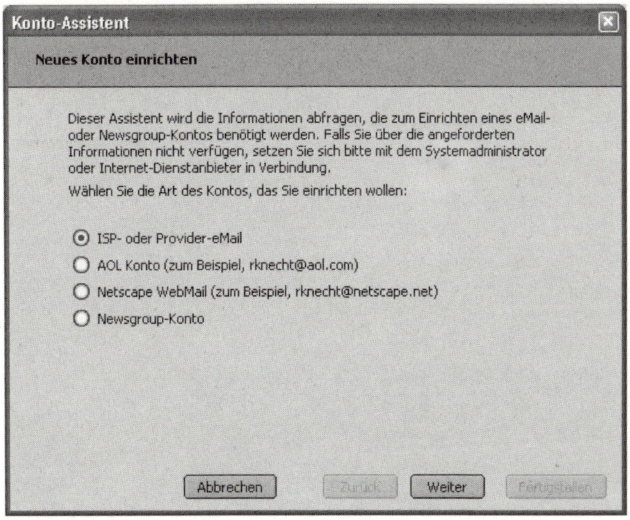

Bild 6.67: Dialogfeld zur Einrichtung eines neuen E-Mail-Kontos

Suchen Sie nun am besten die entsprechenden Unterlagen und Informationen von Ihrem Provider und folgen Sie den Anweisungen der Dialogfelder. Achten Sie bei den Eingaben generell auf jeden Punkt und jeden Buchstaben, da Sie sonst nicht in der Lage sein werden, Mails zu senden und zu empfangen. Halten Sie sich also am besten genau an die Vorgaben Ihres Providers und erkundigen Sie sich dort, falls Fehler auftreten.

Im ersten Dialogfeld wählen Sie für ein neues Mail-Konto die Option ISP- ODER PROVIDER-EMAIL. Geben Sie im nächsten Dialogfeld Ihren Namen und Ihre Mailadresse ein.

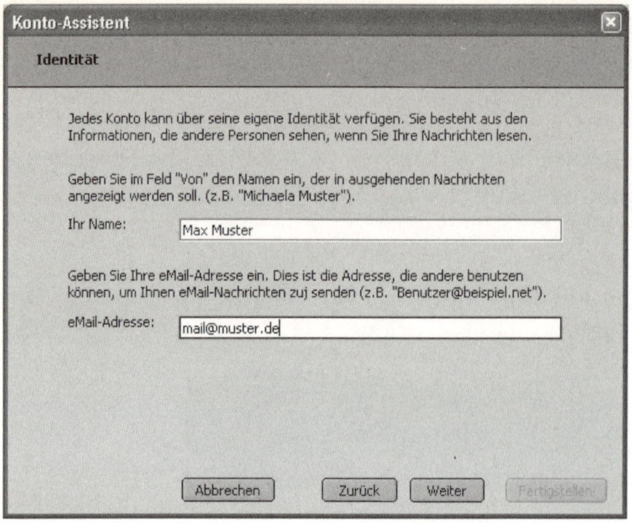

Bild 6.68: Name und Mailadresse eingeben

Nach einem Klick auf WEITER geben Sie im nächsten Feld den Server für eingehende E-Mail ein. In der Regel handelt sich dabei um einen POP-Server (siehe Angaben Ihres Providers).

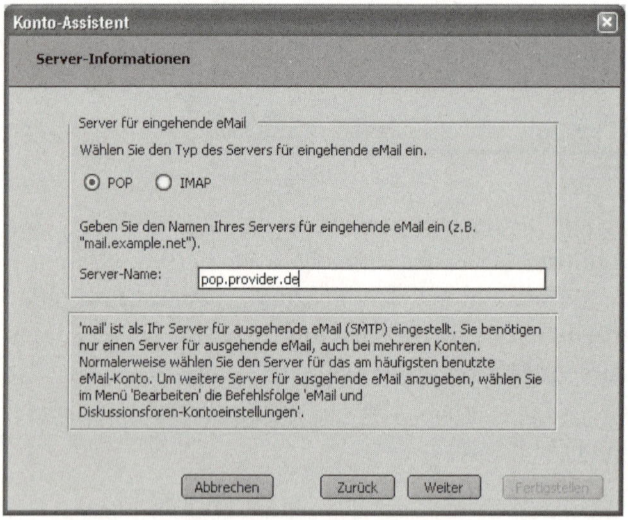

Bild 6.69: Server für eingehende Mails eingeben

Danach geben Sie den speziellen BENUTZERNAMEN ein, der Ihnen von Ihrem Provider zugewiesen wurde.

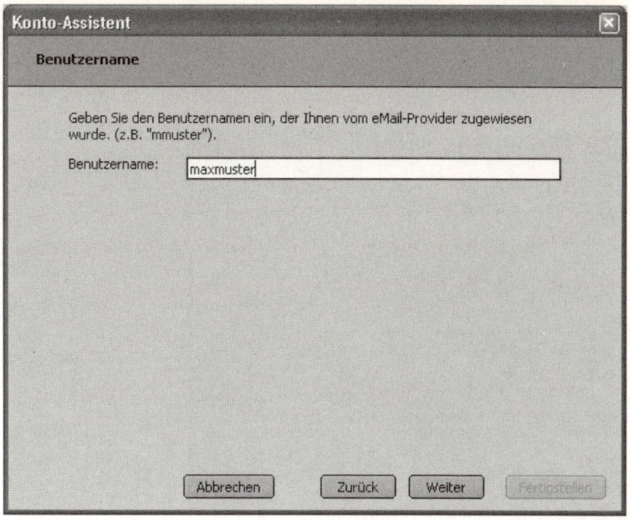

Bild 6.70:
Benutzername eingeben

Als Nächstes geben Sie je nach Wunsch den Namen Ihres neuen Mail-Kontos ein, der in Zukunft in *Netscape Mail* als Kontoname angezeigt wird.

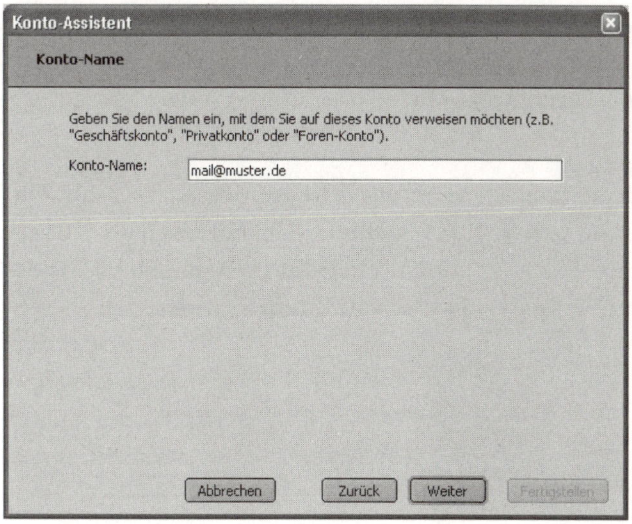

Bild 6.71:
Kontoname eingeben

Im letzten Dialogfeld werden Sie beglückwünscht und erhalten zur Sicherheit nochmal einen Überblick über alle eingegebenen Daten. Bei Bedarf können Sie mit der Schaltfläche ZURÜCK die Eingaben korrigieren. Nach einem Klick auf FERTIGSTELLEN erscheint das neue Konto in *Netscape Mail* und in den Einstellungen.

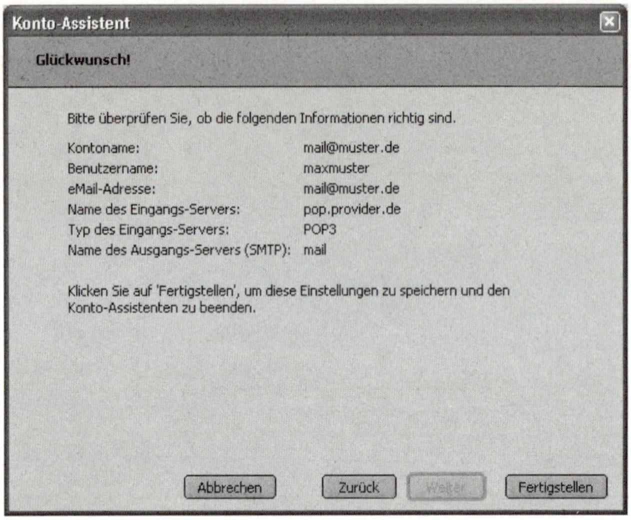

Bild 6.72: Übersicht vor Fertigstellung

Um später an den Einstellungen etwas zu verändern, klicken Sie einfach wie anfänglich beschrieben das entsprechende Mail- oder News-Konto an und wählen dann die Kategorie SERVER-EINSTELLUNGEN (für eingehende Mails und News) oder SERVER FÜR AUSGEHENDE MAILS an.

Unter SERVER-EINSTELLUNGEN wird die Adresse des Servers für eingehende Mails angegeben (falls mehrere Mailadressen existieren, in der Regel für jedes Postfach eine Adresse angeben). Diese Adresse erhalten Sie üblicherweise von Ihrem Provider.

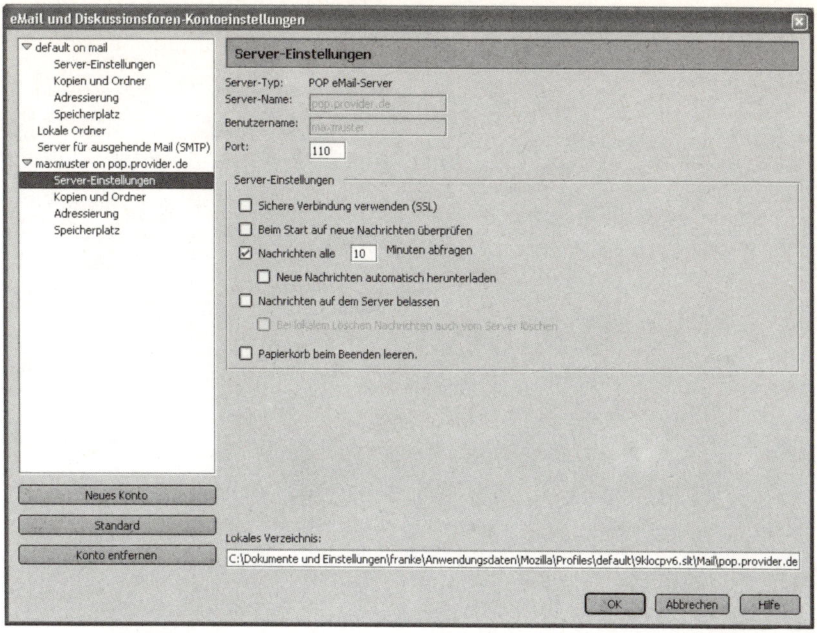

Bild 6.73:
Server-Einstellungen

In der Unterkategorie SERVER FÜR AUSGEHENDE MAIL wird die entsprechende Server-Adresse für Ihre ausgehenden Mails eingetragen, die Sie ebenfalls von Ihrem Provider erhalten. Hier finden Sie u. a. auch die Option SICHERE VERBINDUNG VERWENDEN. Diese Option verändert die Art der Übertragung Ihrer E-Mails zum Server. Wenn Sie sensible Informationen verschicken und verhindern möchten, dass Ihre Mails ausgespäht werden, sollten Sie den „Secure Socket Layer" (SSL) (dt. etwa Sicherheitstransportprotokoll) benutzen. Allerdings bieten nicht alle Mail-Server dieses sichere Protokoll an. Wenn Sie nicht wissen, ob Ihr Provider dieses Protokoll unterstützt, wählen Sie die Option WENN VERFÜGBAR und *Netscape* nutzt SSL immer nur dann, wenn es auch wirklich zur Verfügung steht.

Bild 6.74:
Einstellungen für
den Ausgangs-Server

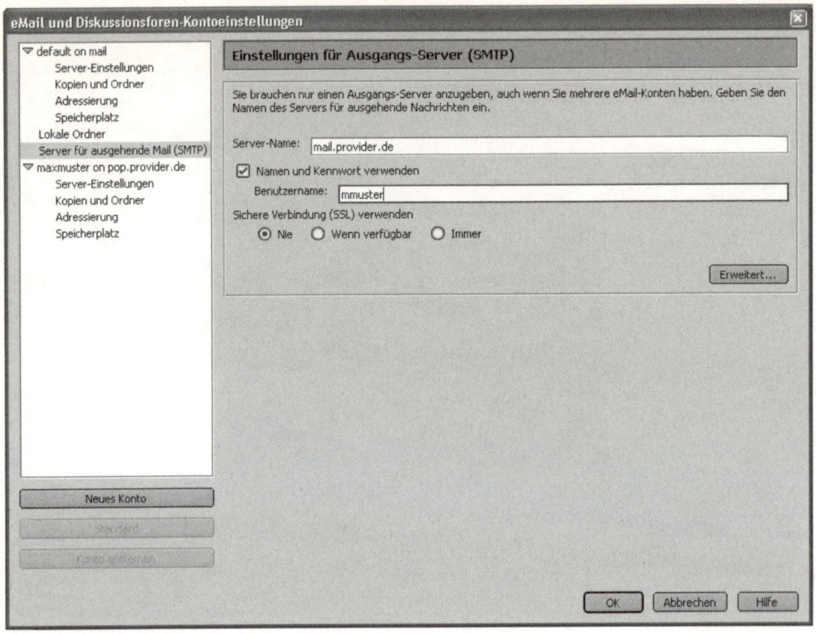

Die nächste Kategorie KOPIEN UND ORDNER beinhaltet drei Optionsfelder. Im oberen Bereich BEIM SENDEN VON NACHRICHTEN AUTOMATISCH legen Sie fest, wo Kopien Ihrer gesendeten E-Mails oder Newsgroup-Beiträge automatisch gespeichert werden sollen. Mit der ersten Option wird die Mail in einem Ordner Ihrer Wahl lokal gespeichert – in der Regel in SENT (GESENDETE OBJEKTE), mit den nächsten beiden Optionen können Sie die Kopie gleichzeitig an mehrere Empfänger verteilen (BCC). Die zweite Option schickt die Mail an Sie selbst, in der dritten Option können Sie einen Empfänger Ihrer Wahl angeben. Schließlich dürfen Sie noch einstellen, wo Sie Ihre Nachrichtenentwürfe und Vorlagen speichern.

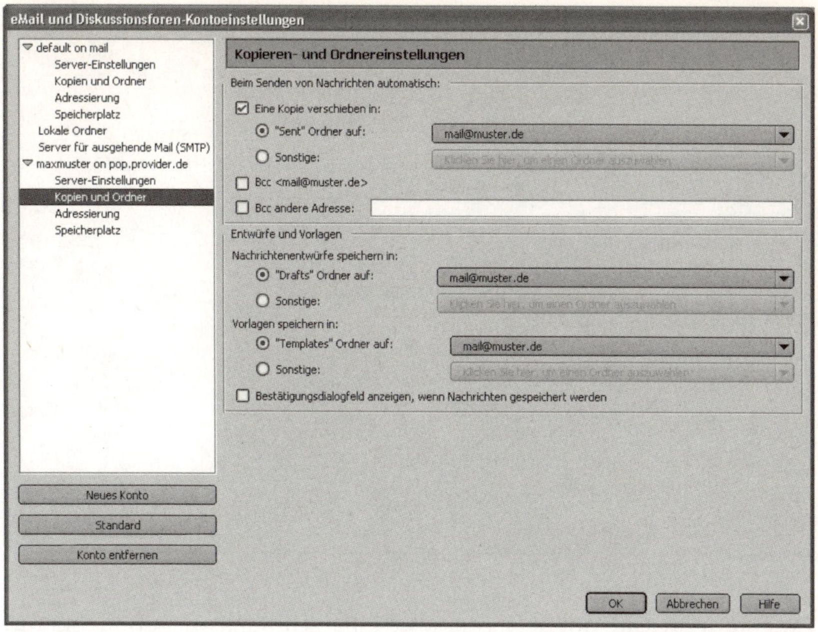

Bild 6.75: Kategorie KOPIEN UND ORDNER

In den folgenden Kategorien ADRESSIERUNG und SPEICHERPLATZ können Sie zunächst einfach die voreingestellte Konfiguration übernehmen.

☑ Klicken Sie nun in *Netscape Mail* im Menü BEARBEITEN auf EINSTELLUNGEN.

Es erscheint das Einstellungsfenster mit den verschiedenen Kategorien auf der linken Seite und den Einstellmöglichkeiten im rechten Teil des Fensters.

☑ Doppelklicken Sie nun im linken Teil auf die Kategorie EMAIL UND DISKUSSIONSFOREN.

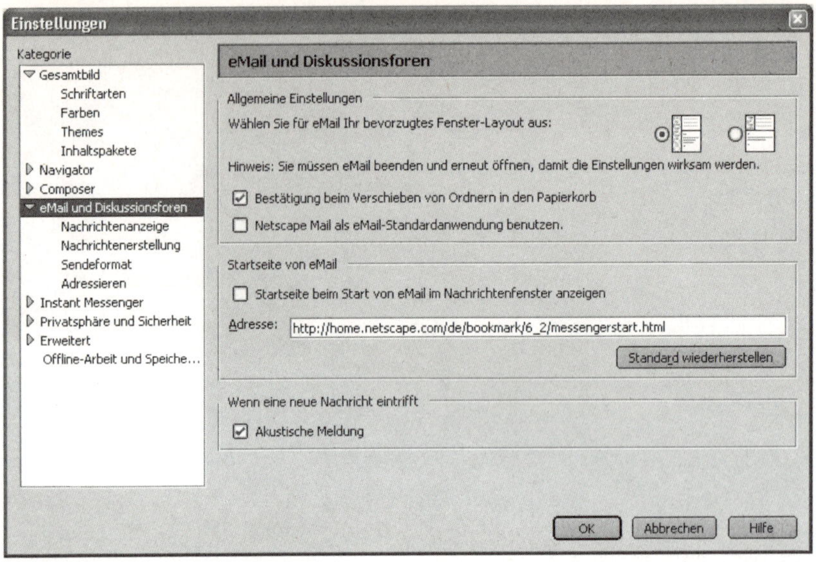

Bild 6.76: Einstellungen EMAIL UND DISKUSSIONSFOREN

Hier können Sie unter ALLGEMEINE EINSTELLUNGEN die oben bereits erwähnte Aufteilung Ihres Fensterlayouts auswählen und verändern, bei Bedarf eine Startseite für das Nachrichtenfenster in *Netscape Mail* festlegen und den Erhalt neuer Nachrichten durch eine akustische Meldung ankündigen lassen.

Die folgende Kategorie NACHRICHTENANZEIGE ermöglicht Einstellungen für die Anzeige von Nachrichten (z. B. Schriftschnitt und –farbe) in allen Konten.

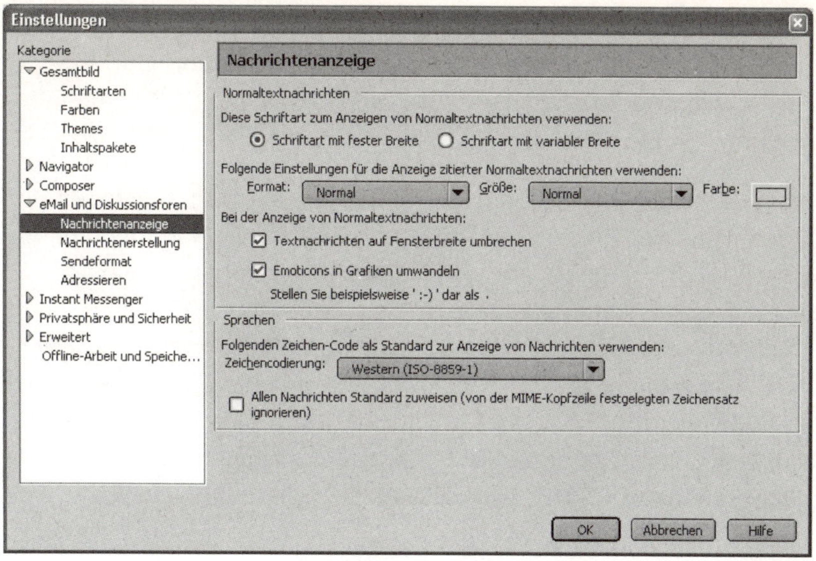

Bild 6.77:
Nachrichtenanzeige

Unter NORMALTEXTNACHRICHTEN wählen Sie die gewünschte Schriftart für die Anzeige von Normaltextnachrichten aus: feste oder variable Breite. Wenn Sie einen Schriftstil für zitierte Nachrichten im Normaltextformat auswählen, können Sie zitierten Text (normalerweise eine Nachricht, die von Ihnen oder an Sie weitergeleitet wurde) besser unterscheiden.

So passen Sie bei Bedarf die Anzeige von zitiertem Text im Normaltextformat an:

☑ Klicken Sie auf das Dropdown-Listenfeld FORMAT und wählen Sie ein Format aus.

☑ Klicken Sie auf das Dropdown-Listenfeld GRÖßE und wählen Sie die Schriftgröße aus.

☑ Klicken Sie auf die Schaltfläche FARBE, um eine Textfarbe auszuwählen.

Die Option TEXTNACHRICHTEN AUF FENSTERBREITE UMBRECHEN kann die Darstellung und Lesbarkeit sehr vereinfachen, da Sie nach einem solchen Umbruch nicht mehr nach links oder rechts scrollen müssen, um die ganze Botschaft in einer Mail einzusehen.

Wenn Sie Nachrichten mit grafisch dargestellten Emoticons (z. B. Smileys) empfangen wollen, müssen Sie die Option EMOTICONS IN GRAFIKEN UMWANDELN aktivieren, sodass *Netscape Mail* die Emoticons als Grafiken anzeigen kann.

Im Feld SPRACHEN wird die Zeichencodierung, die *Netscape Mail* standardmäßig für eingehende Mail- und Foren-Nachrichten verwenden soll, festgelegt. Belassen Sie es hier zunächst einfach bei der voreingestellten Konfiguration. Die untere Option ALLEN NACHRICHTEN STANDARD ZUWEISEN wird empfohlen, wenn Sie Nachrichten erhalten, in denen die Zeichencodierung nicht festgelegt ist, z. B. wenn Sie Nachrichten in internationalen Diskussionsforen lesen. Sie können die Standard-Zeichencodierung auf alle Nachrichten anwenden, indem Sie diese Option aktivieren.

Anzeige der Schriftart im Gesamtbild

Die Schriftart für das Gesamtbild in *Netscape* können Sie in der Kategorie GESAMTBILD • SCHRIFTARTEN verändern.

In der Rubrik NACHRICHTENERSTELLUNG können Sie im Bereich NACHRICHTEN WEITERLEITEN UND BEANTWORTEN zum einen festlegen, ob Ihre Antwort INLINE (innerhalb der Mail) oder ALS ANLAGE erscheinen soll, und zum anderen, ob und wie die ursprüngliche Nachricht gekennzeichnet sein soll.

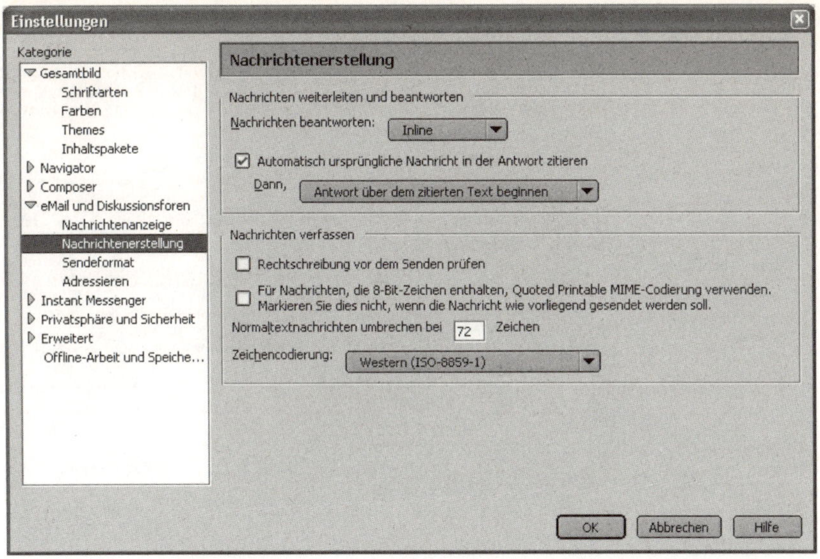

Bild 6.78:
Nachrichtenerstellung

Im Feld Nachricht verfassen können Sie u. a. bei Bedarf durch Aktivierung der Option Rechtschreibung vor dem Senden prüfen Rechtschreibfehler vermeiden. Sollten Empfänger Ihrer Mails auf Probleme in der Lesbarkeit hinweisen, verändern Sie am besten die Einstellung in der letzten Option Für Nachrichten, die 8-Bit-Zeichen enthalten. Zunächst sollten Sie jedoch die deaktivierte Standardeinstellung verwenden.

In der nächsten Kategorie Sendeformat legen Sie fest, was mit Ihrem HTML-Sendeformat geschieht, wenn der Empfänger nicht als potenzieller Empfänger von HTML-Nachrichten aufgelistet ist. Wenn Sie normalerweise E-Mail-Nachrichten im HTML-Format verfassen (in der Regel Standardeinstellung), beachten Sie, dass möglicherweise nicht alle Empfänger E-Mail-Programme verwenden, die HTML-Formatierung (fett, kursiv, eingefügte Grafiken etc.) korrekt anzeigen können. In *Netscape Mail* können Sie festlegen, wie Nachrichten an diese Empfänger formatiert werden sollen: als Normaltext, als HTML oder in beiden Formaten. Diese Einstellungen beziehen sich auf alle Mail-Konten, aber nicht auf Nachrichten in Diskussionsforen.

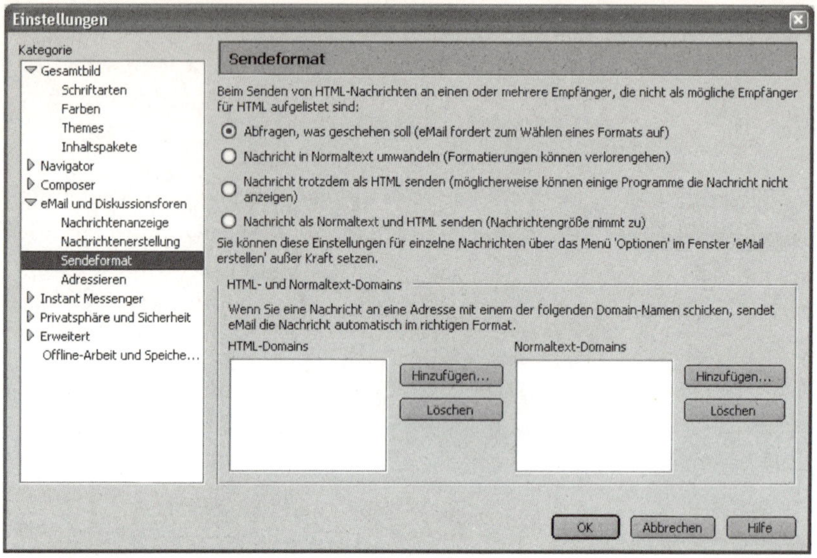

Bild 6.79: Kategorie SENDEFORMAT

Jedes Mal, wenn Sie dem Adressbuch eine Person hinzufügen, können Sie festlegen, ob dieser Empfänger Nachrichten im HTML-Format empfangen kann. Wenn diese Informationen nicht bekannt sind, können Sie in den EINSTELLUNGEN festlegen, wie *Netscape Mail* diese Nachrichten handhabt. Wenn Sie noch unsicher sind, dann wählen Sie doch einfach zunächst die Option ABFRAGEN, WAS GESCHEHEN SOLL (*Netscape Mail* fordert zum Wählen eines Formats auf, bevor Sie die Nachricht senden). Sie können diese Einstellungen für eine neue Nachricht jederzeit über das Menü OPTIONEN des Nachrichtenerstellungsfensters außer Kraft setzen.

Im unteren Feld können Sie bei Bedarf unter HTML- UND NORMALTEXT-DOMAINS die Domain-Namen einfügen, an die Sie normalerweise Mail-Nachrichten senden, wenn Sie wissen, welche Domänen E-Mail-Nachrichten im HTML-Format und welche nur Normaltextnachrichten empfangen können. Beispiel: Wenn Sie normalerweise Nachrichten an mehrere Empfänger in derselben Domain senden (Ihre Kollegen haben z. B. alle E-Mail-Adressen, die mit `netscape.net` enden) und Sie wissen, dass diese Domain HTML-formatierte Nachrichten anzeigen kann, können Sie diese Domain den HTML-DOMAINS hinzufügen, sodass Nachrichten an diese Empfänger automatisch im HTML-Format gesendet werden. Wenn Sie normalerweise Mail an Empfänger einer Domain senden, von der Sie wissen, dass sie nur Normaltextnachrichten darstellen kann, können Sie diese Domain in die Liste der NORMALTEXT-DOMAINS aufnehmen, sodass Nachrichten an diese Domäne automatisch als Normaltext gesendet werden.

In der nächsten Kategorie ADRESSIEREN können Sie Einstellungen bezüglich der Adressgruppen und -bücher konfigurieren, die *Netscape Mail* verwendet (z. B. für die automatische Adressensammlung und die automatische Vervollständigung von Adressen).

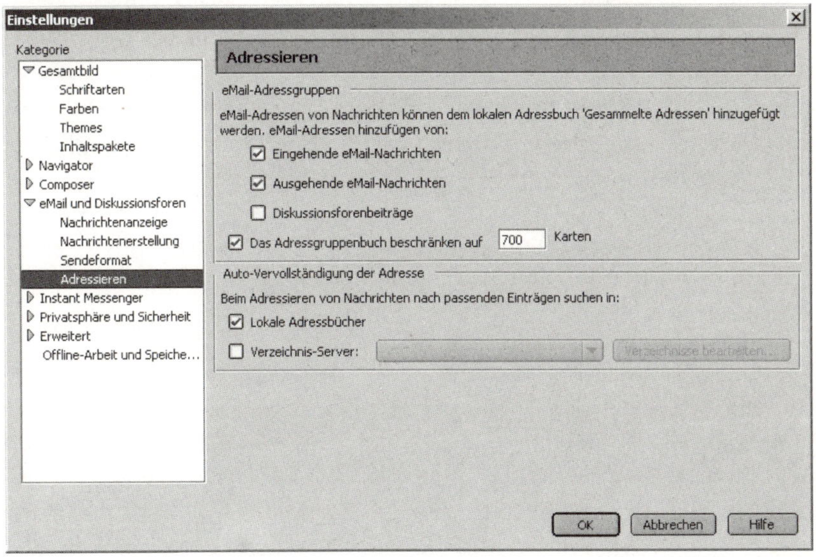

Bild 6.80: Adressieren

Zusätzlich zum PERSÖNLICHEN ADRESSBUCH steht in *Netscape* ein Adressbuch namens 'GESAMMELTE ADRESSEN' zur Verfügung, in dem automatisch E-Mail-Adressen von eingehenden oder ausgehenden Nachrichten gespeichert werden können. Die Adressen der eingehenden Nachrichten werden gespeichert, sobald Sie sie öffnen. Adressen ausgehender Nachrichten werden gespeichert, sobald Sie auf die Schaltfläche SENDEN klicken.

Wählen Sie im oberen Feld EMAIL-ADRESSGRUPPEN die Option EINGEHENDE EMAIL-NACHRICHTEN, um automatisch alle Absenderadressen im Adressbuch 'GESAMMELTE ADRESSEN' zu speichern.

Wählen Sie AUSGEHENDE EMAIL-NACHRICHTEN, um automatisch alle Empfängeradressen im Adressbuch 'GESAMMELTE ADRESSEN'zu speichern.

Wählen Sie DISKUSSIONSFOREN-BEITRÄGE, um automatisch alle Adressen von Diskussionsforen im Adressbuch 'GESAMMELTE ADRESSEN' zu speichern.

Mithilfe der automatischen Adresseingabe können Sie Mails schnell adressieren, ohne nach Namen suchen oder Namen vollständig eingeben zu müssen. Geben Sie einfach die ersten Buchstaben ein. *Netscape Mail* überprüft dann automatisch die lokalen Adressbücher und vervollständigt die Namen, wenn eine eindeutige Übereinstimmung vorhanden ist. Wenn mehrere Übereinstimmungen gefunden wurden, wird eine Liste aller möglichen Übereinstimmungen angezeigt.

Wählen Sie LOKALE ADRESSBÜCHER, damit E-Mail-Adressen unter Verwendung der lokalen Adressbücher (PERSÖNLICHES ADRESSBUCH, 'GESAMMELTE ADRESSEN' u. a.) vervollständigt werden.

Die Option VERZEICHNIS-SERVER ist für Anfänger zunächst unwichtig. Sie können hiermit bei Bedarf einen Server aus der Server-Liste wählen, damit *Netscape Mail* auch im Adressbuch auf dem so genannten LDAP-Verzeichnis-Server nach übereinstimmenden Einträgen sucht. Auf einem Verzeichnis-Server können Sie Adressen nachschlagen, die nicht im einem Ihrer lokalen Adressbücher gespeichert sind. Informationen über die Einstellungen für den LDAP-Verzeichnis-Server finden Sie in der HILFE.

Kommen wir nun zur letzten wichtigen Rubrik, OFFLINE-ARBEIT UND SPEICHERPLATZ.

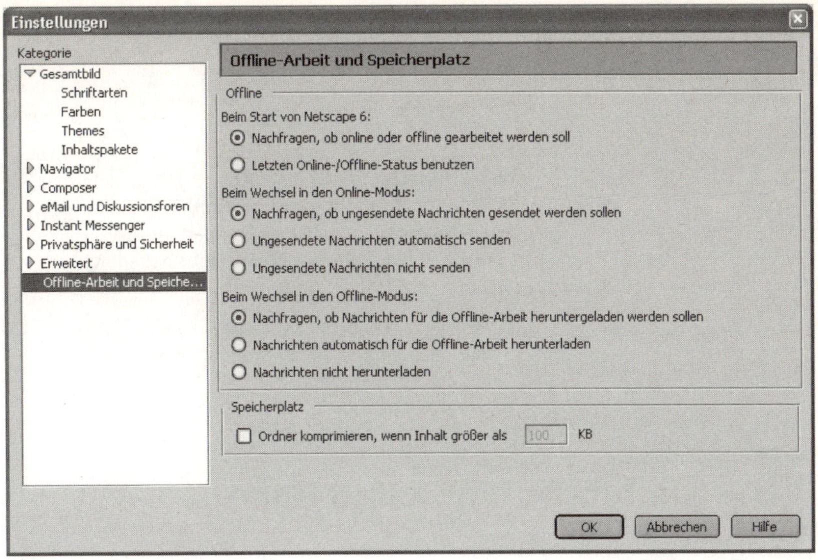

Bild 6.81: OFFLINE-ARBEIT UND SPEICHERPLATZ

Legen Sie hier fest, ob *Netscape Mail* den Status beim Beenden des Programms (offline oder online) speichern soll oder ob Sie bei jedem neuen Programmstart gefragt werden möchten, in welchem Modus das Programm starten soll. Beim Wechsel in den Online-Modus müssen Sie entscheiden, was mit ungesendeten Nachrichten geschieht. Legen Sie außerdem fest, ob und wie Nachrichten heruntergeladen werden sollen, wenn Sie offline gehen. Bei allen drei Optionen hat sich die Option NACHFRAGEN, OB ... bewährt.

Im unteren Bereich SPEICHERPLATZ können Sie bei Bedarf den Speicherordner komprimieren, wenn der Inhalt größer als angegeben ist. Wenn dieses Kontrollkästchen aktiviert ist, sparen Sie nach einer Weile enorm Speicherplatz, weil dann alle Nachrichtenordner automatisch komprimiert werden, wenn sie jeweils mehr als die angegebene Menge an Speicherplatz belegen. Da man nie genug Speicher haben kann (meine Festplatte ist immer zu klein, egal wie groß sie ist ☺), ist diese Option sehr sinnvoll. Sie können hier etwa 100 bis 150 KB angeben.

Puh, wenn Sie tatsächlich bis hierher durchgehalten haben, können Sie sich jetzt selbst ein Zertifikat als *Netscape Mail*-Optionsprofi ausstellen: Herzlichen Glückwunsch!

7 Holiday online

Ich habe eine gute und eine schlechte Nachricht für Sie. Traditionell beginnt man mit der schlechten Nachricht, um den Gesprächspartner anschließend mit der guten wieder aufzubauen. Ich bin zwar kein Traditionalist, aber ...

(Persönliches Logbuch: Mein Sohn Tobias schaut mich gerade an, als wäre ich die Inkarnation der Tradition ☹)

7.1 Suchmaschinen und Robots

Also, zuerst die schlechte Nachricht: In der Werbung zum Thema Internet und WWW geizen einige Marketingexperten nicht mit Begriffen wie riesige Bibliothek, größter Wissensspeicher der Menschheit, gigantische Verknüpfung von Text, Grafik und anderen Medien usw. Hinter den Kulissen dieser Schönfärberei sieht es allerdings ein bisschen anders aus.

Zugegeben: Es gibt viel zu entdecken im WWW, aber die Suche danach kann einen Surfer ganz schön frustrieren. Bei Licht besehen handelt es sich beim WWW nämlich nicht um das, was man unter einer geordneten Bibliothek versteht, sondern vielmehr um eine riesige und ständig wachsende „Informationshalde“. Manche Internet-Freaks sprechen auch vom so genannten Konserveneffekt: Wenn Sie irgendwo ziehen, stürzt eine Informationslawine auf Sie herab.

Eine klassische Bibliothek ist im Unterschied zum WWW nicht nur ein riesiger Staubfänger, sondern auch ein Ort, an dem Experten nicht alle Bücher dieser Welt einsortieren. In einer Bibliothek geht es darum, ausgewählte und systematisch geordnete Informationen zu erhalten.

Ob Bibliothekare, Lektoren oder Redakteure in Zeitungen und Zeitschriften – sie alle sollten ein qualitativ guter Filter für überflüssige, fehlerhafte oder unsinnige Informationen sein und manche sind es zum Glück auch. Und was ist mit dem WWW? Die

Freiheit im Netz ist gleichzeitig dessen Schwachstelle. Informationen aller Art stehen beziehungslos nebeneinander. Ein kleiner Klick und Sie landen auf einer anderen Homepage am Ende der Welt, die mit dem gerade recherchierten Thema trotz der Ankündigung im Link herzlich wenig zu tun hat. Im WWW gibt es weder eine übergreifende Systematik noch ein wirklich gut funktionierendes Verzeichnis.

(Persönliches Logbuch: Schlechte Nachrichten können leider auch lange Nachrichten sein ☺.)

In der „wirklichen“ Welt da draußen (außerhalb des Internets) gibt es wenigstens ein paar Hinweise für eine seriöse Einschätzung von Informationen; beispielsweise kann man einem Aufsatz aus der Zeitschrift *Psychologie heute* in der Regel mehr Vertrauen schenken, als den Psychotipps von Dr. Müller in diversen Boulevardmagazinen.

(Persönliches Logbuch des Familienvaters: Als ich die letzten Abschnitte gestern Abend meiner Familie vorlas, verließen alle mit betretenen Gesichtern den Raum. Sonja sagte, sie wolle den Internetzugang abmelden und Claudia verkündete: „Ich werde Bibliothekarin!“)

Und jetzt kommen wir endlich zu der angekündigten guten Nachricht.

Falls Sie Ihren Internetzugang noch nicht abgemeldet haben (Sonja hat sich übrigens wieder beruhigt ☺), kann ich Ihnen jetzt die erfreuliche Mitteilung machen: Es gibt etwas, was Ihnen bei Ihrer Suche nach Informationen im Internetdschungel hilft, und zwar diverse Suchsysteme. Letztere sind Online-Datenbanken, die man auf der Suche nach möglichst sinnvollen Informationen im WWW zu Rate ziehen kann.

Wenn Sie zum Beispiel einen Urlaub in Amerika planen und mithilfe des Browsers die neuesten und besten Urlaubstipps im WWW suchen, werden Sie froh sein, dass es trotz Chaos im Netz wenigstens Datenbanken und Suchmaschinen gibt, die Ihre Planung unterstützen. Es folgen deshalb ein paar Hinweise, wie Sie die Suchsysteme im Internet sinnvoll nutzen. Ausführliche Informationen zum Thema Internetrecherche finden Sie übrigens in meinem Buch „Suchen und Finden im Internet“.

Online-Recherche

Um Ihnen unnötigen Frust bei Ihrer Online-Recherche zu ersparen, erfahren Sie zunächst, was eine Datenbank nicht kann:

- Die Recherche in Datenbanken kann Ihnen nicht sagen, was es alles an Informationen zu einem bestimmten Thema gibt, deshalb steht die Datenbankrecherche eher am Ende einer Suche nach Informationen und nicht am Anfang. Wer nicht genau weiß, was er im WWW sucht, wird in der Regel leider auch nichts oder alles finden, nur nicht das, was er eigentlich wollte.

Ein Beispiel: Sie studieren Soziologie und suchen nach Hinweisen zum Thema „Gesellschaft“. Wenn Sie nun einfach „Gesellschaft“ als Suchbegriff in eine Suchmaschine eingeben, erhalten Sie Hunderte von Fundstellen. Der Suchbegriff ist zu allgemein formuliert und deshalb sollten Sie bereits vor einer Online-Recherche einen kleinen Überblick über das jeweilige Thema haben, es sei denn, Sie suchen gezielt nach einer bestimmten Homepage.

- Eine Datenbankrecherche kann Ihnen nicht helfen, herauszufinden, ob eine Information relevant ist und eine echte Erkenntnis darstellt. Sie finden im Netz zwar viele Infos, aber keine Hinweise über den inhaltlichen Wert dieser Infos.
- Durch eine Datenbankrecherche erhalten Sie keine externen Informationen über das Wissensgebiet. Die Fundstellen sind größtenteils sehr „fachidiotisch“ eingegrenzt. Das heißt, Sie müssen zum Teil mit den Begrifflichkeiten und Grenzgebieten des Themas vertraut sein, um sich per Suchmaschine den Weg durchs Datendickicht zu schlagen.

Beispiel: Wenn Sie in amerikanischen Datenbanken zum Thema „Sozialstaat“ recherchieren, sollten Sie wissen, dass dieses Thema in Amerika unter dem Begriff „Welfare State“ behandelt wird. Wenn Sie einfach nur „Social State“ eingeben, werden Sie bei Ihrer Suche nicht weit kommen. Die Suchmaschinen verhalten sich dabei wie ein dressierter Hund, sie suchen nur nach „Social State“ und nicht nach „Welfare State“.

Sinnvolle Online-Recherche

Um ein Suchsystem sinnvoll zu nutzen, sollten Sie erstens das Wissensgebiet überblicken, zweitens wissen, was Sie wollen bzw. suchen, und drittens eine Abfrage der Datenbanken mit den richtigen Begriffen durchführen.

Suchmaschinen

Die Anzahl der Webangebote ist unüberschaubar. Das WWW besteht aus Millionen von Webseiten und mindestens 100.000 Servern (wie immer sind solche Angaben ohne „Gewehr“ ☺). Deshalb wächst auch die Anzahl der Suchmaschinen, die Sie mit einem Browser ansteuern und benutzen können. War Ihre Suche erfolgreich, erhalten Sie von den Suchsystemen eine Liste mit den URLs der gefundenen Seiten. Diese können Sie nun der Reihe nach aufsuchen und (wenn das Thema wirklich wichtig ist) die Online-Gebühren einfach ignorieren.

Eine sehr gute Suchmaschine ist zum Beispiel derzeit *Google* (`www.google.de`); „derzeit“ deshalb, weil sich die Qualität der Suchmaschinen im Laufe von Jahren auch verändern kann, je nachdem wie viel Engagement und Technik die Macher in neueste brandheiße und gut recherchierte Adressen an den Tag legen.

Bild 7.1:
www.google.de

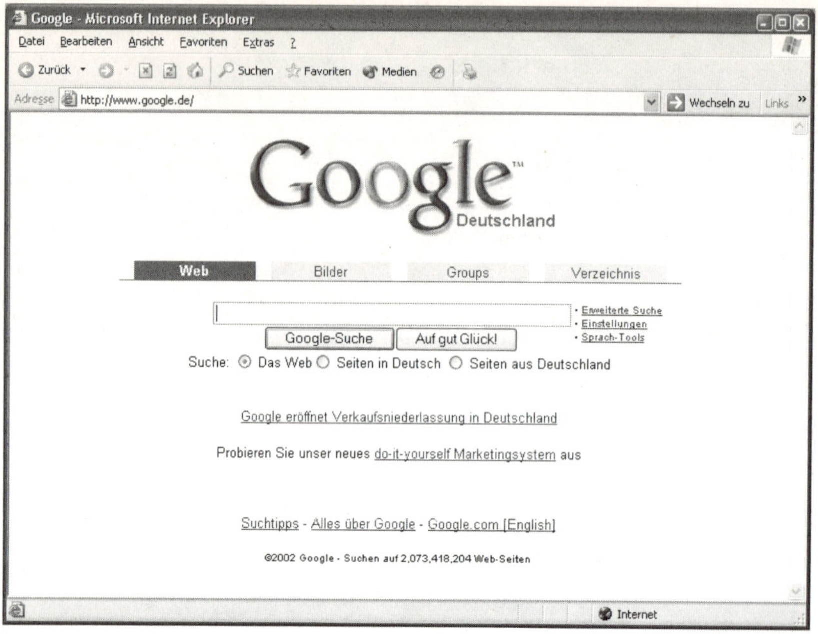

Eine legendäre und immer noch gute Suchmaschine ist *Yahoo!*. Dieser uramerikanische Begeisterungsschrei (beispielsweise die Freude nach einer erfolgreichen Suche) ist die Abkürzung für „Yet Another Hierarchical Officious Oracle". *Yahoo!* ist ein Suchsystem mit hierarchischer Ordnung nach dem Schema Kategorie und Unterkategorie. Die amerikanische URL von *Yahoo!* lautet http://www.yahoo.com.

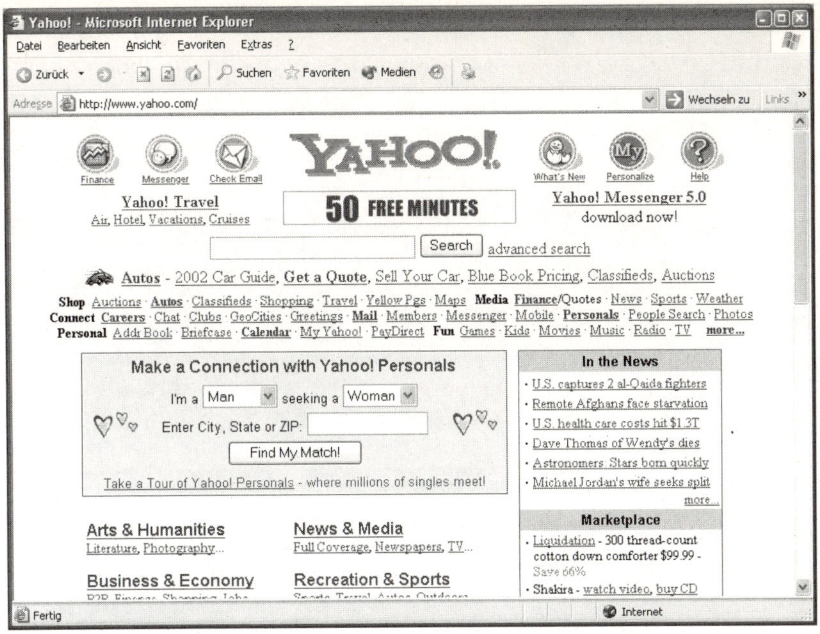

Bild 7.2: Amerikanische Homepage von *Yahoo!*

Die Adresse des deutschen Ablegers lautet `http://www.yahoo.de`.

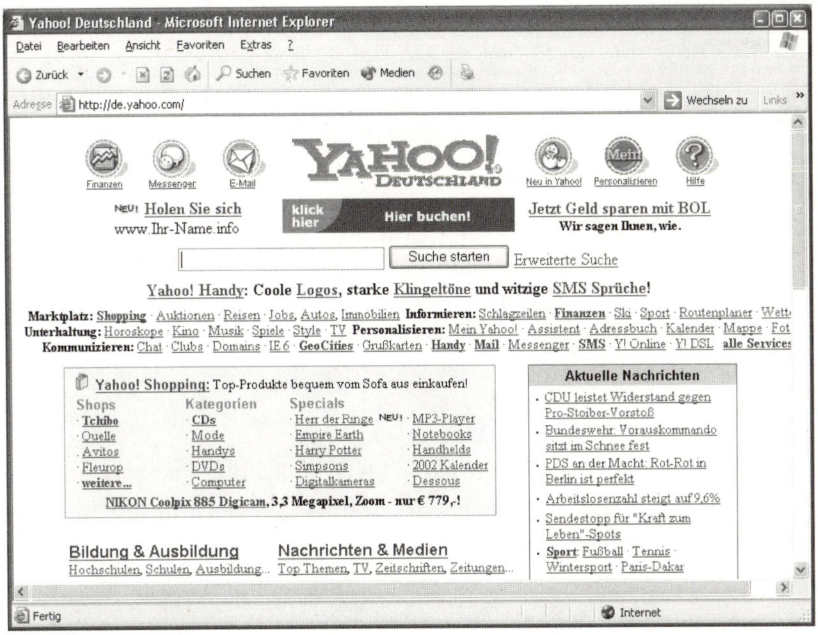

Bild 7.3: Deutsche Homepage von *Yahoo!*

Mithilfe der Schaltfläche SUCHEN in Ihrem Browser (*Internet Explorer* und *Netscape Navigator*) gelangen Sie zu einer solchen Suchmaschine. Geben Sie einfach einen Suchbegriff in die dafür vorgesehene Sucheingabe.

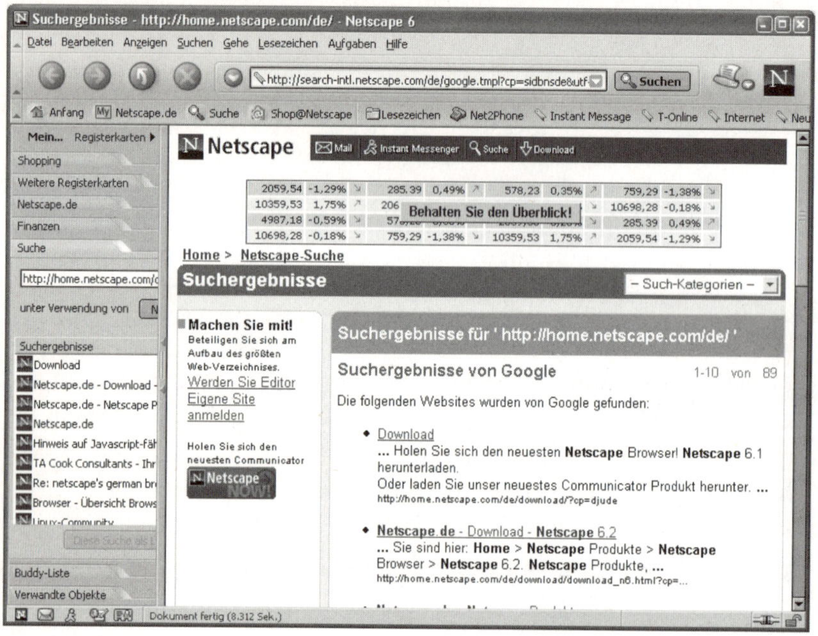

Bild 7.4: *Netscape*-Suche

Robots

Die Suchmaschine *Yahoo!* erhält ihre Einträge auf zwei Arten:

Erstens kann jeder Webanbieter den Verweis auf sein Webangebot in *Yahoo!* einfügen und mit einer Inhaltsangabe ausstatten. Auf diese Weise kommen etwa 50% der Einträge in Suchmaschinen zustande.

Zweitens benutzt *Yahoo!* die URL-Listen, die u. a. von der Suchmaschine *Alta Vista* mithilfe von „Robots“ (Robotern) zusammengestellt werden. Ein Robot ist kein menschenähnlicher Blecheimer im Internet, sondern ein selbstständig funktionierendes Programm (man könnte fast sagen, ein „intelligentes“ Programm), das sich mit einem Server verbindet und dort alle vorhandenen URLs untersucht.

Suchmethoden der Robots

Manche Robots forschen mit einer Breitensuche und checken grob alle weiteren URLs auf einer gefundenen Seite, um dann zu einer ganz anderen Webseite überzugehen. Andere praktizieren die so genannte Tiefensuche (klingt wie die Werbung für eine Faltencreme ☺) und verfolgen die URL-Pfade bis zu einer Webseite, die keinen weiteren Hyperlink mehr enthält.

Viele Webseiten enthalten unsichtbare Stichwörter (so genannte Meta-Tags), um die Suche nach ihnen zu erleichtern. Diese Stichwörter werden von den Robots gespeichert. Falls ein Robot auf einer Webseite keine Stichwörter findet, erzeugt er einfach die Stichwörter selbst, indem er eine Häufigkeitsauszählung der vorhandenen Substantive durchführt und dementsprechende Hinweise speichert. Häufig vorkommende Wörter werden dann zu einem Index zusammengefügt. Dabei benutzen die Robots Kriterien, die beim Start der Suche vorgegeben wurden. Anschließend speichert die Suchmaschine die von den Robots gefundenen URLs und fügt neue Verweise dem hierarchischen Katalog zur Indizierung bei; entweder anhand des Titels oder anhand der Stichwörter.

Es ist tröstlich zu wissen, dass es bei *Yahoo!* nicht nur Roboter gibt, sondern dass es dort auch „menschelt“. Neben den Robots gibt es nämlich auch noch eine Redaktion aus professionellen Surfern, die allen gemeldeten und gefundenen Verweisen nachgeht und sie in die entsprechende Kategorie einordnet.

Wenn Sie bei *Yahoo!* nicht auf Anhieb fündig werden, sollten Sie es mit der speziellen Suchfunktion von *Yahoo!* probieren (ERWEITERTE SUCHE bzw. ADVANCED SEARCH). Im folgenden Beispiel verwende ich das amerikanische *Yahoo!*, erstens, weil diese Suchmaschine (angeblich) mehr Einträge enthält als der deutsche Ableger, und zweitens, weil unsere Familie sowieso einen Urlaub in Amerika plant.

Die einfache Standardsuchfunktion können Sie direkt auf der Startseite von *Yahoo!* nutzen.

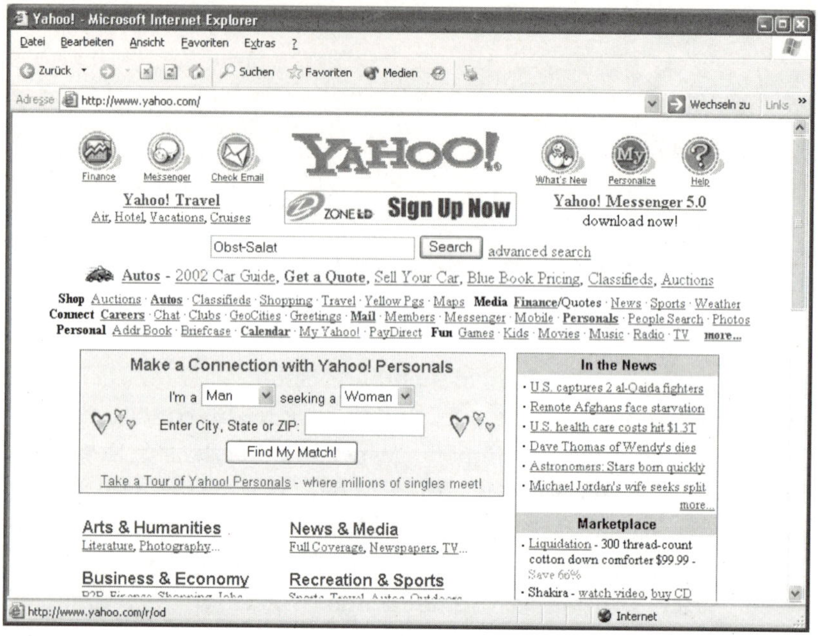

Bild 7.5: Einfache Suche in *Yahoo!*

Eine genauere Suche können Sie mithilfe des erwähnten Hyperlinks ADVANCED SEARCH (neben der Schaltfläche SEARCH) durchführen.

Bild 7.6: Hyperlink ADVANCED SEARCH

Schreiben Sie im Dialogfeld einen oder mehrere Suchbegriffe in das Suchfeld und wählen Sie die Suchoptionen aus. Sie können auch mehrere Begriffe im Suchfenster eingeben und diese logisch verknüpfen. Die Art und Weise der Verwendung dieser logischen Strukturen unterscheidet sich je nach Suchmaschine. Sie finden aber hierzu immer eine gute Anleitung, bei *Yahoo!* beispielsweise unter HELP. Mehr zum Thema Profisuche und logische Operatoren finden Sie auch in dem Buch „Suchen und Finden im Internet – echt einfach“.

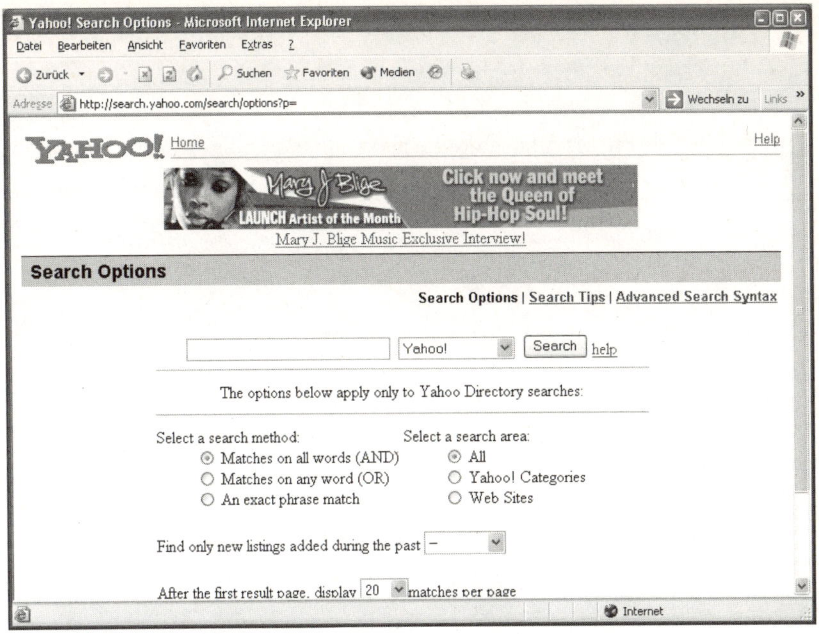

Bild 7.7: Dialogfeld Suchoptionen (Search Options)

Die Suche im WWW birgt bei aller Freude über Suchmaschinen wie *Yahoo!* ein Problem, und zwar ist dies der Alterungsprozess der Verweise. Server werden von Zeit zu Zeit umorganisiert oder gehen sogar vom Netz, so dass manche Webangebote nicht mehr existieren und der gefundene Verweis im Web-Nirvana landet. Dies können Sie jedoch folgendermaßen umgehen:

Wie man nicht im Nirvana landet

Geben Sie in den Suchoptionen von *Yahoo* bei der Option FIND ONLY NEW LISTINGS ADDED DURING THE PAST einen bestimmten maximalen Zeitraum ein – zum Beispiel `6 months` (6 Monate) – den *Yahoo!* bei der Suche nach aktuellen und noch vorhandenen Servern und Verweisen berücksichtigt.

Bild 7.8:
Weitere Suchoptionen

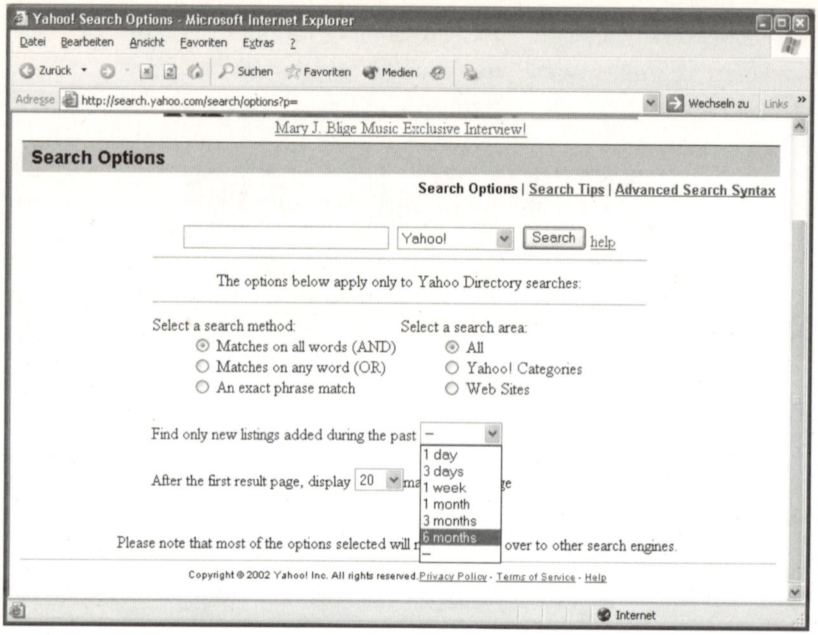

Die Option SELECT A SEARCH METHOD beinhaltet mehrere Suchfunktionen. Mit der Funktion MATCHES ON ALL WORDS veranlassen Sie *Yahoo!* nach allen Webseiten zu suchen, die beide Suchbegriffe enthalten, also nur Webseiten mit Obst und Salat. Wenn Sie die Funktion MATCHES ON ANY WORD aktivieren, sucht *Yahoo!* nach allen Dokumenten, die mindestens einen der Suchbegriffe enthalten, in unserem Beispiel wäre das entweder Obst oder Salat, also zum Beispiel auch die Stichwörter Obstschüssel oder Salatkräuter.

Die Option AN EXACT PHRASE MATCH beschränkt die Suche auf Seiten, die beide Suchbegriffe in der angegebenen Reihenfolge enthalten, d. h. Obst-Salat oder auch Obst/Salat.

Im Bereich SELECT A SEARCH AREA legen Sie fest, ob ausschließlich in *Yahoo!*-Kategorien (YAHOO! CATEGORIES) gesucht wird oder in Webseiten (WEBSITES) oder überall (ALL). Um die Suche nach einer großen Anzahl von weiteren URLs auf einer Seite bzw. Fundstelle zu begrenzen und die damit verbundene Wartezeit ebenso (Online-Gebühren!), sollten Sie bei der Funktion AFTER THE FIRST RESULT PAGE, DISPLAY ... MATCHES PER PAGE die vorgegebene maximale Anzahl von URLs übernehmen. Falls Ihr Internetzugang nicht über ein Netzwerk oder ISDN erfolgt, sondern über ein Modem, sollten Sie besser einen kleineren Wert einstellen.

Im folgenden Bild sehen Sie das Ergebnis einer Suche nach „Obst-Salat". Die Liste beginnt mit allen *Yahoo!*-Kategorien, deren Name den gesuchten Begriff enthält. Darunter folgen die in *Yahoo!* eingetragenen Webseiten, die den Suchbegriff enthalten.

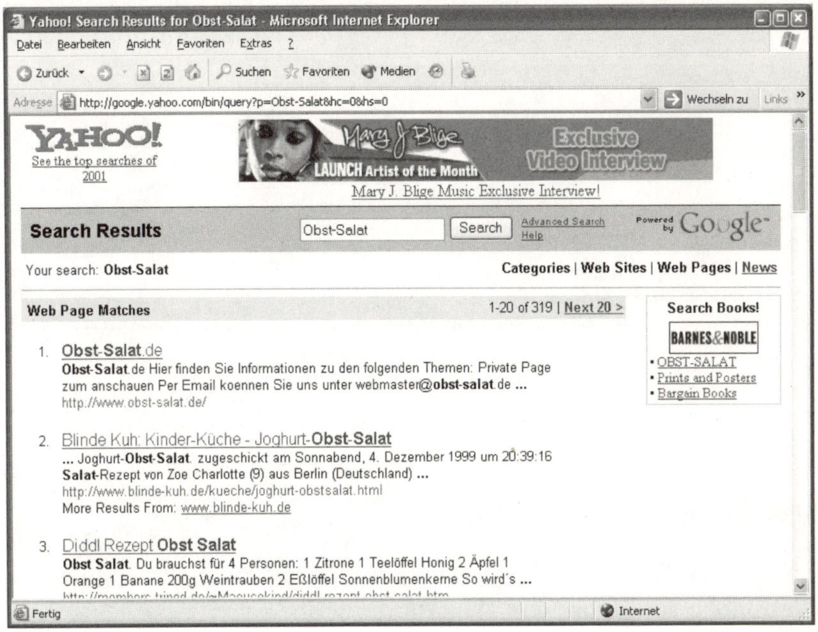

Bild 7.9: Suchergebnisse *Yahoo!*

Im Gegensatz zu *Yahoo!* umfasst die Suchmaschine *Alta Vista* nicht nur einen Katalogausschnitt aus dem WWW, sondern einen sehr großen Teil, was allerdings zu langen Wartezeiten führen kann. Deshalb sollten Sie zunächst mit *Yahoo!*, *Google* oder einer anderen Suchmaschine suchen. Außerdem sortiert *AltaVista* u. a. nach kommerziellen Kriterien. Die Homepage von *Alta Vista* finden Sie unter `http://www.altavista.com`.

Bild 7.10:
Homepage
von *Alta Vista*

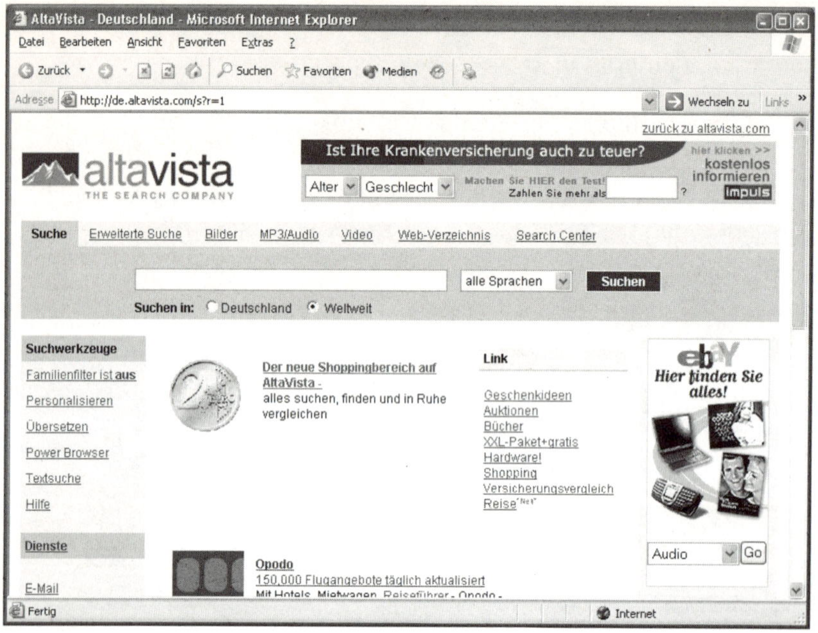

Wahnsinn!

So ein erwähnter Suchroboter kann täglich rund drei Millionen Webseiten durchforsten. Der Hauptrechner von *Alta Vista* beispielsweise arbeitet mit einem über 3 Gigabyte großen Arbeitsspeicher und über 200 Gigabyte Festplattenplatz. Die Software kann in einer Stunde rund 1 Gigabyte Rohdaten in einen suchfähigen Index verwandeln.

Und jetzt schauen wir uns einmal eine Websuchmaschine mit folgender URL an: `http://www.web.de`.

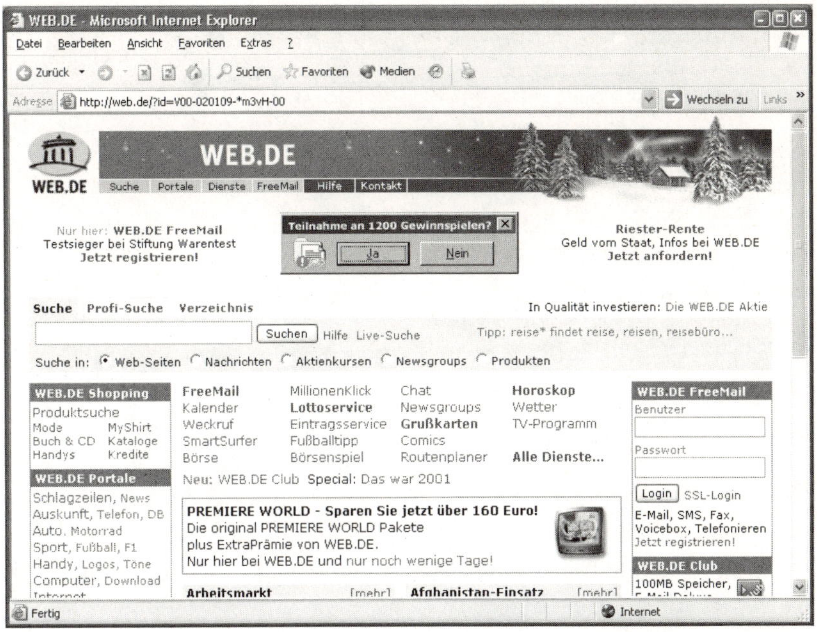

Bild 7.11:
Homepage von *Web.de*

Setzen Sie den Cursor in das Feld SUCHE und geben Sie beispielsweise den Begriff `Wetter` ein. Klicken Sie nun auf die Schaltfläche SUCHEN.

Nach kurzer Zeit zeigt Ihnen *Web.de* alle Rubriken im Verzeichniskatalog, die zum Thema „Wetter“ gefunden wurden.

Bild 7.12:
Gefundene Wetter-Seiten in *Web.de*

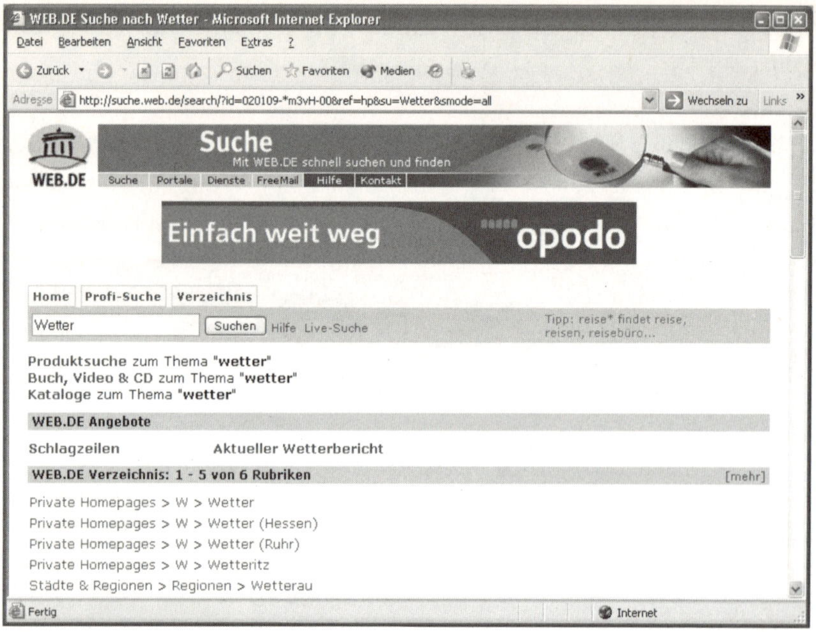

Klicken Sie einfach auf einen der Links und schauen Sie sich das Wetter irgendwo in Deutschland an.

Bild 7.13:
Wetter-Info

Mehrere Fenster gleichzeitig nutzen

Wenn Sie zum Beispiel in *Web.de* etwas gefunden haben und über die Liste der Hyperlinks noch tiefer ins Netz vorgedrungen sind, ist womöglich die erste Fundstellenliste verschwunden. Dann können Sie nur noch mit der Schaltfläche Zurück zur Fundstellenliste gelangen. Dafür ist dann die geladene akuelle Seite verschwunden – es ist zum Verzweifeln ☹. Damit es erst gar nicht so weit kommt, besitzen moderne Browser eine Funktion, die dieses Problem behebt. Sie können nämlich mehrere Browser-Fenster gleichzeitig nutzen.

☑ Starten Sie in *Web.de* eine Suche und lassen Sie sich anschließend eine Trefferliste anzeigen.

☑ Wählen Sie im Menü Datei die Funktion Neu und Fenster (*Internet Explorer*) oder Neues Navigator-Fenster (*Netscape*). Dieses neue Fenster zeigt zunächst die Startseite von *Web.de*.

☑ Wiederholen Sie hier Ihre erste Suche und wählen Sie nun im neuen Fenster die gewünschten Hyperlinks aus. Im ersten Fenster können Sie bei Bedarf in der Zwischenzeit eine neue Abfrage starten. Während diese von *Web.de* durchgeführt wird, können Sie in aller Ruhe die Informationen im neuen Fenster lesen.

Hyperlinks im Fenster öffnen + URLs kopieren

Sie können einen Hyperlink auch direkt in einem neuen Fenster öffnen. Klicken Sie dazu mit der rechten Maustaste auf den Hyperlink und wählen Sie aus dem Kontextmenü IN NEUEM FENSTER ÖFFNEN.

Damit Sie im neuen Fenster nicht die Suche nach einer Fundstelle neu starten müssen, können Sie einfach im ersten Fenster die URL der Fundstelle mit dem Befehl BEARBEITEN ♦ KOPIEREN in die Zwischenablage kopieren und anschließend im neuen Fenster mit der Funktion EINFÜGEN in das Adressfeld einfügen. Danach drücken Sie die [↵]-Taste, um das neue Fenster mit der eingegebenen URL zu verbinden.

Im *Explorer* finden Sie im Menü BEARBEITEN die Funktion SUCHEN (AKTUELLE SEITE) bzw. bei *Netscape* unter SUCHEN ♦ AUF DIESER SEITE SUCHEN. Diese Funktion ist sehr hilfreich, wenn man ein Webangebot gefunden hat, das nur so strotzt vor endlos langen Seiten und zahlreichen Links. In diesem Fall erleichtert die genannte Funktion zum Beispiel die Suche nach bestimmten Wörtern. Und das geht so:

☑ Aktivieren Sie in der aktuellen Seite, auf der Sie sich befinden, die Funktion BEARBEITEN ♦ SUCHEN (AKTUELLE SEITE)

☑ Geben Sie im angezeigten Dialogfeld Ihren Suchbegriff ein.

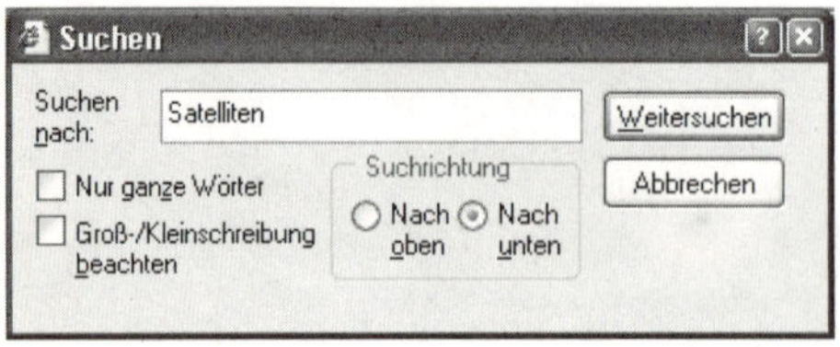

Bild 7.14: Dialogfeld SUCHEN

☑ Geben Sie die gewünschten Suchkriterien ein.

☑ Klicken Sie auf WEITERSUCHEN, um die Suche zu starten.

Ihr Browser markiert die erste Fundstelle.

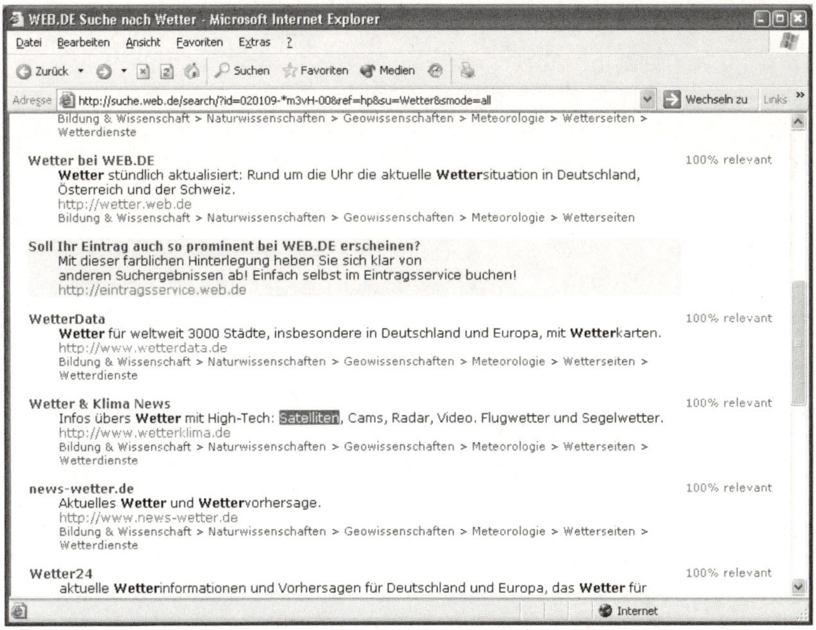

Bild 7.15: Markierung der Fundstelle

☑ Lassen Sie das Dialogfeld SUCHEN geöffnet und lesen Sie den markierten Textbereich.

☑ Klicken Sie eventuell auf WEITERSUCHEN, um die Suche fortzusetzen, oder auf ABBRECHEN, um die Suche zu beenden.

7.2 Auf dem Datenhighway in die USA – URLaubsplanung im Internet

Angeblich sind die Deutschen Europameister im Verreisen. Eine Tatsache, die viele Soziologen, Psychologen und Pädagogen angeregt hat, sich über dieses Reisefieber und die scheinbare Flucht einer ganzen Nation Gedanken zu machen. Unsere Familie macht sich in letzter Zeit auch Gedanken, und zwar über einen Urlaub in Amerika. Und genau da fängt das Problem an. Bevor vier Menschen eine Reise tun und nachher etwas zu erzählen haben, müssen sie erst einmal entscheiden, wohin die Reise geht. Claudia möchte nach Hawaii, um Thomas Magnum zu sehen und zu surfen; Tobias möchte nach Las Vegas, um die Spielcasinos und Siegfried & Roy zu sehen; Sonja möchte zu den Niagarafällen, um David Copperfield herunterfallen zu sehen, und meine Wenigkeit möchte nach Texas, um Pferde und Rinder mit dem Lasso einzufangen.

Tja, und das alles unter einen (Cowboy-)Hut zu kriegen, ist gar nicht so leicht. Also haben wir einen Familienrat einberufen, viele Stunden diskutiert, abgewägt und nach einigem Surfen endgültig entschieden: Wir fahren zuerst nach Las Vegas und anschließend nach Hawaii zu Magnum. Und das ging so:

Eines Abends setzten wir uns vor den Computer und starteten ins Internet. In einem Reisemagazin hatten wir folgende URL entdeckt: `http://www.virtualvegas.com/`. Damit haben wir den Browser gefüttert und sind auf folgender Seite gelandet:

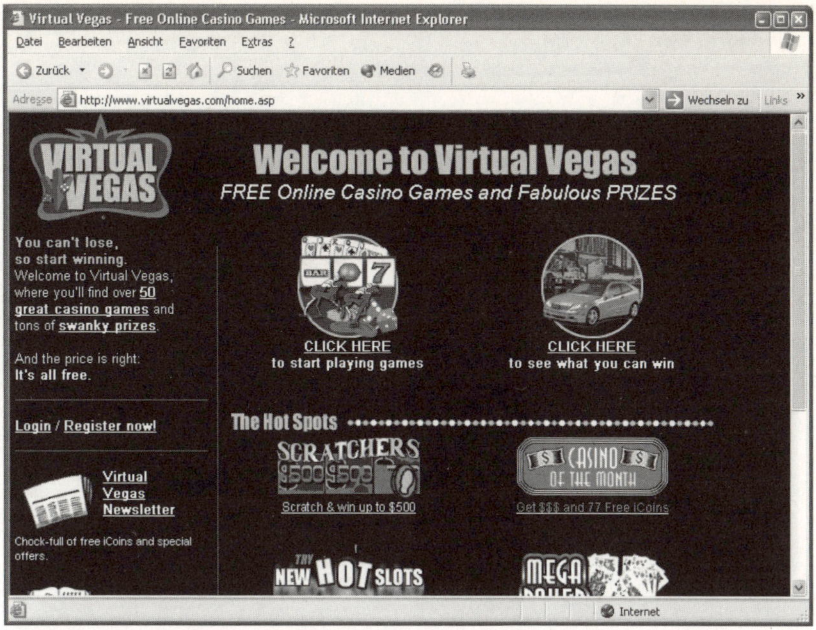

Bild 7.16: Homepage „Virtual Vegas“

Auf dieser Homepage können Sie nach Herzenslust virtuell zocken, besonders dann, wenn Ihnen für das reale Zocken das nötige Kleingeld fehlt. Um das wirkliche Las Vegas zu besuchen, geben Sie folgende URL ein: `http://www.vegas.com`.

Bild 7.17: Homepage von Las Vegas

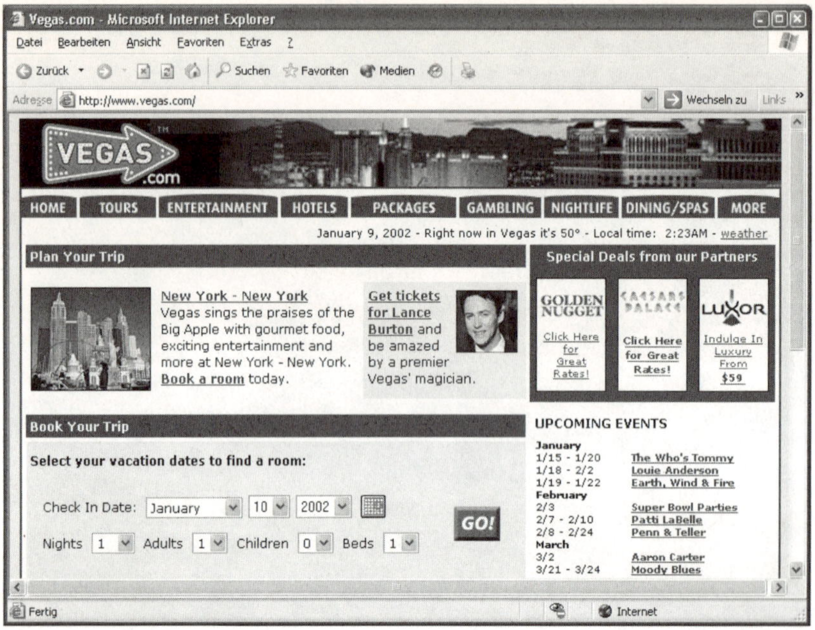

Wenn Sie jetzt beispielsweise auf die Links TOURS oder HOTELS klicken, erhalten Sie jede Menge Informationen zum Thema Reisen in und um Las Vegas herum.

Von diesen Informationen waren wir so begeistert, dass uns der Entschluss nicht schwer fiel: Unsere erste Reisestation heißt Las Vegas.

Als Nächstes haben wir uns die Niagarafälle, Texas und Hawaii unter die Lupe genommen. Um Ihren Forscherinstinkt wach zu halten, verrate ich Ihnen nicht die besten Webadressen in Sachen Niagarafälle und Texas. Diese Suche starten Sie am besten selbst und benutzen dabei die neu gewonnenen Erkenntnisse über Suchmaschinen (siehe Kapitelanfang). Eine interessante Adresse in Hawaii verrate ich Ihnen jedoch und zwar die Homepage `http://www.hawaii.net`. Hier können Sie über weitere Hyperlinks in ganz Hawaii „surfen“.

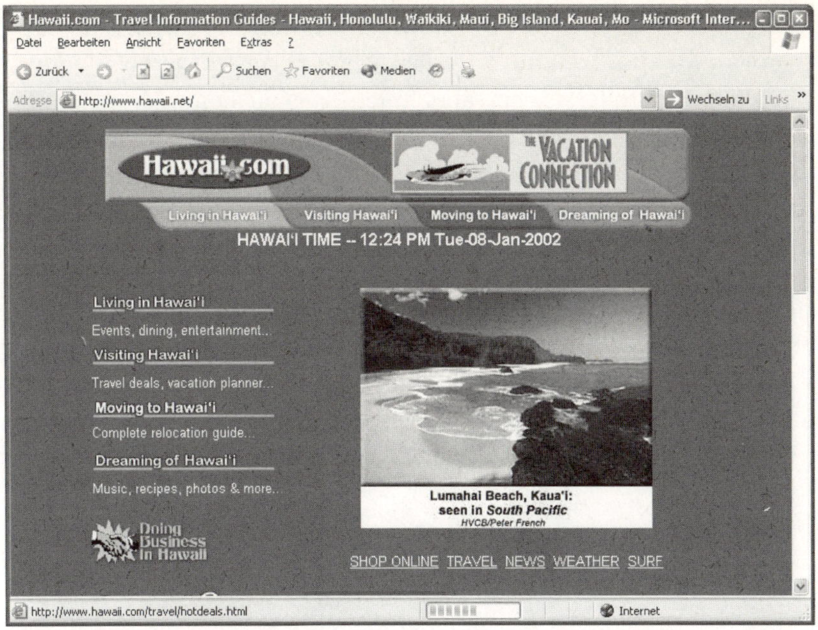

Bild 7.18: Homepage von Hawaii

Wenn Sie speziell über Magnum mehr erfahren wollen, besuchen Sie am besten die Webseite `http://www.pro-or-contra.com/magnum/`.

Bild 7.19: Homepage eines Magnum-Fanclubs

Diese Homepage eines Magnum-Fanklubs war für meine Tochter so etwas wie das Tor zum Paradies. Mich begeistert ja bei Magnum vor allem der tolle Wagen, aber mich fragt ja keiner, und Lassowerfen wollte niemand in der Familie außer mir. „Das Schicksal ist manchmal rau", sagte John Wayne neulich in dem Westernfilm „Rauchende Scheunen", oder war es Dean Martin in „Zuckende Colts"? Hmm, ich weiß es nicht mehr ☺.

Bleibt abschließend nur noch die Frage, wo und wie man im Internet eine Reise bucht. Besuchen Sie hierzu beispielsweise unter `http://www.check-in.de` ein Online-Reisebüro. Ob Sie sich nur für einen Flug interessieren oder ein Komplettangebot buchen wollen – hier finden Sie zahlreiche Angebote.

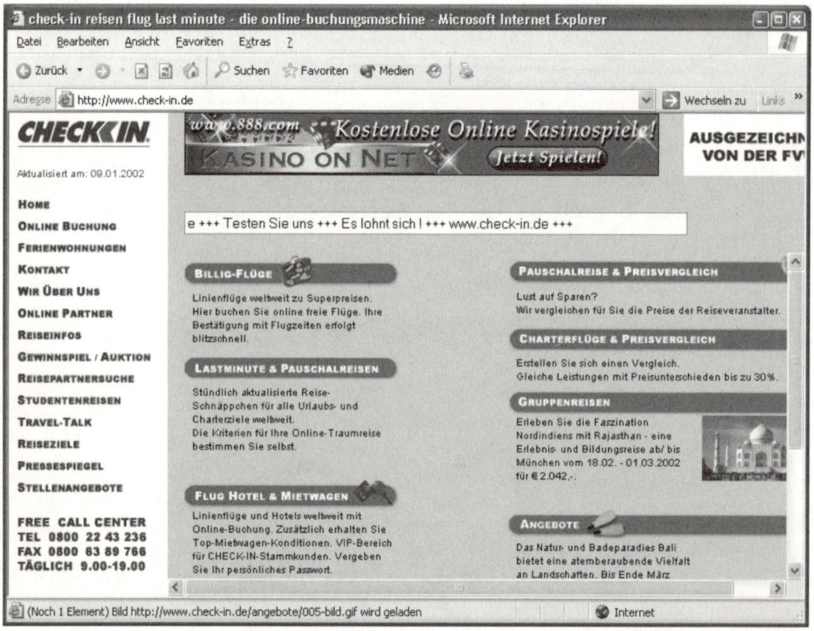

Bild 7.20: Homepage von `check-in.de`

Schauen wir doch einmal unter der Rubrik ONLINE BUCHUNG nach, ob es rein zufällig ein Flugangebot nach Las Vegas gibt. Nach einem Klick erscheint folgendes Fenster:

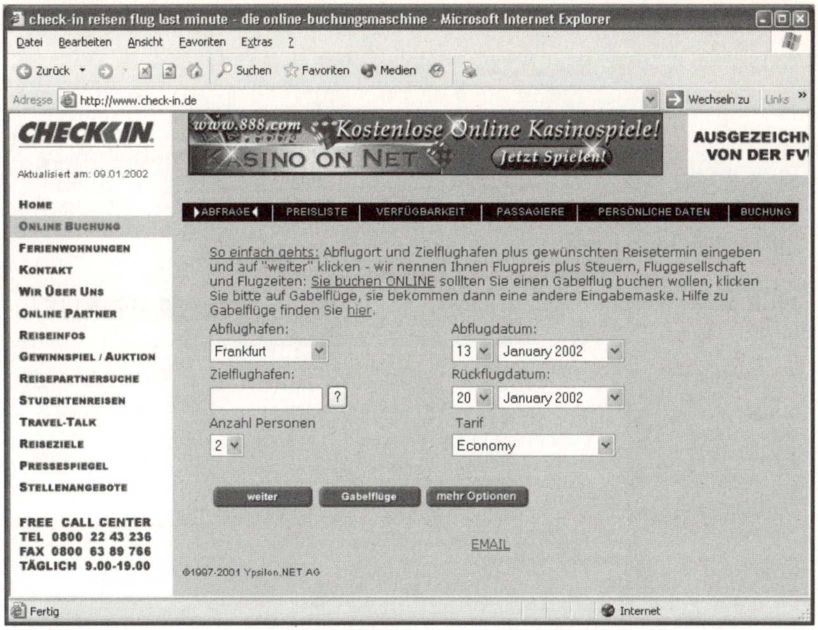

Bild 7.21: Online-Buchung

Hier können Sie jetzt nach Belieben verschiedene Angebote prüfen, indem Sie die jeweiligen Eingabefelder ausfüllen. Sie können sich weitere Informationen zu den Angeboten anzeigen lassen oder sogar schon via E-Mail Ihren Trip nach Vegas buchen.

Falls Sie nochmal kräftig recherchieren wollen, surfen Sie einfach dorthin, wo sich wirklich alles nur ums Reisen dreht. Die URL lautet: `http://www.traxxx.de` (auch unter `http://www.focus.de` zu finden). Hier finden Sie Links zu Wechselkursen, einen Hotelguide, Länderspiegel etc. Es gibt fast nichts, was man hier nicht findet. Und falls doch, benutzen Sie einfach die integrierte Suchmaschine, mit deren Hilfe man auch bei den außergewöhnlichsten Stichworten fündig wird.

Bild 7.22:
Homepage von
traxxx-Reisen

Persönliches Logbuch des Familienvaters: Einen Monat später sitze ich an einem Swimmingpool in Hawaii.

In der linken Hand ein Cool-Drink, in der rechten Hand ein „Hähndie“ (um Karten für die Surfweltmeisterschaften zu bestellen) und vor mir ein Notebook, mit dem ich ein Buch über das Internet schreibe. Arbeitstitel: „Internet – echt einfach“. Währenddessen brennt mir die Sonne auf den Pelz und die Stechmücken lechzen nach meinem Blut. Nachdem ich mich in der Rezeption eines Sieben-Sterne-Hotels nur so zum Spaß als Thomas Magnum ausgab (eine gewisse Ähnlichkeit gibt es ja schon ☺), war plötzlich alles ganz einfach: Die zahlreichen Pagen, die einem die Koffer tragen, erleichtern das Leben ungemein; die kostenlose Luxus-Suite ist wunderschön eingerichtet, der Zimmerservice ist wirklich sehr zuvorkommend und der Blick von der zimmereigenen Terasse aufs Meer einfach fantastisch.

Plötzlich fährt mit quietschenden Bremsen ein roter Wagen vor. Der Fahrer scheint ein Fan von Hawaiihemden zu sein. Irgendwie erinnert er mich an jemanden ... Gerade eben haben sich ein paar Wolken vor die Sonne geschoben und während der Mann sich angeregt mit dem Hotelportier unterhält, kann ich endlich sein Gesicht ohne zusammengekniffene Augen betrachten: Dieser Gesichtsausdruck sagt mir: Schnell weg hier. Hastig packe ich meine Sachen. Dabei fällt mir ein, dass ich schon mal eine ähnliche Situation erlebt habe, damals in Laredo, als ich am helllichten Tag aus dem Schlaf gerissen wurde, weil eine Kugel meinen Bettvorleger traf – aber das ist eine andere Geschichte, würde Rudyard Kipling sagen ☺.

The End

A Anhang

Um sich mit dem Internet zu verbinden, müssen Sie zunächst Ihren Computer quasi überhaupt erst in die Lage versetzen, mit der Außenwelt Kontakt aufzunehmen, oder Sie müssen zumindest feststellen, ob er vielleicht schon eine eingerichtete Internetverbindung besitzt. Dann verbinden Sie Ihren Computer mit der Telefon- oder DSL-Leitung, welche die Daten von und bis zu einem Internet-Service-Provider bereitstellt, der Ihnen den Zugang zum Internet, zu E-Mail-Konten und einiges mehr anbietet.

Folgende Voraussetzungen werden für den Zugang zum Internet benötigt:

Ein Telefonanschluss inklusive der Information über dessen Anschlussart (analog oder ISDN?). Wenn Sie nicht sicher sind, schauen Sie doch z. B. einfach mal auf Ihrer Telefonrechnung nach. Für einen Analoganschluss benötigen Sie ein Modem, für ISDN eine ISDN-Karte oder ein ISDN-Modem und für DSL eine Netzwerkkarte. Außerdem benötigen Sie für dieses Zubehör eine passende Treibersoftware, die vom Hersteller in der Regel auf CD-ROM oder Diskette mitgeliefert wird.

An Software benötigen Sie zunächst nichts weiter als einen Browser, zum Beispiel *Internet Explorer* oder *Netscape* (beide Browser sind auf der beiligenden CD-ROM enthalten!). Einige Anbieter wie T-Online oder AOL bieten außerdem eigene Software an, um ins Internet zu gelangen. Um einen allgemeinen Zugang zum Internet einzurichten, benötigen Sie jedoch diese Software nicht.

Online-Verbindung

Die Einrichtung einer Verbindung erfordert die Durchführung relativ vieler Schritte. Teilweise ist die Konfiguration trickreich und nur durch Testen und Ausprobieren zu lösen. Sollten Sie Ihre Verbindung nicht auf Anhieb aufbauen können, lassen Sie sich deshalb nicht entmutigen und suchen Sie Rat bei einem Fachmann, der sich hoffentlich „mit sowas auskennt" ☺.

A.1 Internetverbindungen

A.1.1 Modemverbindung

An einem analogen Telefonanschluss ein Modem zu installieren, ist relativ leicht. In der Regel verwendet man externe Modems; nur bei Notebooks sind eingebaute Modems üblich. Die externen Modelle werden entweder an einer seriellen Schnittstelle oder (bei neueren Modellen) über ein USB-Kabel an den PC angeschlossen. Schauen Sie sich einfach den Stecker an und probieren Sie, wo er passt. Vom Modem geht außerdem ein Kabel mit einem Stecker für die Telefonsteckdose ab. Verbinden Sie nun das Modem nach den Angaben des Herstellers mit PC und Telefonsteckdose. Legen Sie anschließend die mitgelieferte CD oder Diskette ein und installieren Sie die Treibersoftware. Folgen Sie einfach den auf dem Bildschirm angezeigten Anweisungen.

Nach Abschluss der Treiberinstallation müssen Sie bei *Windows 95*, *98*, *Me* und *2000* Ihren Rechner neu starten, damit die neue Hardware erkannt wird. Achten Sie darauf, dass das Modem vor dem Neustart ordnungsgemäß verbunden und eingeschaltet ist, damit es von Ihrem Betriebssystem gefunden und erkannt wird. Bei USB-Geräten müssen Sie keinen Neustart durchführen.

A.1.2 ISDN-Verbindung

ISDN steht für „Integrated Services Digital Network". Mit dieser Technologie können alle Arten von Daten übertragen werden, z. B. Telefongespräche, Faxe, Bilder etc. Bei einem ISDN-Anschluss stehen zwei Kanäle für die Datenübertragung zur Verfügung, so dass Sie gleichzeitig telefonieren und im Internet surfen können. Die Übertragungsgeschwindigkeit beträgt bei ISDN 64 Kbit/s, während Sie mit einem Modem maximal 56 Kbit/s erzielen, und das auch nur bei einer guten Verbindung. Wenn Sie größere Downloads, zum Beispiel Multimediainhalte, runterladen wollen, können Sie beide ISDN-Kanäle gleichzeitig benutzen und so die Übertragungsrate auf 128 Kbit/s verdoppeln.

Für eine ISDN-Verbindung benötigen Sie entweder ein ISDN-Modem oder eine ISDN-Karte. Ein ISDN-Modem wird genauso leicht wie ein normales externes Modem installiert (siehe Modemverbindung oben).

Eine ISDN-Karte wird in den Computer eingebaut. Wenn Sie sich mit so was nicht „auskennen", sollten Sie besser eine erfahrene Freundin oder einen erfahrenen Freund bitten, Ihnen dabei zu helfen. Schalten Sie zunächst den Rechner aus. Öffnen Sie dann das Gehäuse und lokalisieren Sie das Mainboard. Entfernen Sie nun das Abdeckblech eines freien Steckplatzes und stecken Sie die ISDN-Karte in den dafür vorgesehenen Schlitz. Achten Sie darauf, dass die Karte richtig sitzt, und schrauben Sie die Halteschrauben am Abdeckblech der Karte fest. Anschließend schließen Sie wieder das Gehäuse, ziehen alle Schrauben an und installieren die Treibersoftware von der beiliegenden CD-ROM oder Diskette.

Zwischen Telefonsteckdose und Telefon befindet sich beim ISDN-Anschluss ein zusätzliches Gerät, der so genannte NTBA (Network Terminator), der den Übergang zwischen dem allgemeinen ISDN-Netz und Ihren lokalen ISDN-Geräten (Telefon, Fax, PC etc.) regelt. Verbinden Sie den Ausgang der neu installierten ISDN-Karte am Rechner mittels eines ISDN-Kabels mit diesem NTBA. Zu guter Letzt starten Sie erneut Ihren Rechner.

A.1.3 DSL-Verbindung

DSL ist derzeit die schnellste Verbindungsart, die für Privathaushalte angeboten wird. In der Regel handelt es sich dabei eigentlich um ADSL (Asymmetric Digital Subscriber Line), das von der Telekom unter dem Namen T-DSL vermarktet wird. Neben der Telekom gibt es inzwischen auch noch andere Anbieter von DSL. Unter `http://www.tariftip.de` können Sie in der Rubrik INTERNET-DSL Angebote und Preise vergleichen.

DSL wurde speziell zur schnellen Datenübertragung konzipiert und wird zusätzlich zu ISDN installiert. Sie behalten also zwei freie Telefonleitungen und haben dazu eine sehr schnelle Internetverbindung. Das Besondere daran: Es wird das ganz gewöhnliche Kupferkabel der Telefonleitung verwendet, wobei die Daten auf einer anderen Frequenz übertragen werden als die normalen Telefonsignale. Der so genannte „Splitter" teilt den Datenstrom wieder auf und leitet Telefonsignale an die vorhandenen Telefongeräte und andere Daten an den PC. Im Computer werden die Daten von einer einfachen Netzwerkkarte empfangen. Wenn Ihr PC bereits an ein Netzwerk angeschlossen ist, können Sie einfach eine zweite Netzwerkkarte für DSL einbauen, und so den DSL-Zugang bei Bedarf auch anderen Nutzern im Netzwerk zur Verfügung stellen.

Asymmetrisch heißt diese Verbindungsart deshalb, weil die meisten Privatnutzer viel mehr Daten aus dem Internet downloaden als dorthin übertragen bzw. uploaden. Daher wird dem Download eine größere Kapazität zugeordnet als dem Upload. Das führt dazu, dass es theoretisch möglich ist, Daten mit 8 Megabit/s runterzuladen und „nur" mit 768 Kbit/s Daten zu versenden. Für Firmen, die genauso viele oder mehr Daten zum Download bereitstellen wie auch uploaden, wird SDSL (Symmetric Digital Subscriber Line) angeboten. Bei SDSL ist die Übertragungsgeschwindigkeit in beide Richtungen gleich hoch. Um ihre Kapazitäten nicht zu überlasten, werden jedoch von DSL-Anbietern bisher meistens für Privatkunden lediglich 768 Kbit/s für den Download und 128 Kbit/s für den Upload zur Verfügung gestellt.

DSL funktioniert ohne Probleme auch mit einem analogen Telefonanschluss. Die Telekom fördert jedoch die Kombination mit ISDN und bietet hierfür günstigere Preise an. Im Moment ist das

Netz in Deutschland auch noch nicht flächendeckend ausgebaut. Wenn Sie sich für DSL interessieren, erkundigen Sie sich am besten vor Ort, ob dieser Service für Ihren Wohnort bereits zur Verfügung steht.

Um DSL einzurichten, bekommen Sie vom Anbieter in der Regel zwei Geräte: den Splitter, der die Signale aus der Telefonleitung aufteilt und an Telefon, PC etc. verteilt, sowie das DSL-Modem, das die Signale umwandelt und über ein Netzwerkkabel an den PC weiterleitet.

A.2 Installation einer Modemverbindung

In den folgenden Kapiteln beschreibe ich am Beispiel von T-Online die Einrichtung von allen notwendigen Komponenten für den Internetzugang per Modem, da dies bundesweit noch immer die meist genutzte Verbindungsart ist. Außerdem erfahren Sie, wie man ein so genanntes DFÜ-Netzwerk installiert (in *Windows XP* werden diese Einstellungen unter SYSTEMSTEUERUNG auch TELEFON- UND MODEMOPTIONEN genannt). Ist der PC an ein Netzwerk angeschlossen, können Sie manche dieser Einstellungen unter Umständen nur als Benutzer mit Administratorberechtigung ändern. Bei Problemen mit der Netzwerkeinrichtung wenden Sie sich am besten vor Ort an einen Fachmann.

Unterschiedliche Fenster

Wundern Sie sich nicht über inhaltliche Abweichungen der angezeigten Bildschirmfotos im Vergleich zu Ihren eigenen Dialogfeldern. Je nach Online-Anbieter und Betriebssystem können die Darstellungen etwas variieren.

A.2.1 Einrichtung eines Modems

Ich möchte Ihnen in den folgenden Abschnitten die Einrichtung eines Modems (analog oder ISDN) kurz erläutern und Ihnen einige Hinweise dazu geben.

Automatische Modemeinrichtung

Nachdem Sie wie unter A1 beschrieben ein Modem installiert haben, startet *Windows* nach einem Neustart einen Ablauf zur automatischen Ermittlung des an Ihrem PC angeschlossenen neuen Modems.

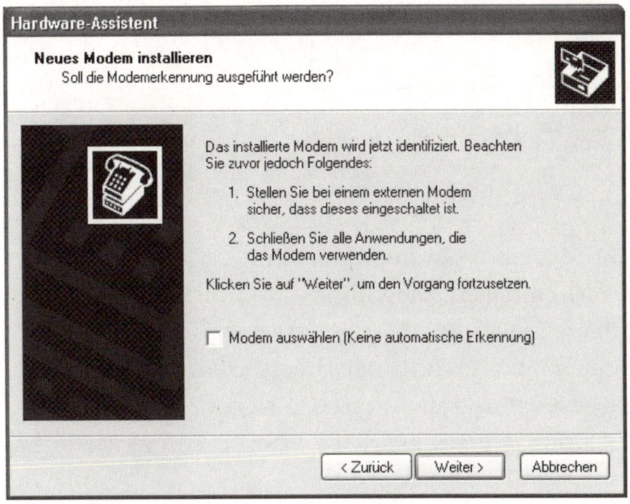

Bild A.1: Automatische Installation

Klicken Sie auf WEITER und folgen einfach den Anweisungen des Hardware-Assistenten. Wird ein Modem erfolgreich erkannt und installiert, wird es anschließend im Menü START ♦ EINSTELLUNGEN ♦ SYSTEMSTEUERUNG ♦ MODEMS angezeigt (in *Windows XP* unter START ♦ EINSTELLUNGEN ♦ SYSTEMSTEUERUNG ♦ TELEFON- UND MODEMOPTIONEN). Hier können Sie auf der Registerkarte MODEMS bei Bedarf die Eigenschaften verändern.

Bild A.2: Telefon- und Modemoptionen in *Windows XP*

Manuelle Modemeinrichtung

Falls *Windows* Ihr Modem nicht automatisch erkennt („Der Typ ist mir unbekannt“ ☺), müssen Sie auf die manuelle Einrichtung ausweichen. Wählen Sie dazu unter EIGENSCHAFTEN • MODEM bzw. TELEFON- UND MODEMOPTIONEN auf der Registerkarte MODEMS die Schaltfläche HINZUFÜGEN und im ersten Fenster des Hardware-Assistenten die Option MODEM AUSWÄHLEN (KEINE AUTOMATISCHE ERKENNUNG).

Im darauf folgenden Dialogfeld sehen Sie eine Liste der bekannten Modemtypen. Wählen Sie links den Hersteller und rechts Ihren Modemtyp.

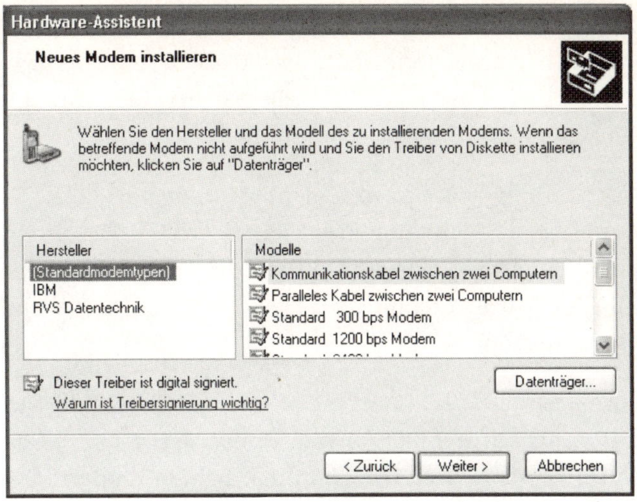

Bild A.3: Manuelle Modemauswahl

Meist liegt dem Modem eine Diskette oder CD-ROM mit Treibersoftware für die verschiedenen *Windows*-Versionen bei. Um diese Treiber zu verwenden, legen Sie die mitgelieferte Diskette ein und klicken auf die Schaltfläche DISKETTE bzw. DATENTRÄGER. Im folgenden Dialogfeld müssen Sie gegebenenfalls ein wenig in der Verzeichnisstruktur Ihres Datenträgers nach dem richtigen Treiber für Ihr Betriebssystem suchen. Nähere Informationen können Sie der Dokumentation Ihres Modems entnehmen.

Sollten Sie keine Treibersoftware des Herstellers besitzen und Ihr Modem nicht in der Liste erscheinen, können Sie versuchen, eines der angegebenen Standardmodems einzurichten; allerdings werden dann vermutlich nicht alle Möglichkeiten Ihres Modems ausgeschöpft.

Modemparameter

Für jedes analoge oder ISDN-Modem lassen sich eine Vielzahl von weiteren Parametern angeben. Ich möchte Ihnen im Folgenden als Beispiel kurz die Einstellungen erläutern, die notwendig sind, wenn Sie Ihr Modem über eine Telefonnebenstellenanlage betreiben.

Der Einsatz eines Modems über eine Nebenstellenanlage erfordert einige besondere Vorkehrungen, denn bei fast allen Nebenstellenanlagen muss zuerst eine Amtsleitung durch eine Amtskennziffer (z. B. 0 oder 9) angefordert werden. Nach dem Wählen der entsprechenden Ziffer ertönt das Freizeichen und die eigentliche Nummer kann gewählt werden.

Normalerweise fängt *Windows* erst mit dem Wählen der Telefonnummer an, wenn das Modem ein Freizeichen erhält. Bei einer Nebenstellenanlage muss dies unterdrückt werden, denn die erste Ziffer zur Freigabe der Amtsleitung muss gewählt werden, wenn noch kein Freizeichen ertönt ist.

Im Dialogfeld EIGENSCHAFTEN VON ... (siehe auch Bild A.2) wählen Sie hierzu auf der Registerkarte MODEMS die Option STANDORT BEARBEITEN und geben im Bereich WÄHLREGELN in den beiden Feldern für Amtskennziffern (Orts- und Ferngespräche) die entsprechende Ziffer ein.

Bild A.4: Einstellungen, hier für eine ISDN-Nebenstellenanlage

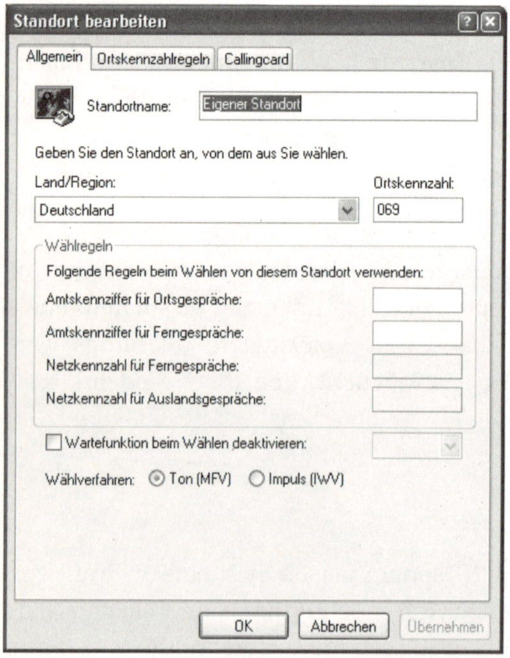

A.3 Einrichtung einer neuen Netzwerkverbindung

Einen Überblick über eventuell schon bestehende Verbindungen auf Ihrem PC finden Sie, indem Sie in *Windows 95/98* nach dem Ordner *DFÜ-Netzwerk* (DESKTOP ♦ ARBEITSPLATZ), in *Windows 2000* nach *Netzwerk- und DFÜ-Verbindungen* (DESKTOP ♦ ARBEITSPLATZ) und in *Windows XP* nach *Netzwerkverbindungen* (EINSTELLUNGEN ♦ SYSTEMSTEUERUNG ♦ NETZWERKVERBINDUNGEN) suchen. Die Verbindungseigenschaften können Sie bei Bedarf per Klick mit rechter Maustaste auf die jeweilige Verbindung ändern.

Um eine neue Internetverbindung (z. B. per Modem) zu installieren, gehen Sie wie folgt vor:

☑ Öffnen Sie im Startmenü den Ordner PROGRAMME ♦ ZUBEHÖR ♦ KOMMUNIKATION. Hier finden Sie den ASSISTENTEN FÜR DEN INTERNETZUGANG.

☑ Wählen Sie die Option MANUELLE EINRICHTUNG DER INTERNETVERBINDUNG ODER VERBINDUNG ÜBER EIN LOKALES NETZWERK (LAN) HERSTELLEN und bestätigen Sie jedes Fenster mit der Schaltfläche WEITER.

☑ In den nächsten Fenstern wählen Sie die Option VERBINDUNG ÜBER TELEFONLEITUNG UND MODEM und geben anschließend u. a. die Rufnummer, Benutzername und Kennwort ein (diese Informationen erhalten Sie von Ihrem Provider).

Alternativ dazu können Sie auch jederzeit eine neue Verbindung wie folgt vor einrichten:

☑ Wählen Sie im Startmenü EINSTELLUNGEN ♦ SYSTEMSTEUERUNG ♦ NETZWERKWERKVERBINDUNGEN und dort NEUE VERBINDUNG ERSTELLEN.

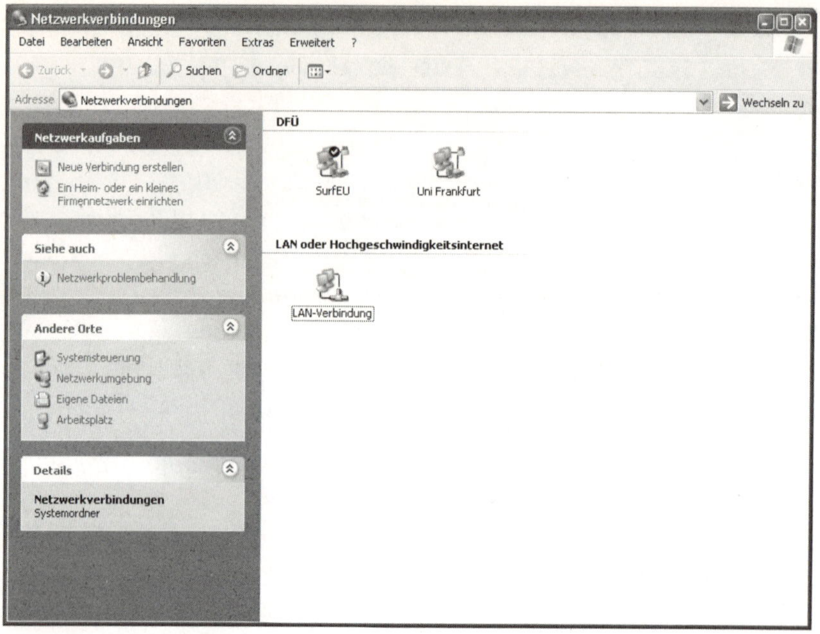

Bild A.5: Netzwerkverbindungen

Nun begrüßt Sie ein Verbindungs-Assistent, der Sie durch alle weiteren Schritte führen wird:

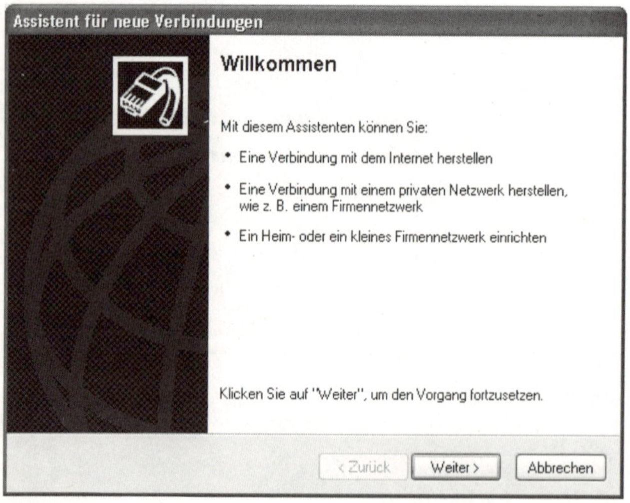

Bild A.6: Assistent für neue Verbindungen

Im nächsten Bild wählen Sie den Verbindungstyp, für eine rein private Verbindung von zu Hause aus üblicherweise die Option VERBINDUNG MIT DEM INTERNET HERSTELLEN.

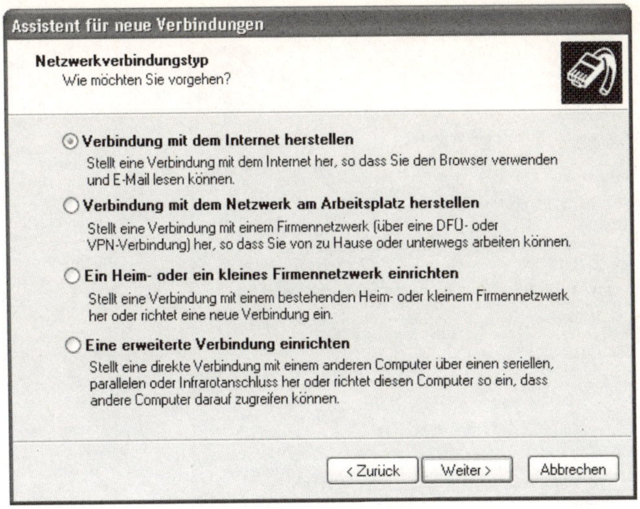

Bild A.7: Netzwerkverbindungstyp

Im darauf folgenden Fenster wählen Sie für eine DFÜ-Verbindung per Modem die Option VERBINDUNG MANUELL EINRICHTEN.

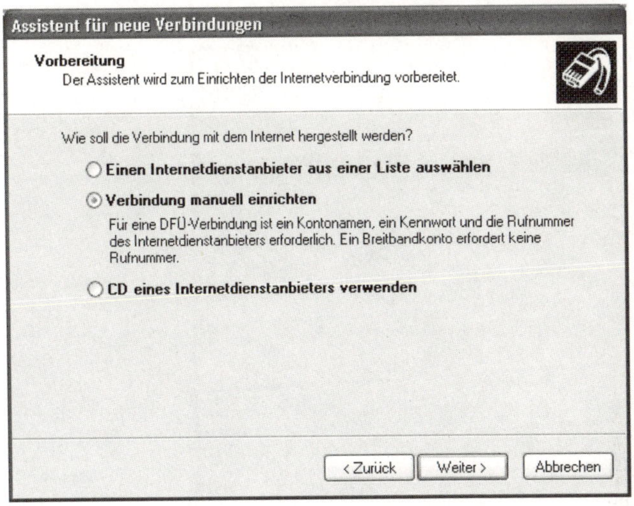

Bild A.8: Verbindung vorbereiten

Im nächsten Fenster wählen Sie die Option VERBINDUNG MIT EINEM DFÜ-MODEM HERSTELLEN.

Bild A.9:
Internetverbindung

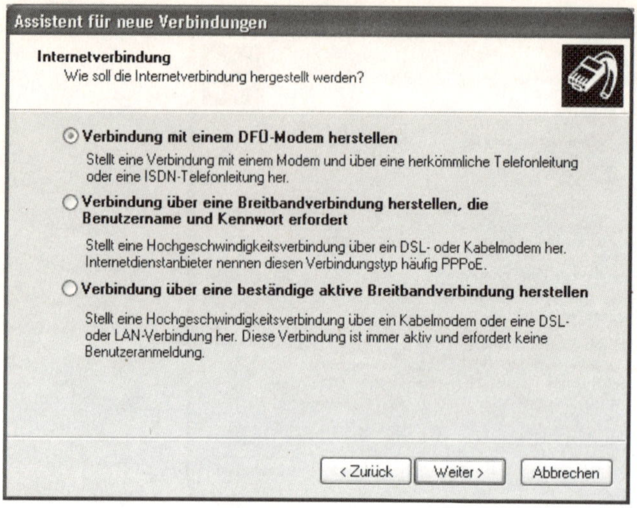

Geben Sie nun als Verbindungsname den Namen Ihres Providers ein.

Bild A.10:
Verbindungsname

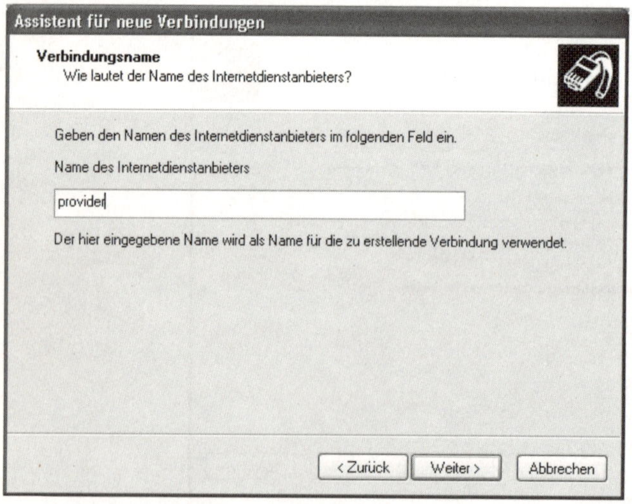

Als Nächstes geben Sie die vom Provider angegebene Rufnummer ein. Die einheitliche bundesweite Zugangsnummer für die schnellen PPP-Zugänge der Telekom ist derzeit 0191011.

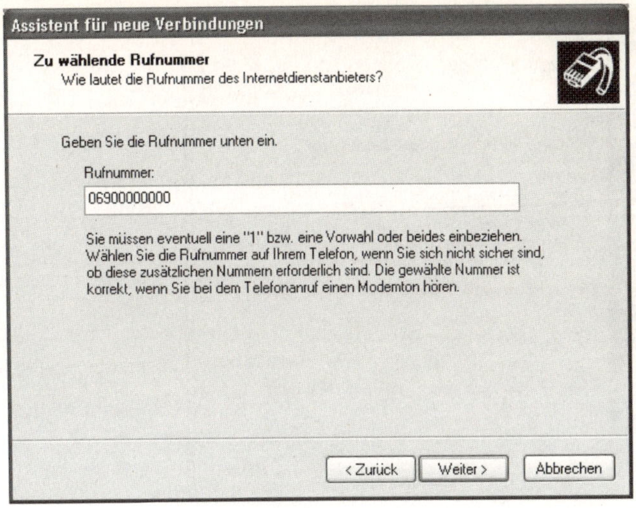

Bild A.11:
Rufnummer eingeben

Nun geben Sie Ihren Benutzernamen und ein Kennwort ein. Beides wird Ihnen in der Regel vom Provider zur Verfügung gestellt.

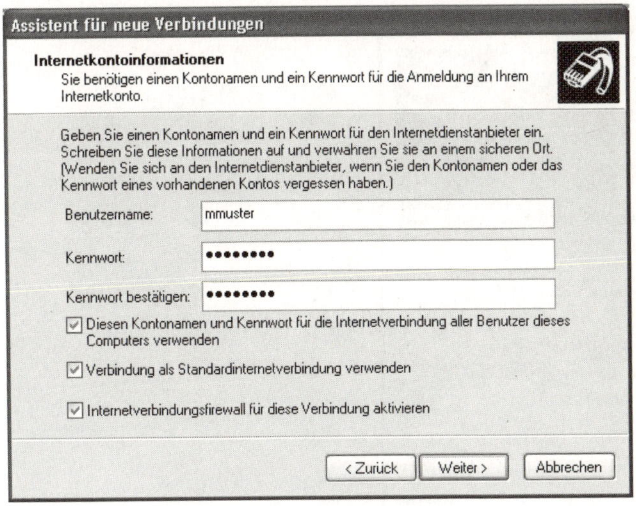

Bild A.12:
Kontoinformationen

Nun haben Sie es geschafft, im nächsten Fenster beenden Sie die Prozedur mit einem Klick auf FERTIGSTELLEN.

Bild A.13:
Verbindung fertigstellen

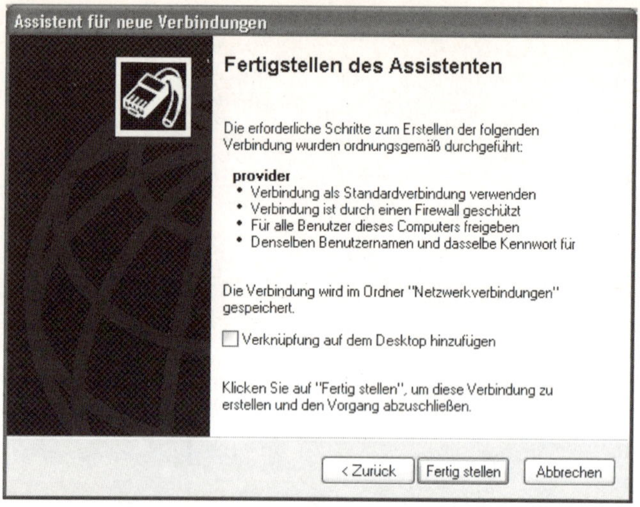

Wenn Sie jetzt demnächst online gehen wollen, erscheint folgende (oder eine ähnliche) Verbindungsmeldung:

Bild A.14:
Online-Verbindung herstellen

A.4 Internet-Browser installieren

Um im Internet zu surfen, benötigen Sie natürlich auch einen Browser. In *Windows XP* ist der *Internet Explorer* bereits enthalten und vorinstalliert. Wenn Sie jedoch lieber mit *Netscape* surfen wollen, gehen Sie zur Installation wie folgt vor.

☑ Legen Sie die dem Buch beiliegende CD-ROM in Ihr CD-ROM-Laufwerk ein.

☑ Wechseln Sie im Dateimanager *Windows Explorer* (ARBEITSPLATZ) auf das CD-ROM-Laufwerk.

☑ Öffnen Sie den Ordner *Netscape* auf der CD-ROM.

☑ Doppelklicken Sie nun auf die Programmdatei *netscp6.exe*, um die Installation zu starten.

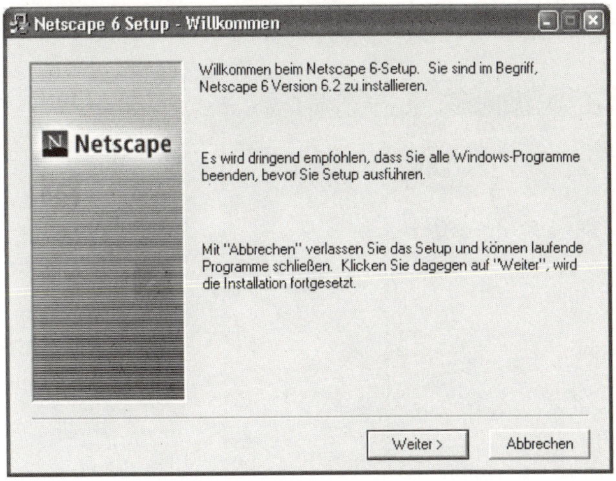

Bild A.15: Erstes Dialogfeld des Assistenten

Im nächsten Fenster bestimmen Sie, welche Installationsvariante ausgeführt werden soll. Wählen Sie am besten EMPFOHLEN.

Bild A.16:
Auswahl des
Installationstyps

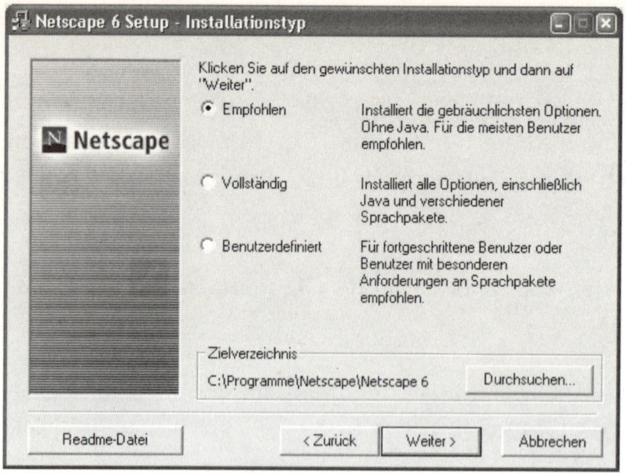

Im nächsten Fenster werden Sie nach der Option QUICK LAUNCH gefragt. Mit dieser Option kann *Netscape* schneller gestartet werden. Voraussetzung dafür ist jedoch, dass es nur einen Benutzer gibt; für mehrere Benutzer (z. B. innerhalb eines Netzwerkes) ist diese Funktion ungeeignet.

Bild A.17:
QUICK LAUNCH

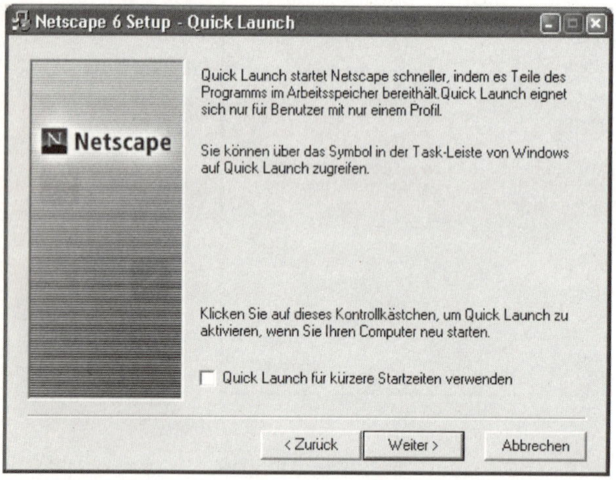

Zu guter Letzt kann die Installation im nächsten Fenster mit einem Klick auf INSTALLIEREN beginnen (nachdem Sie nochmal die Gelegenheit erhalten, Ihre Einstellungen zu überprüfen).

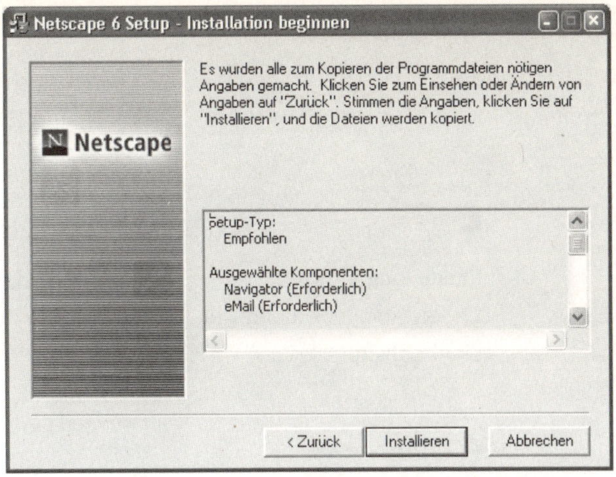

Bild A.18:
Installation beginnen

Standard-Browser

Wenn auf Ihrem Rechner bereits der *Internet Explorer* installiert wurde, fragt *Netscape* beim ersten Start (nach der Installation), ob Sie ihn als Standard-Browser festlegen möchten. Da auch der *Internet Explorer* bei jedem Neustart diese Option überprüft, können Sie hier im Prinzip je nach Wunsch angeben, was Sie wollen. Um jedoch diese lästige Frage nicht immer wieder beantworten zu müssen, sollten Sie jenen Browser als Standard-Browser festlegen, den Sie häufiger benutzen möchten.

Index